독일 통일
– 재통일인가 통합인가? –

전종덕 지음

백산서당

저자 서문

　1990년 10월 3일 독일 베를린의 제국의회(Reichstag)에 독일 연방공화국 국기가 게양되었다. 2차 대전 후 4강국의 분할 점령되고 1949년 독일연방공화국(서독)과 독일민주공화국(동독)으로 분단된 지 41년 만에 독일이 꿈에 그리던 통일을 실현한 것이다. 1989년 11월 7일 베를린 장벽이 붕괴되고 동-서독 간의 국경이 개방된 지 11개월만이었다.

　그 해 11월 9일 파리에서 열린 유럽안보협력회의에서 34개 회원국이 독일 통일을 추인하면서 국제적인 절차까지 모두 종결되었다. 독일은 통일되었을 뿐만 아니라 2차 대전 이후 4강국에 의해 제약받아 온 주권을 완전히 회복하였다. 그리고 유럽에서 2차 대전 전후 문제는 완전히 종결되었다.

　통일의 날을 하루 앞둔 10월 2일 당시 서독의 헬무트 콜 총리는 텔레비전과 라디오 방송을 통하여 통일에 관해 이렇게 말했다.

　　우리의 힘만으로는 통일을 이루어 낼 수 없었을 것입니다. 많은 사람들이 이에 기여하였습니다. 한 국민이 수십 년의 고통스런 분단을 이렇게 평화적으로 극복한 기회를 가진 적이 있습니까? 이웃과의 완전한 합의 속에 우리는 자유로운 독일 통일을 회복하게 되었습니다.

우리의 협력 국가에 감사하고 우리의 우방국에 감사드립니다. 특히 미국과 무엇보다도 조지 부시 대통령에게 감사드립니다. 프랑스와 영국의 벗들에게 감사드립니다. 이들은 어려울 때 항상 우리와 함께 있어 주었습니다. 수십 년 동안 서베를린의 자유를 지켜주었습니다. 이들은 자유 속에 통일을 다시 성취한다는 우리의 목표를 지지해주었습니다. 우리는 미래에도 이들과 우의로 결속할 것입니다.

우리는 중부, 동부 및 남부 유럽의 개혁운동에도 감사드립니다. 1년여 전 헝가리는 난민의 출국을 허용해 주었습니다. 그때 베를린 장벽의 첫 번째 돌이 떨어져 나갔습니다. 폴란드와 체코슬로바키아의 자유운동은 동독 주민들에게 자결권을 위하여 들고 일어설 용기를 주었습니다. 지금 우리는 독일과 폴란드 국민 간의 항구적인 화해 실현에 이르렀습니다.

우리는 고르바초프 대통령에게 감사드립니다. 그는 민족이 자신의 길을 갈 권리를 인정했습니다. 이 결단이 없었다면, 우리는 독일 통일의 날을 이렇게 빨리 경험하지 못했을 것입니다.

이 날이 이렇게 온 것은 특히 자유에 대한 사랑의 힘으로 사회주의통일당의 독재를 극복한 저편의 독일 국민들 덕분입니다. 이들의 평화 사랑과 냉정함은 모범으로 남을 것입니다.[1]

그리고 그는 "독일은 우리의 조국이며, 통합된 유럽(vereinte Europa)은 우리의 미래입니다"라면서 연설을 마무리하였다.

---

1) 헬무트-콜 재단(www.helmut-kohl.de).

독일의 최종적 주권 회복: 2+4 조약 조인(1990. 9. 12)
(좌에서 우로) 제임스 베이커(James Baker. 미국 국무장관), 더글라스 허드(Douglas Hurd. 영국 외무장관), 에두아르드 셰바르드나제(Eduard Shevardnadze. 소련 외무장관), 롤랑 뒤마(Roland Dumas. 프랑스 외무장관), 로타르 드 메지에르(Lothar de Maizière. 동독), 한스 디트리히 겐셔(Hans-Dietrich Genscher. 서독)
출처: picture-alliance/dpa

 그의 연설에 따르면 독일 통일은 중, 동, 남부 유럽 즉 공산 유럽 진영의 민주화운동의 일환인 동독 주민의 민주화운동에 의하여 동독의 사회주의통일당 독재가 무너지고, 동독주민의 자결권 행사로 통일이 이루어졌으며 이를 미국, 영국, 프랑스, 소련 등 2차 세계대전 전승 4강국이 승인하여 실현된 것이다.

 분단국가 국민인 우리는 1990년 10월 3일 독일 통일에 그들만큼은 아니지만 감격하였고, 그들을 부러워하였다. 그리고 독일 통일과 뒤이은 소련 및 동유럽 공산진영 붕괴로 냉전이 해체되던 1990년대 당시 우리의 통일 기대도 높아졌다. 그러나 그런 기대와 달리 한반도는 외견상 화해와 적대를 반복하다가 핵을 가진 북한을 상대해야 하는 극적인 상황에 이르게 되었다. 작년 들어 이런 비현실적인 분단상태를 해소하여야 한다는 남·북한과 미국, 중국 등 이해 당사국의 이해가 안개 속에서나마 접근하면서 분단된 한반도는 평화공존을 향한 어려운 발걸음을 옮기기 시작하였다. 이런 분위기 속에서 통일에 대한 기대가 있는 반면에 통일을 후일로 미루는 것을 전제로 하는, 한반도에 명실상부한 2개의 주권국가가 공존하는 평화체제의 가능성 또한 높아지고 있다.

그러나 콜의 연설에서 보듯이 독일 분단이 국제적이었다면 분단 해소 또한 동서독 국민의 의지만으로 이루어질 수 없는 국제적인 문제였다. 더구나 당시 서독은 세계 제3의 경제대국으로 공산진영의 맹주 소련의 경제력을 압도하고 있었고 (유엔 자료에 따르면 1980년 서독의 국민총생산은 9,470억 달러로 소련의 9,400억 달러를 넘어섰고, 1990년 통일 독일의 국민총생산은 1조 7,650억 달러이며 소련은 추락하여 7,840억 달러에 머물었다), 서독이 없는 서유럽의 경제와 안보는 생각할 수 없는 서방진영의 강자였다. 그런 서독 총리가 통일 전날 저녁에 미국과 소련이 독일의 통일을 승인해준 것에 감사를 표한 것은 어떤 의미일까?

그리고 통합된 유럽(vereinte Europa)이 통일 독일의 미래라는 것은 어떤 의미를 가지는 것일까? 독일 통일 문제는 유럽의 평화와 분리해서는 논의할 수 없다는 의미일 것이다. 참고로 유럽 통합 아이디어가 공식 문건에 등장한 것은 유럽에서 파시즘이 머리를 쳐들면서 유럽의 평화가 우려되기 시작하던 1925년 독일 사민당 하이델베르크 강령이었다. 강령은 "유럽합중국"(Vereinigte Staaten von Europa) 창설을 지지한다고 선언하고 있다.

독일통일 문제와 관련하여 독일의 양대 정당 중 보수 정당인 기민련/기사연의 입장에서 통일이란 히틀러가 민족의 생활권을 앞세우고 폴란드와 체코슬로바키아 침공에 나서면서 영토 변경이 있기 이전인 1937년 12월 31일로의 통일된 독일로의 회복이었다. 그래서 그들은 분단 이전 상태의 회복 즉 재통일(Wiedervereinigung)을 주장하였다. 그리고 그들은 강령에서 전체로서의 독일에 대해 조국(Vaterland)이란 표현을 사용하였다. 조국이란 1871년 프로이센에 의해 통일된 독일제국, 즉, 이때 경계가 그어진 독일 민족의 삶의 공간이다. 독일 헌법재판소의 결정이나 독일을 분할하여 점령한 전승 4강국 중 서방 3강국의 입장에서 1937년 이전의 독일제국은 계속되고 있었다. 이런 입장에서 재통일이란 1937년 이전으로의 분단된 독일 민족통일의 회복이었다.

사민당의 입장에서 독일민족과 민족주의는 근대 이후 유럽의 평화를 교란하고 전쟁을 야기하는 근본적 원인이었다. 사민당에게 민족문제는 유럽의 평화질서 속에서 극복하여야 할 대상이었다. 그래서 이들은 더 크고 이상적인 유럽의 평화체제 실현을 추구하면서 2차 대전 후 분단된 현실의 독일, 즉 동독과 서독의 영토와 주민의 통합(Einheit)을 추구하였다. 그래서 그들은 빌리 브란트 총리 시대에 평화를 앞세우고 신동방정책 실현으로 나아갔다. 분단과 독일제국 영토(구체적으로는 폴란드의 주권 하에 있는 동프로이센)의 현상을 인정 아니 존중(Respektierung)하면서 조약에 의해 적대관계 해소와 평화를 정착시키고자 하였다. 적어도 1972년에서 독일 통일과 동유럽 진영 해체에 의한 유럽에서의 냉전 종식까지는 이 평화체제가 정착되었다고 보는 것이 일반적이었다.

그러나 1980년대 말 동유럽의 민주화운동의 일환으로 일어난 동독에서의 민주화운동은 독일민주공화국을 소멸시켰다. 신동방정책이 정착시킨 평화체제는 민족, 민족주의를 극복하지 못했다. 동독 시민의 구호에서 조국과 민족의 정서가 달아올랐다. 그러나 콜 총리를 비롯한 서독의 지도자들은 통일 문제에 냉정하게 접근하였다. 소련을 비롯한 영국과 프랑스 등 유럽의 전승 강국과 주변국이 가장 우려한 것은 과거 독일의 민족주의 부활이었다. 이는 유럽 평화의 교란을 의미한다고 보았던 것이다. 1989년 가을부터 1990년 10월 3일 통일까지 콜 총리의 입에서 민족통일은 등장하지 않았다. 독일 통일의 최종결정권은 규범적으로 여전히 전승 4강국이 보유하고 있었다. 1945년 2차 대전 종전 후 독일을 분할 점령한 4강국의 최종결정권의 바탕은 유럽의 평화를 위하여 독일의 전쟁능력 제거였다. 1990년 독일이 이해 당사국들을 설득하고 다짐한 것 역시 통일 독일의 평화 의지였다. 쌍무, 다자간 조약을 통한 현존 국경의 인정, 무력 사용 포기였다. 그 결과가 2+4 조약을 통한 독일 통일의 승인과 4강국의 전체로서 독일과 베를린에 대한 최종결정권 포기 선언이었다. 이런 맥락에서 콜 총리는 10월 2일 연설 모두에 우리의 힘만으로는 통일을 이루어 낼 수 없었다고 감격스럽게 말하면서, 독일의 통일에 합의해 준 4강국을 비롯한 이웃 국가에 감사를 드렸던 것이다.

독일 통일을 논의하면서 우리의 통일을 생각해보지 않을 수 없다. 한반도에 불어오는 평화체제의 바람이 통일로 가는 길목에서 부는 것인지 확신할 수 없다. 독일 통일에서 보듯이 우리의 분단 역시 국제적인 사건이었다. 이 사건의 마무리 역시 우리의 의지와 함께 국제적으로 풀어나가야 할 문제일 것이다. 그리고 분단 현실을 인정한 토대 위에 구축된 동서독의 평화체제가 통일을 보장하지는 않았다. 어떤 면에서 통일을 관념화시키는 데 기여했다고도 할 수 있다. 그런 점에서 현재 논의되고 있는 평화체제가 통일에 기여할 것인지도 냉정하게 생각해보아야 할 것이다. 또한 민족통일이란 더 더욱 냉정하고도 깊게 생각하여야 할 것이다. 근본적으로 통일이 무엇을 목적으로 하는 것인지 항상 생각하면서 통일 문제에 임해야 할 것이다.

그리고 분단과 통일 과정에서 독일은 이와 관련된 수많은 국제적인 조약, 협정, 선언, 국내적으로 서독의 기본법과 동독의 헌법 개정과 각종 법률 그리고 관행을 생산하였다. 이는 분단 상황에서 궁극적으로는 통일을 지향하면서 평화체제를 향해 움직이고 있는 우리에게 귀중한 경험과 선례를 제공해주고 있다. 통일의 섬을 향해 짙은 안개 속을 항행하는 우리에게 소중한 항해도와 나침반의 역할을 하고도 남을 것이다.

2019년 2월
저 자

독일 통일
- 재통일인가 통합인가? -

저자 서문 · 3

1 서론: 근대 독일 민족의 형성 / 13

1. 1815년 비인 회의와 통일운동 · 13
2. 독일제국의 성립과 독일 민족 · 17
3. 유럽평화와 독일민족 · 19
4. 민족사회주의의 등장과 2차 대전 · 26

2 2차 대전 종전과 독일의 분단 / 33

1. 연합국의 전후 세계, 유럽 질서 및 독일 점령 준비 · 33
2. 전승 4강국의 독일 점령 · 46
3. 냉전의 시작과 분단국가의 탄생 · 64
   1) 서독(독일연방공화국)의 창설 · 81
   2) 동독(독일민주공화국) 창설 · 86

3 분단국가 시대(1949-1972년) / 91

1. 친서방, 반공의 서독 출범 · 91
2. 서독의 자본주의 서방 편입과 서독 경제의 부활 · 101
3. 분단의 고착화 · 106
4. 분단시대 서독의 동방정책 및 독일정책 · 111
5. 분단시대의 동서독 교류 · 131

4 "사실상" 양국 체제 시대 / 143

1. 브란트 정부의 출범과 신동방정책 · 143
   1) 사민당의 동방정책 변화 · 143
   2) 빌리 브란트의 신동방정책 준비 · 149
   3) 신동방정책 · 157
   4) 동서독 기본조약 · 168
   5) 동서독 특수관계 · 190
2. "사실상" 양국 체제 하에서 동서독 관계 · 195
3. 서독과 동독의 독일정책 · 202
   1) 서독의 독일정책 · 202
   2) 동독의 독일 정책 · 214

5 독일 통일 / 221

1. 라이프치히 월요시위에서 베를린 장벽 붕괴까지 · 221
2. 장벽 붕괴에서 통일까지 · 230
   1) 장벽 붕괴 전후한 시기의 동서독과 국제사회 · 230

2) 헬무트 콜의 승부수 10개항 통일 방안 그리고 통일의 여정 · 238
 3. 동독 국가의 소멸과 통일을 위한 내부 절차 · 249
 4. 독일 통일의 국제적 절차와 통일의 완성 · 258

6 독일 통일의 빛과 그림자 / 267

에필로그 · 283

참고문헌 · 287
사항 찾기 · 303

제1장 서론: 근대 독일 민족의 형성

1871년 1월 18일 베르사이유.

궁전 거울의 방에서 독일제국 황제 빌헬름 1세 대관식이 거행되었다. 프랑스-프로이센 전쟁의 승리와 함께 프로이센은 독일제국의 성립을 알리고, 빌헬름 1세 프로이센 왕이 독일제국 황제의 자리에 오른 것이다.

이는 프로이센에 의한 독일통일과 독일제국 성립에 그 의미가 있을 뿐만 아니라 근대 독일민족의 성립을 알리는 것이었다.

1. 1815년 비인 회의와 통일운동

1815년 나폴레옹 전쟁을 정리하기 위한 비인 회의 이전 독일은 외형상 신성로마제국의 영토 내에서 300여 개의 독립된 제후국이 난립하는 중세적 봉건질서 그대로였다. 종교개혁 이후의 30년전쟁(1618~1648년)으로 피폐해진 신성로마제국을 해체하고 세력 관계를

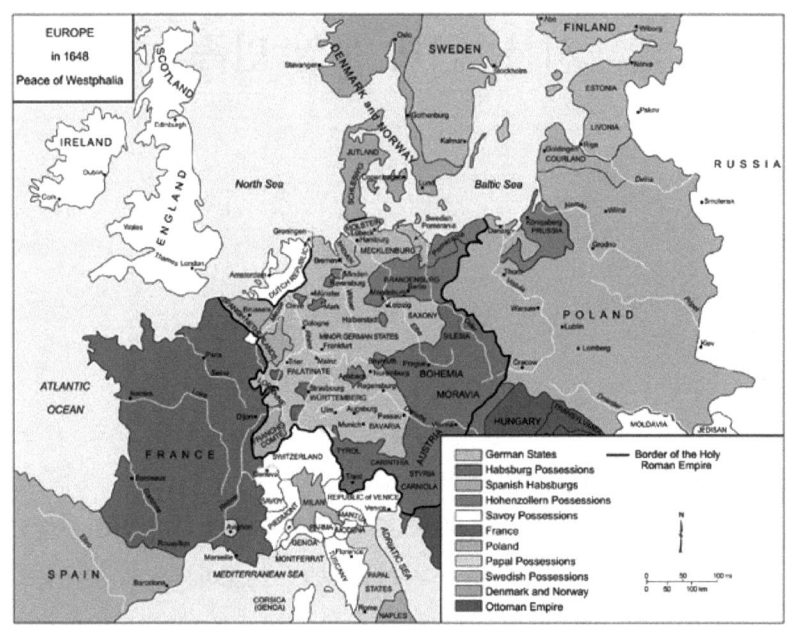

베스트팔렌 평화질서(1648): 신성로마제국의 해체와 독일 연방
출처: ghdi.ghi-dc.org

인정하여 개편된 베스트팔렌 평화질서(Peace of Westphalis)가 나폴레옹 전쟁으로 헝클어진 것을 비인 회의가 정리하면서 근대를 맞이하였다. 과거의 봉건질서 속에서 독일민족 개념이란 없었다. 제후의 신민이었을 따름이었다.

산업혁명과 함께 온 시민혁명으로 유럽 대륙은 근대를 맞이하게 된다. 강대국 프랑스의 간섭 등 직접적 영향권 하에 있던 독일의 제후국 역시 프랑스혁명의 영향을 직접 받게 되었다. 우선은 유럽 구체제의 강국인 합스부르크가의 오스트리아와 독일 내에서 힘을 키우고 있던 프로이센이 프랑스혁명 간섭전쟁에 참여하지만 패하고 만다. 그 후 프랑스혁명의 혼란을 수습하고 황제에 등극한 나폴레옹에 의해 시작

1815년 비인 회의에서 결정된 중부 유럽.

된 나폴레옹 전쟁에서 프로이센군은 1806년 예나에서 나폴레옹군에 패하고 프랑스에 항복하고 말았다. 이후 나폴레옹군은 독일을 가로질러 러시아를 침공하였지만 패하면서 나폴레옹 황제는 퇴위하고 이를 정리하기 위하여 1815년 오스트리아의 비인에서 이해 당사국들이 모여 전후 질서를 확립하였다. 왕정복고라 불리는 구질서로의 회귀였다. 이때 독일 지역은 39개 국가로 정리되면서 소위 독일연방이 형성되었다. 연방이라지만 국가연합에도 미치지 못한 수준의 독립된 국가의 느슨한 연합이었다.

그런데 나폴레옹 전쟁은 유럽 특히 독일 지역에 프랑스혁명의 이념인 자유, 정의, 박애(후에 연대)의 사상을 전파하였고, 민족주의를 전파하였다. 비인 회의가 구체제 복구였다고 하지만 39개의 연방으로 정리된 독일 지역에서는 자유와 민족주의가 결합되면서 통일운동의 씨가 뿌려졌다. 그리고 18세기와는 달리 안정되면서 연방 내 각국은 경쟁적으로 산업화에 나섰다. 이에 따라 부르주아와 노동자 계급이 성장하면서 자유주의와 민족주의로 무장한 통일운동의 주체세력도 점차 형성되고 있었던 것이다.

1834년 프로이센을 중심으로 관세동맹이 체결되고 이를 매개로 한 북독일연맹이 출현하였다. 산업화, 국가에 의한 철도의 확대로 독일 내 특히 북독일연맹 내의 공동의 경제적 기반도 확대되었다.

이런 조건 하에서 1848년 프랑스 2월 혁명을 계기로 독일에서는 부르주아 지식인을 중심으로 프랑크푸르트 국민회의가 소집되어 헌법 초안을 작성하면서 통일을 논의하였다. 당시 통일 논의는 개별 국가를 설득하는 것이었다. 이에 오스트리아는 당초부터 관심이 없었고, 프로이센은 이런 통일 방식에 부정적이었다. 그리고 규모가 큰 국가인 바이에른이나 작센 역시 이에 부정적이었다. 결국 이 회의는 뷔르템부르크 군대에 의해 해산되고 만다. 그렇지만 당시의 헌법초안은 그대로 살아남아서 그 후 바이마르 헌법에 계승된다.

이후의 통일운동 양상은 오스트리아를 포함하는 대독일주의와 오스트리아를 제외하고 프로이센을 중심으로 하는 소독일주의로 나누어진다.

오스트리아는 독일 통일에 관심을 두지 않고 오스트리아-헝가리 2원제국 강화와 확대에 주력하면서 대독일주의 통일운동은 동력이 떨어진다. 프랑크푸르트 국민회의 대표들이 설득 차 베를린에 왔을 때 이들의 제안을 거부하였다. 후에 프로이센과의 전쟁에서 오스트리아가 패배하면서 결국 독일 통일은 오스트리아가 빠진 가운데 독일 대중 특히 부르주아가 아닌 프로이센 왕국을 중심으로 한 힘에 의한 위로부터의 통일로 나가게 된다. 힘을 모으고 있던 프로이센은 1862년 융커 출신 비스마르크 총리가 집권하면서 빌헬름 1세 국왕과 함께 힘에 의한 통일을 준비하고 있었다. 비스마르크는 의회의 반대를 물리치고 산업과 군비 증강에 나섰다.

2. 독일제국의 성립과 독일 민족

　프로이센은 슐레스비히-홀슈타인 지역의 독일인의 귀속을 문제 삼아 오스트리아와 동맹을 맺어 1862년 덴마크를 상대로 한 전쟁에서 승리한 후 슐레스비히-홀슈타인 지역을 프로이센이 단독으로 영유하면서 오스트리아가 이에 반발하게 된다. 이에 1866년 오스트리아와 전쟁을 벌여 쾨니히그라츠 전투에서 오스트리아군을 격파하면서 독일 통일 문제에서 오스트리아를 결정적으로 배제하였다. 오스트리아에 대해서는 이례적으로 배상금이나 영토 할양 같은 당시 패전국에 대한 전쟁 책임을 전혀 묻지 않았다. 향후 독일통일에 개입하지 않도록 한 것이다.
　당시까지도 프랑스는 여전히 남부 독일과 라인강 지역에 영향력을 행사하고 있었다. 이런 영향으로 남부 지역 특히 바이에른 왕국의 경우 프로이센에 의한 통일에 동의하지 않았다.
　이에 빌헬름 1세와 비스마르크는 경제력과 군사력에서 힘을 비축하면서 기회를 노리고 있었다. 드디어 기회가 왔다. 스페인 국왕이 죽자, 프랑스가 승계하는 것이 당연시되었다. 역시에 프로이센이 승계를

베르사이유 궁전 거울의 방에서 독일제국 선포(1871년 1월 18일)
출처: 출처: Bildarchiv Preußischer Kulturbesitz

주장하면서 개입하였다. 실제로 스페인 왕에 관심이 있었는지는 모르지만 아무튼 엠스 전보사건 등을 계기로 나폴레옹 3세의 프랑스는 1870년 프로이센에 선전포고를 하게 된다. 나폴레옹 3세는 스당에서 포위되고 결국에는 프로이센의 포로가 된다. 프로이센은 프랑스와의 전쟁에서 간단하게 승리를 거두게 된다. 승리자 프로이센은 베르사이유 궁전에서 평화협상을 벌인 후 거울의 방에서 독일제국 선포와 황제 대관식을 가지면서 프랑스에 치욕을 가져다주었다.

3. 유럽평화와 독일민족

이렇듯이 비인 회의 이후 본격화된 독일 통일운동은 1848년 프랑크푸르트 국민회의 헌법[2] 제정에 의한 통일운동이 좌절된 후 프로이센에 의한 위로부터의 힘에 의한 통일로 완성되었다. 그리고 관념적인 독일민족 형성이 현실화되었다. 그런데 독일민족의 경우 일반적인 문화적인 개념 즉, 동일한 언어와 관습, 종교, 제례를 같이하는 문화인류학적인 의미에서의 민족이 아닌 프로이센에 의해 통일되고 성립된 독일제국 영역 내의 사람으로 정치적으로 규정된 개념이다. 이는 당시의 프랑스나 동쪽의 슬라브 민족 지역이나 남쪽의 라틴 민족 지역과 비교해보면 쉽게 알 수 있다.

그리고 독일의 통일과 독일민족의 형성은 구체적으로는 프로이센에 의해 1862년부터 전쟁에 의해 달성되었다는 것이 중요한 의미를 가진다. 비인 회의에 의해 구축된 유럽의 평화질서를 뒤흔들면서 등장한 것이 독일제국과 독일민족이라는 것이다. 그리고 프랑스와 관계에서 1871년 베르사이유 궁전에서의 독일제국 선포와 독일 황제 대관식은 프랑스에게 지울 수 없는 치욕을 가져다 준 것이었다. 그리고 프로이센과의 전쟁 이후 프랑스의 국방전략은 기본적으로 독일에 대한 것으로 마지노선은 이 때 구축된 것이다.

---

[2] 1949년 프랑크푸르트 헌법("Verfassung des Deutschen Reichs" 1849) 전문에 관해서는 books.google.de 참조.

이후 중부 유럽에 강자로 세력을 구축한 독일과 독일민족의 움직임은 항상 유럽의 평화와 직결되는 것이다. 통일을 이룬 지 40년만인 1912년에 독일은 전체로서 유럽의 평화를 혼란으로 몰아넣은 1차 세계대전을 일으킨다. 프로이센 중심의 무력을 과시한 독일제국은 통일을 선포하였지만 아직 제국으로서 완전한 통합에 이르지는 못했다.

통일은 프로이센의 힘에 의한 것이었다. 39개의 주권을 가진 영방은 주권을 상실하고 주의 자격으로 독일제국에 편입되었다. 그러나 제국헌법이 보여주고 있듯이 외교와 국방에 관해서 주권을 제국 정부에 위임하였을 뿐 그 외에 관해서는 주권을 보유하여 높은 수준의 자율성을 가지고 있었다. 이들 연방 주의 주권을 보장하고 있는 것이 제국상원이었다.

통일 후 비스마르크 정부는 민주적 절차와 과정에 의한 통합이 아닌 종래의 힘에 의한 통합정책을 유지하였다. 이는 내부 불안이나 외부의 충격에 취약한 것이었다. 특히 신성로마제국 이래 독일에 강력한 영향력을 미쳐온 프랑스 세력의 제압은 필수적인 것이었다. 이에 따라 비스마르크는 프랑스의 고립을 목적으로 복잡한 비밀외교를 통하여 유럽의 세력균형 구축에 의한 외부적 안정을 추구하였다. 특히 민족주의의 발흥으로 언제든지 폭발 가능한 발칸반도에 대한 정책 즉, 동방정책에서 협박이나 위협을 가하기는 하였지만 러시아제국 그리고 오스트리아-헝가리제국과의 긴밀한 외교를 통하여 무력 충돌 없이 안정을 유지하였다. 즉, 비스마르크는 3국동맹, 3제동맹 등 독일을 중심으로 종횡으로 국제적 안전장치를 취하면서 유럽 강대국의 갈등을 조정하면서 일종의 독일제국 판 '도광양해(韜光養晦)' 정책 하의 평화 속에서 독일의 민족적 통합과 독일제국의 힘을 길렀다.

내정에 관해서는 사회주의탄압법[3] 제정과 시행에서 볼 수 있듯이 민주주의 세력을 강력하게 탄압하는 한편으로 1881년 노령연금, 의료보험, 산재보험 등 세계 최초로 사회보장제도를 도입하였다. 그러나 당시 사민당의 강령에서 전국적으로 단일한 세제, 재판 등의 요구에서 볼 수 있듯이 아직 완전한 통합에 이르지는 못했다.

이런 당근과 채찍 정책을 통하여 제국의 통합에 총력을 기울였다. 1981년 제국헌법은 힘의 양성과 적극적인 정책 수행의 제도적 근거를 제공하였다. 그 전문에서 "신의 은총에 의한 프로이센 등등의 국왕 짐(朕) 프리드리히 빌헬름이 선언하고 알리노니"라고 시작되는 프로이센 헌법을 계수한 독일제국 헌법은 국민주권, 권력분립, 인권보장 조항이 빠진 소위 외견 입헌주의 헌법으로 국민주권이 아닌 황제주권을 선언하고 있었다.

당시 공화제인 프랑스나 엄격한 3권분립의 대통령제 하의 미국, 1831년 헌법에 의해 군주의 특권적 지위를 폐지한 의회 우위의 입헌군주제 벨기에나 오랜 역사를 거쳐 19세기에 입헌군주제를 정착시킨 영국과 달리 황제가 모든 권력을 장악한 소위 외견상 입헌군주제 국가였다. 연방의 의장은 황제 즉, 프로이센 국왕이었다(1871. 제11조). 구성 영방의 대표로 구성된 연방참의원(Bundesrat) 의장은 황제가 임명한 제국 총리가 맡는다(제15조). 그리고 입법기관(참의원과 제국의회)의 소집, 개원, 정회, 폐회의 권한은 황제가 보유하고 있고(제12조), 군사 관련 사업, 해군 관련 사업 그리고 제35조의 조세에 관한 사항의 최종결정권은 황제가 가지고 있다(제5조). 그리고 모든 독일군은 황제

---

3) 사회주의자탄압법'(정식 명칭은 '사회민주주의의 공익을 해칠 우려가 있는 시도에 대응하기 위한 법률 Gesetz gegen die gemeingefährlichen Bestrebungen der Sozialdemokratie. Sozialistengesetz); 전문에 관해서는 www.documentarchiv.de 참조.

의 명령에 무조건 복종하여야 한다(제63조). 결국 황제인 프로이센 국왕이 최종적인 결정권을 가지는 헌법이었다.4)

그러나 빌헬름 1세 황제와 비스마르크가 의기투합하여 유지해오던 이런 내외 안정(?)에 의한 독일통합 정책은 빌헬름1세 사후 황제에 오른 빌헬름 2세에 의해 그 기조가 무너진다. 그는 강대국 독일의 힘을 과시하고 싶어했다. 비스마르크를 해임하고 그는 사실상 힘의 정책인 세계정책(Weltpolitik)을 추구하여 식민지 개척과 적극적 대외정책 추구를 위하여 해군력을 증강하고 국제문제, 특히 발칸 문제에 직접 개입하였다. 즉, 1895년 청일전쟁 후 3국간섭에 참가하여 중국 청도를 조차하고, 남아프리카의 보어전쟁에서 영국에 반대하는 입장을 분명히 하였다. 1898년의 해군법, 1900년의 2차 해군법에 근거한 그의 해군력 증강정책은 특히 영국과의 건함 경쟁을 야기하면서 충돌경로에 들어서게 된다.

결국 보스니아를 방문한 오스트리아의 페르디난트 대공(Archduke Franz Ferdinand)이 1914년 6월 28일 수도 사라예보에서 세르비아인 프린치프(Gavrilo Princip)의 권총에 맞아 사망하면서, 그 누구도 미증유의 세계대전으로 발전할 지 예상하지 못하던 전쟁이 발발하고 동맹국 독일제국은 전쟁에 참여하게 된다. 세계 특히 유럽 전역이 참혹한 전쟁에 말려들었다.

1차 대전의 결과는 참혹했다. 900만명 이상이 사망하였다. 그리고 전쟁 기간 중에 러시아에서 볼셰비키 혁명이 일어나 차르의 전제군주국가를 무너뜨리고 세계 최초의 소비에트 공산주의 국가를 성립시켰

---

4) 독일제국 헌법("die Verfassung des Deutschen Reiches vom 16. April 1871"), www.verfassungen.de 참조.

다. 그리고 혁명 기간 중에 자본주의 국가에 의한 무력간섭이 일어나 2년 여 동안 러시아 전역에서 볼셰비키 혁명정부의 안전을 위협했다. 1차 대전으로 터키 제국이 해체되면서 발칸은 새로운 불씨를 안고서 여러 국가가 출현하였다.

종전은 독일에서 전쟁으로 고통받던 대중의 분노와 러시아 혁명의 영향으로 봉기와 파업으로 이어지다가 1917년 8월 군항인 빌헬름스하펜에서 수병들의 반란이 일어났다. 그리고 이듬 해인 1918년 11월 3일 해군의 모항인 키일 항의 수병들이 봉기하고 항구 일대의 노동자들이 파업하면서 혁명이 발발하였다. 이들은 볼셰비키 혁명의 예를 따라 "노동자, 병사 소비에트"를 결성하였다. 혁명의 불길이 독일 전역으로 번져갔다. 결국 전쟁을 계속 수행해 나갈 수 없게 되자, 11월 9일 빌헬름 2세 황제가 퇴임하고 네덜란드로 망명하였다. 제국의 마지막 총리인 막스 폰 바덴(Max von Baden)은 직권으로 사민당 당수 프리드리히 에버트(Friedrich Ebert)에게 총리직을 맡아줄 것을 요청했다. 에버트가 이를 수락하고, 베를린에서 공화국을 선포하였다. 독일 제국과 독일에서 오랜 왕정이 드디어 종언을 고했다. 그리고 11월 11일 휴전협정이 조인되었다.

겉으로 독일은 외견 입헌주의 체제가 무너지고 민주주의의 모델인 바이마르 공화국이 출범하였지만, 그 내상은 엄청난 것이었다. 통일 이후 빌헬름1세 황제와 비스마르크가 추구했던 정치적 의미에서의 형성된 독일민족의 통합이 완성되지 못하고 또 다시 통합이라는 과제를 안고 바이마르 공화국이 탄생되었던 것이다.

당내의 평화주의 논쟁을 물리친 독일 사회주의민주당이 "1. 우리는 평화 유지에 최선을 다했고, 상대가 우리에게 전쟁을 강요했다. 2. 지금 전쟁이 발발한 이상 우리는 스스로를 방어해야 한다. 3. 이 전쟁에서 독일 민족의 모든 것이 위험에 처해 있다'고 선언하고 노동조합과 함께 '성내 평화'(Burgfriede)를 선포하여 정부에 협력하여 전쟁을 지원하기로 결정하였다. 1914년 8월 4일 50억 마르크의 군사예산을 둘러싼 국회 심의 때에는 사회민주당 의원단 전원이 군사예산과 공채 발행에 찬성투표를 하였다. 그러나 1918년 11월의 혁명 열기는 독일 민족과 국민이라는 것이 아직은 허구라는 것을 보여주었다.

베르사이유 궁전에서 휴전협정에 서명하였다. 이후 성립된 베르사이유 체제는 독일의 전쟁능력 해체였다. 이듬 해인 1919년 6월 28일 독일인에게 치욕을 주고 삶을 옥죄게 되는 제1차 대전의 평화조약인 "베르사이유 조약" 체결이 있었다. 협정은 1919년 6월 28일 프로이센이 독일제국을 선포하여 프랑스에게 치욕을 안겨주었던 베르사이유 궁전 거울의 방에서 서명되고, 1920년 1월 10일 공포되었다.[5]

이 조약에서 독일에게 특별한 의미를 가지는 것은 영토, 군, 배상금, 해외 식민지 관련 내용이었다. 즉, 독일은 프랑스, 벨기에, 덴마크, 특히 새롭게 탄생하는 폴란드에게 15%의 영토와 10%의 국민을 잃었다. 영토에 관한 주요 내용은 다음과 같다: 프랑스에 알자스-로렌 반환; 외펜과 말메디 벨기에 편입; 독일 북부 덴마크 영유는 주민투표에 의해 결정(1920년 주민투표에 의해 아벤라에, 쇠네르보르, 퇴네르와 그 주변이 덴마크에 귀속); 자를란트 15년간 국제 사회 감독 후 주민투표로 결정); 독일 동부의 중요 지역이 새로운 폴란드에 귀속되며 몇몇 지역의 최종 지위는 위원회나 해당 지역의 주민투표로 결정. 단치히(그단스크) 자유 도시화; 해외 식민지 포기.

---

5) 베르사이유 조약(TREATY OF PEACE WITH GERMANY. TREATY OF VERSAILLES), 미국 의회도서관(www.loc.gov)

1919년 베르사이유 조약 이후 독일 중심의 지도 빗금친 부분은 러시아와 독일이 상실한 지역.

군에 관해서는 독일의 무장을 이렇게 제한하였다. 독일 대포 5,000문, 비행기 25,000대, 장갑차 일부 및 모든 함정 양도 외에 육, 해군을 합친 군 병력 10만 명으로 제한, 항공 전력 금지; 새로운 전차의 개발 및 배치 금지; 라인 강 왼쪽 지역, 코블렌츠, 마인츠, 쾰른 비무장화. 그리고 독일인의 삶에 직접적인 영향을 주는 경제에 관해서 프랑스와 벨기에 배상금을 지불하기로 하고 그 금액은 1921년 결정되었는데 1,320억 독일 제국 마르크였다.[6]

---

[6] 1차 대전 기간 중 교전국 정부는 증세, 인플레이션, 차입을 통하여 대규모 전비를 조달하지 않을 수 없었다. 전쟁은 연정 파트너, 시민 그리고 협상국은 미국에 대한 엄청난 빚을 안고 끝났다. 모든 나라 정부는 시민들

4. 민족사회주의의 등장과 2차 대전[7]

베르사이유 체제는 발칸 지역, 소련 서부 즉, 폴란드 동부 지역의 영토 변경이 있었고, 특히 독일과 관련해서는 앞에서 언급한 민감한 지역의 영토 상실이 있었다. 여기에 더하여 독일의 전쟁능력 해체를 위한 무력 제한과 더불어 가혹한 배상금은 바이마르 공화국 내내 독일인들의 삶을 옥죄었다.

1921년에 배상금 결정되자 1922년부터 독일은 사실상 디폴트 상태에 빠졌다. 배상금 지급이 지연되자 프랑스의 입장은 단호했다. 그런 와중에 독일이 현금 대신 배상금으로 연합국에게 지급하기로 했던 석탄과 목재 공급이 6개월 가까이 지연되자 프랑스는 벨기에와 함께

에게 전후에 교전 상대가 전비를 치를 것이라고 확신을 주었다; Timothy W. Guinnane, "Financial Vergangenheitsbewältigung: the 1953 London Debt Agreement", 'the Yale Economic Growth Center discussion paper' (January, 2004); 독일 사민당이 1914년 전쟁 공채 발행이 찬성한 것은 전쟁이 단기간에 독일의 승리로 끝날 것임을 확신하였기 때문이다.

7) 나치당(Nationalsozialistische Deutsche Arbeiterpartei)을 일반적으로 국가사회주의독일노동자당으로 번역하고 있다. 그러나 독일에서는 민족(Nation), 인민/국민(Volk), 시민(Bürger)를 구분하여 사용하고 있으며, Nation은 민족을 지칭할 때 사용되었다. 2차 대전 후 민족(Nation)은 기피 용어 중 하나였던 까닭에 국가로 번역하여 사용하고 있지만 나치당 출현 당시의 분위기 그리고 나치당의 생활권(Levensraum)을 내세운 대외정책 등에서 내세운 Nation은 민족으로 보아야 할 것이다. 나치의 대외 침략은 체코의 주데텐 지역의 독일계 주민 그리고 폴란드의 단치히의 독일계 주민을 내세워 영토 통합으로 나갔던 것이다.

1923년 1월 병력을 동원해서 루르 지역을 점령하였다. 독일인들의 반발이 커졌다. 에버트 대통령은 국민적 반대와 루르 지역의 총파업을 지지했다. 군사점령은 저지되었지만, 파업으로 인한 경제 위기로 실업자가 양산되고, 물가는 엄청나게 뛰었다.

이에 정부는 통화 발행으로 대처하였다. 물가는 불에 기름 붇듯이 치솟았다. 1922년 1월 미화 1달러에 100마르크를 좀 넘던 환율이 1923년 10월에는 1조 마르크를 넘었고 연말에는 10조 마르크에 가까웠다. 그리고 그 해 말이 되면 100조 마르크에 근접하게 된다. 미국 관광객이 준 팁 1달러를 받은 식당 종업원이 1달러를 어떻게 사용할까를 놓고 심각한 가족회의를 열었다는 이야기가 실감나는 상황이었다.[8]

바이마르 공화국 정부가 경제안정에 골몰하던 1928년 총선에서 나치당은 2.6%를 득표하여 12명의 의원을 처음으로 의회에 진출시켰다. 그런데 나치당은 이미 1919년에 독일 노동자당이란 이름으로 창당한 후 1920년 뮌헨 호프브로이하우스(Hofbräuhaus)에서 안톤 드렉슬러(Anton Drexler), 아돌프 히틀러(Adolf Hitler), 고트프리트 페더(Gottfried Feder), 디트리히 에카르트(Dietrich Eckart)가 작성한 25개조 강령을 히틀러가 발표하고, 당명을 민족사회주의독일노동자당으로 바꾸면서 이미 독일 대중의 불만의 흐름을 타고 그 모습을 드러냈다. 이 강령은 민족주의, 베르사이유 조약 폐지, 반유대 반이민, 산업국유화, 반유물론을 내세우고 있었다.

1928년 총선 이후 일어난 세계공황은 취약한 독일 경제에 결정적인 타격을 가했다. 도스(Charles G. Dawes)안, 영(Owen Young)안에 의

---

[8] 전종덕/김정로, 독일 사회민주당의 역사, (백산서당, 2018),pp.65-67.

해 전쟁배상금은 사실상 탕감되었지만 독일 경제의 회생은 불가능해 보였다.9) 이런 흐름을 타면서 나치당은 정상을 향해 질주하였다. 대공황이 절정이던 1930년 9월 총선에서 모든 정당의 득표율이 하락한 가운데 나치당은 2년 전 총선에서의 2.6%(912석)에서 18.25%(107석)로 제2당으로 우뚝 솟았고 공산당은 10.6%(54석)에서 13.13%(77석)으로 나치당에 이어 제3당이 되었다.

나치당은 대폭 경감된 영안(Young Plan)의 배상금 지불 자체를 강력하게 반대하였고, 공산당은 제1차 세계대전 자체를 제국주의 전쟁으로 규정하고 배상 자체를 부정하였다. 바이마르 공화국을 지키려는 정당이 패배하고 바이마르 공화국을 부정하는 극단주의적 두 정당 만이 승리한 것이다.

불안한 독일 정국에서 1931년 7월 다시 총선이 치러졌다. 나치당이 37.27%로 1당이 되어 의석 230석을 확보하여 제1당이 되었다. 이는 바이마르 공화국 역사상 최대의 득표율로, 역대 최고는 1919년 제헌의회 선거에서 사민당이 거둔 37.75, 165석이었다. 1932년 11월에 치러진 총선에서 나치당은 33% 득표로 주춤하였다.

그러나 이에 따라 구성된 정부도 정국을 안정시키지 못하자 힌덴부르크 대통령은 1933년 1월 히틀러를 총리에 지명하였다. 이후 전권위임법(Das Ermächtigungsgesetz)10) 통과와 힌덴부르크 대통령 사망 이후

---

9) 탕감되었다고 하지만 2차 대전 후 1953년 런던에서 체결된 "런던채무조약"(London Agreement on German External Debts)에서 2차 대전 전의 미지급 채무(outstanding debts)로 서독과 채권국 및 민간 채권자들 간에 상환이 최종적으로 합의되었다. 이 조약에 따라 서독은 채무 상환을 이행하여 1983년에 전전 및 전후 채무 상환을 완료하였다.

10) 전권위임법(수권법: Das Ermächtigungsgesetz)은 5개조로 구성되어 있으

히틀러가 모든 권력을 장악하면서 민족사회주의의 폭주가 시작되면서 2차 세계대전으로 치닫게 된다.

독일제국처럼 나치당 정권은 독일 국민의 관심을 외부로 돌리고 국내를 형용할 수 없을 정도의 억압으로 완성되지 못한 독일민족을 만들어내고자 하였다. 유대인과 사회주의자를 강제수용하고 죽이면서 순수하고 우수한 아리안 혈통의 독일을 만들겠다고 주장하지만 사실은 1871년 통일 이후 계속되어온 독일민족 만들기의 일환이었다.

그런데 이는 유럽의 평화를 그 뿌리에서부터 흔드는 것이었다. 독일 힘을 제거한 베르사이유 체제의 수명은 20년을 채우지 못하였다.

며 내용은 다음과 같다.
제1조 제국법은 헌법에 정해진 절차 이외에 제국 정부에 의해서도 제정될 수 있다. 이는 제국 헌법 제85조 2항 및 87조에 규정된 법률에도 적용된다.
제2조 제국 정부가 제정하는 법률은 동법이 제국의회와 제국참의원의 조직에 관하여 영향을 주지 않는 한 제국 헌법에 합치하지 않을 수 있다. 제국 대통령의 권한에는 변함이 없다.
제3조 제국 정부에 의해서 제정되는 법률은 제국 총리가 제정하고 제국 내각이 이를 공포한다. 동 법률은 다른 규정이 없는 한 공포 당일, 그 효력이 발생한다. 제국 헌법 제68조에서 제77조의 조항은 제국 정부가 제정하는 법률에 영향을 주지 않는다.
제4조 제국이 제국 법률에 영향을 주는 외국과의 조약 체결 시 입법부의 동의를 요하지 않는다. 제국 정부는 동 조약의 시행에 필요한 명령을 제정한다.
제5조 본 법은 공포 당일에 시행한다. 본 법은 1937년 4월 1일 또는 현 제국 정부가 다른 정부로 변경될 때 그 효력을 상실한다.
제5조에 따라 형식상 이 법률은 1937년 1월 1차 연장, 1939년 1월에 2차 연장, 1943년 5월에 총통령으로 무기한 연장되었다. 1945년 9월 20일, 연합국 관리위원회에 의해 폐지되었다.
법 원문에 관해서는 www.bundesarchiv.de 참조.

앞에서 언급하였듯이 베르사이유 체제는 이후 국제연맹을 창설하였으며, 국제연맹은 민족자결주의를 내세우면서 오스트리아-헝가리 제국 해체와 발칸의 여러 민족국가 수립을 통하여 중부 유럽에서 평화체제를 구축하고자 하였다. 어떻게 보면 과거 베스트팔렌 평화 체제의 냄새를 풍겼다. 배상금으로 독일을 반신불수 상태로 유지하면서 과거 오스트리아-헝가리 제국 영역을 고만고만한 크기의 국가로 분할하여 전쟁을 일으킬 소지를 없애겠다는 것이었다. 그리고 민족자결주의를 주창하면서 국제연맹의 공동창설자인 새로운 강대국 미국이 빠지면서 사실상 프랑스가 이를 주도하였다. 영국은 대륙과 거리를 둔 섬나라로 전통적으로 대륙 문제에 깊이 관여하지 않았다. 베르사이유 조약 내용만 보아도 영국의 요구는 눈에 띌 만한 것이 없다. 베르사이유 체제는 1차 대전의 피해를 본 독일 주변의 벨기에나 덴마크 등 작은 나라를 제외하면 결국 프랑스의 안전 보장 체제였다. 혁명 후의 소련은 모든 면에서 취약한 혁명정부의 안정이었다. 더 이상 자본주의 열강에 의한 간섭전쟁이 일어나서는 안 되었다. 더구나 레닌 사후 권력을 장악한 스탈린은 트로츠키 등의 세계혁명론을 버리고 1국 사회주의 결국 소련의 자립과 안전보장을 대내외 국가정책의 기본으로 삼았다. 서부의 폴란드나 발칸반도의 그렇고 그런 국가의 창설에 반대할 이유가 없었다. 이들은 소련의 서남부 지역에 완충지구를 구축할 것이기 때문이다.

1938년 3월 나치 정권은 오스트리아를 병합하였다. 독일민족의 생활권(Levensraum) 요구의 첫 번째 성과였다. 이후 나치 정권은 독일계 주민이 다수인 체코슬로바키아 주데텐란트 할양을 요구하였다. 히틀러가 합병의지를 강력하게 표명함으로써 유럽에서는 전쟁 위험이 고조하였다. 결국 1938년 9월 24일 히틀러, 네빌 체임벌린 영국 총리,

뮌헨협정 체결 후 귀국한 네빌 체임벌린(Neville Chamberlain) 영국 총리는 뮌헨협정은 "우리 시대의 평화"(peace for our time)를 의미한다고 선언했다.
출처: 영국 전쟁박물관(Imperial War Museums).

달라디에 프랑스 외무장관, 무솔리니 이탈리아 총통이 뮌헨에서 회담을 가졌다. 9월 28일 소위 뮌헨협정이11) 체결되고 주데텐에서 체코슬로바키아 군이 철수하고 독일군이 이 지역을 접수하였다. 체코슬로바키아의 주권 침해는 물론이고 국제법 위반이었다. 체임벌린은 확실한 시한폭탄에 불을 붙여 놓고 런던으로 돌아와서 이제 유럽에 전쟁은 없다고 선언하였다.

이 과정에서 히틀러는 선거제도를 활용하여 독일의 허위 민족의식을 부채질하였다. 1933년 11월 총선 이후 선거는 여타 모든 정당이 해산되고 나치당에 대한 일종의 찬반투표로 실시되었다. 1936년 3월

---

11) 뮌헨협정(Munich Pact September 29, 1938) 전문에 관해서는 예일대학교 법학대학원 아발론 프로젝트(avalon.law.yale.edu) 참조.

29일에 실시된 총선은 라인란트 비무장지대 합병에 대한 찬반을 묻는 투표와 함께 치러졌고, 1938년 4월에 실시된 총선은 오스트리아 합병, 주데텐 병합에 관한 국민투표와 함께 치러졌다. 1936년 선거에서 나치당 찬성 98.8%, 1938년 총선에서는 나치당 득표 99.01%, 오스트리아 합병 찬성 99.73%, 주데텐 합병 찬성 98.68%였다.

1938년은 이후 독일과 유럽의 평화체제에서 중요한 시점이 된다. 1945년 2차 대전 종전 후 그리고 1970년대 동방정책과 1990년 독일 통일에서 소련, 폴란드, 체코슬로바키아와의 국경 문제, 배상 문제와 유일대표권 및 독일 국적 문제와 관련된 독일의 국가의 계속성 문제 등은 국경변경이 없던 1937년 12월 31일을 기준으로 하고 있다.

이후 1939년 단치히 합병과 폴란드 침공에 이어 2차 대전으로 확대되면서 나치의 범죄적 전쟁은 역사에 유례가 없는 참혹한 결과를 인류에 남기고 1945년 5월 8일 독일의 무조건 항복으로 종결되었다.

제2장 2차 대전 종전과 독일의 분단

1. 연합국의 전후 세계, 유럽 질서 및 독일 점령 준비

2차대전 종전 후 세계, 유럽 그리고 독일의 장래를 어떻게 만들어 갈 것인가에 관하여 전승국 특히 소위 4강대국 간의 여러 회의와 합의가 있었다. 전후질서에 관한 가장 기본적인 1941년 8월 미국의 루즈벨트 대통령과 영국의 처칠 총리 간의 공동성명인 대서양헌장일 것이다. 대서양헌장의 8개항 원칙이다. 미국이 아직 참전을 하지 않은 상태에서 양국 정상이 합의한 내용으로 그후 소련을 비롯한 33개국이 이를 승인하고 국제연합 창설의 기초가 된다. 대서양헌장 8개 원칙은 다음과 같이 요약할 수 있다.

1. 양국은 영토나 기타 어떤 세력 확장도 추구하지 않는다.
2. 영토의 변화는 관련 국민의 원망(願望)에 따라야 한다.
3. 모든 사람은 자결권(right to self-determination)을 가진다.

4. 무역장벽은 낮춰져야 한다.
5. 세계적 경제협력과 사회복지의 진전이 있어야 한다.
6. 양국은 국가 경계 내에서의 안전과 공포와 궁핍으로부터 자유를 위하여 노력한다.
   - 나치 압제의 최종적 파괴 후 양국은 모든 국가에게 자기들 국경 내에서 안전하게 살 수 있는 수단을 제공해 주고 전 세계의 사람들에게 공포와 궁핍에서 벗어나 자유 속에서 일생을 살 수 있게 해 줄 평화가 확립되기를 희망한다.
7. 양국은 항해의 자유를 위하여 노력한다.
8. 전쟁 후 침략국의 군비축소와 공동의 군비축소가 있어야 한다.[1]

이후의 종전과 전후질서에 관한 회담과 합의가 대체로 이런 원칙에 따르고 있다. 독일과 유럽, 세계에 관하여 가장 직접적이고 구체적인 구상에 합의한 것은 유럽에서 종전이 가시화된 1945년 2월 4일에서 11월 사이에 흑해 연안 크리미아반도의 얄타에서 회합 즉, 얄타 회담과 독일이 항복한 후 1945년 7월 17일에서 8월 2일 사이 독일 베를린 근처의 포츠담에서 열린 포츠담 회의에서의 협정이다.

얄타나 포츠담 회담을 주도하는 국가는 미국인데 미국이 특히 어떤 입장을 가지고 전후 독일 문제에 접근하는지는 매우 중요하였다. 1944년 당시 재무장관인 헨리 모겐쇼(Henry Morgenthau)의 전후 독일 처리에 관한 제안이 루즈벨트 대통령에 영향을 주어서, 적어도 냉전

---

[1] "Atlantic Charter", 예일대학교 법학대학원 아발론 프로젝트 (avalon.law.yale.edu)

이 모습을 나타내는 1947년 무렵까지 미국은 대체로 이 입장에 서 있었다. 그 주요 내용은 다음과 같이 요약할 수 있을 것이다.

최단기에 완전한 탈군사화 달성을 항복 후 독일 정책의 최우선 목표로 설정하였다. 이를 위하여 독일군과 국민을 완전한 무장해제하고 (모든 전쟁물자의 제거나 파괴 포함), 모든 독일 군수산업을 완전한 파괴하며 군사력의 기초가 되는 기타 핵심 산업을 철거하거나 파괴하여야 한다고 제안하였다.

그리고 독일 분할에 관해서는 독립국가인 북부 독일국가, 남부 독일 국가, 국제 관리 하의 루르 지역 3개로 영토를 분할하여야 한다. 그리고 독일 산업의 핵심인 루르 지역은 기존의 산업 시설을 철거하거나 파괴하고 주민은 다른 지역으로 분산시켜 다시는 산업 지역으로 재기할 수 없도록 하여야 한다.

배상과 재산 반환에 관해서는 1차 대전 시의 배상방식인 반복적인 지급과 인도의 형태의 배상금이 요구되어서는 안 된다. 반환과 배상은 기존 독일의 자원과 영토의 양도로 시행되어야 한다. 즉, 반환과 배상으로서 연합국에 의한 공장과 생산설비의 철거에 의해 실현한다.

정치구조에 관해서는 앞에서 말한 바처럼 3개로 영구적으로 영토를 분할하여 18개 주로 편성하고 주, 현의 권한을 강화하여 2개 국가는 주의 연합 형태를 취해야 한다는 것이다.

항복 후 최소 20년 동안, 연합국은 새로이 창설된 국가 내에서 독일의 군사적 잠재력의 핵심 산업 기초의 구축이나 확대를 막고 여타 핵심 산업 통제를 위하여 대외무역에 대한 통제와 엄격한 자본 수입 제한을 포함한 충분한 통제를 유지한다.[2]

1945년 2월 얄타회의: 처칠 영국 총리, 루즈벨트 미국 대통령, 스탈린 소련 원수.
출처; 프랭클린 루즈벨트 대통령도서관/박물관(fdrlibrary.org)

위와 같은 입장의 미국 루즈벨트 대통령이 참석한 얄타 회담은 종전 준비를 위한 회의였다. 여기서 합의된 내용 중, 특히 독일과 관련된 내용을 살펴보면 다음과 같다.

우선 제안된 국제평화와 안전보장을 유지하기 위한 세계기구로서 국제연합 총회소집 초청장 문안에 합의하였다. 이 총회는 1945년 4월 25일 미국 샌프란시스코에서 개최하기로 하였다. 이 초청장에는 안전보장이사회 결의에는 상임이사국의 합의가 있어야 함을 명시하였다.

신탁통치에 관한 사항 합의에 이어 유럽 해방선언문이 승인되었다. 이의 주요 내용은 다음과 같다.

　　유럽의 질서 수립과 국민경제 생활의 재건은 해방된 국민이 나치즘과 파시즘의 마지막 잔재를 파괴하고 자신들의 선택하는 민주

---

2) Henry Morgenthau, "Suggested Post-Surrender Program for Germany", 프랭클린 루즈벨트 대통령 도서관/박물관(fdrlibrary.org)

적 제도를 창설할 수 있도록 만들어주는 과정에 의해 성취되어야 한다. 이것이 대서양 헌장의 원칙이다 — 모든 사람들이 자신이 살아갈 정부 형태를 결정할 권리 — 침략국에 의해 강제적으로 박탈당한 사람들의 주권과 자치권(self-government) 회복.

해방된 사람들이 이런 권리를 행사할 수 있는 조건을 조성하기 위하여 [미국, 소련, 영국] 3개국 정부는 ⓐ 국내 평화 조건의 구축, ⓑ 국민의 고통 완화를 위한 긴급 대책 실시, ⓒ 인구의 모든 민주적 구성부분을 널리 대표하며 자유총선을 통하여 가능한 한 조기에 국민의 의지에 응하는 정부 수립을 약속하는 임시정부 권위의 형성과 ⓓ 필요한 경우 이런 선거 실시를 용이하게 만들어주어야 한다는 조건이 요구된다고 판단되는 유럽 내 해방된 국가나 과거 추축국 위성국 사람들을 공동으로 지원할 것이다.

3개국 정부의 의견으로 유럽 내 해방된 국가나 과거 추축국 위성국의 조건에 의해 다음의 행동이 필요한 경우에, 3개국 정부는 이 선언에 규정된 공동책임 이행을 위하여 필요한 대책을 즉시 협의할 것이다.3)

그리고 종전 독일 항복조건 12조 ⓐ항을 다음과 같이 수정하기로 하였다.

영국, 미국, 소련은 독일에 관하여 최고 권위를 보유하기로 한다. 이 권위 행사 시 독일의 완전한 무장해제, 탈군사화와 영토분

---

3) 유럽해방선언(Declaration on Liberated Europe) 전문에 관해서는 미국 국무부(history.state.gov) 참조.

할(dismemberment)을 포함하여 3국은 향후의 평화와 안전을 위하여 필요하다고 보는 조치를 취할 것이다. 독일의 분할 절차에 관한 연구는 이든(Robert Anthony Eden) 영국 외무장관, 위난트(John Gilbert Winant) 주영 미국대사와 구세프(Fedor T. Gusev) 주영 소련대사로 구성되는 위원회에 위임될 것이다. 이 위원회는 프랑스 대표의 참여가 바람직하다고 보고 있다.4)

---

4) 전통적으로 유럽에서 특히 나폴레옹 3세에 이르기까지 독일 패배 후 프랑스의 정책은 독일은 독립된 여러 개의 주권국가로 분할하는 것이었다. 그러나 2차 대전 후 독일 분할 점령은 종전의 예와는 달랐다. 전승 4강국도 점령이 독일 국가의 폐지가 아님을 분명히 하고 있다. 이미 1943년부터 미국과 영국 간에는 종전 후 독일 분할을 어떻게 할 것인가에 대한 논의가 있었다. 1943년 3월 워싱턴을 방문하여 루즈벨트 대통령과 협의한 영국의 이든 외무장관은 이를 공식적으로 논의하였다. 여기서 루즈벨트는 전통적인 영토분할 정책에 동의하지 않았다. 그리고 독일의 무조건 항복 전에 루즈벨트의 사망도 있었다. 3국간의 이해 관계의 합의와 분할 정책에 민감한 프랑스의 참여 등 영토분할에 관하여 3 강국 간의 완전한 합의에 도달하지 못 한 채 연합국과 독일 간의 무조건 항복문서 서명으로 종전을 맞이하게 되었다. 즉 영토분할(dismemberment)의 의미가 무엇인지에 관한 합의에 도달하지 못 한 채 사실상의 분할 점령에 이르게 된다. 점령 초기의 연합국의 성명이나 선언에서 점령만 언급하지 이후 어떻게 할 것인가에 관해서는 명확한 언급이 없고 점령정책에 혼선이 있었던 이유가 여기에 있다. 그리고 소련의 공식적 입장은 영토분할 반대였다. 그래서 1945년 5월 9일 승전 연설에서 스탈린은 "소련은…독일을 분할하거나 파괴할 의도가 없다"라고 했다; Philip E. Mosely, "Dismemberment of Germany the Allied Negotiations from Yalta to Potsdam", 'Foreign Affairs', April, 1950; Josef Stalin, "Victory Speech A Broadcast from Moscow at 20.00 hours (Moscow time) on May 9, 1945", www.marxists.org. 2차 대전 종전 후 북한에 주둔한 소련군에 대해서도 스탈린은 9월 20일에는 "적군은 일본 약탈자들을 분쇄할 목적으로 북조

전후 독일의 배상에 관해서 3국 정상은 다음과 같이 합의하였다.
1) 현물 배상
2) 현물 배상의 형태
   a. 독일의 항복이나 저항 전쟁 종료 후 2년 이내에 독일 영토 내외의 독일 재산(장비, 기계설비, 선박, 철도차량, 독일의 해외투자, 독일 내 산업, 운수 및 기타 기업의 주식 등)의 철거. 이 철거의 주된 목적은 독일 전쟁 잠재력의 파괴다.
   b. 일정 기간 동안 매년 현 생산으로부터의 상품 인수
   c. 독일 노동력의 사용
3) 모스크바에 연합국 배상위원회 설치
4) 배상금 액수와 독일의 침략으로 고통받은 국가들 간에 배상금 분배에 관하여 소련과 미국 대표는 다음과 같이 합의하였다.
   a. 모스크바 배상위원회는 배상금 총액을 2백억 달러로 하고 그 중 50%는 소련으로 가야 한다는 소련의 제안을 논의 기초로 삼기로 한다.
   b. 영국 대표의 의견은 모스크바 배상위원회의 배상문제 검토 시까지 금액에 관한 언급이 있어서는 안 된다는 것이었다.
   c. 위의 소련-미국 안은 모스크바 배상위원회 검토 안 중 하나로 배상위원회에 이관되었다.

주요 전쟁범죄자 문제에 관해서는 회의 후 적절한 때에 보고서 형

선에 진주한 것이며, 조선에 소비에트 제도를 도입하거나 조선영토를 획득하려는 목적을 추구하지 않는다"는 구절을 조선인에게 설명하라는 스탈린의 훈령을 발하였다; 이완범, "북한 점령 소련군의 성격", '國史館論叢 第25輯'(국사편찬위원회, 1991. 9), p.170.

태로 3국 외무장관 회의 의제로 하기로 합의하였다.

폴란드 문제에 관해서는 다음과 같이 합의되었다.

붉은 군대에 의하여 폴란드가 완전히 해방됨으로써 새로운 상황이 조성되었다…현재 활동 중인 폴란드 임시정부는 국내외 민주적 폴란드 지도자들이 참여하는 더 넓은 기반에서 재조직되어야 하며…새 정부는 폴란드 민족통일임시정부로 칭해야 한다.

이 폴란드 민족통일임시정부는 보통선거와 비밀투표의 기초 위에서 가능한 한 조속히 자유롭고 제한 없는 선거를 실시할 것을 약속하여야 한다. 이들 선거에서 모든 민주 및 반(反)나치 정당은 참여하여 후보를 낼 수 있는 권리를 보유할 것이다…

3국 정상은 폴란드 동부 국경이 어떤 경우 5-8킬로미터 폴란드에 유리하게 벗어나기도 하는 커즌선(Curzon Line)을 따르기로 합의하였다.[5] 3국 정상은 폴란드가 북부와 서부에서 영토를 대폭(substantial) 할양 받아야 한다는 것을 인정하였다. 3국 정상은 적절한 때에 영토 할양 범위에 관하여 폴란드 민족통일임시정부의 견해를 들어야 하며 폴란드의 서부 국경의 최종결정은 평화회담을 기다려야 한다고 보았다.

이외에 3국 정상은 유고슬라비아, 유고슬라비아-이탈리아, 오스트리아-이탈리아 국경 문제, 유고슬라비아와 불가리아 관계, 남동부 유럽, 이란 문제 및 보스포러스 해협에 관한 1936년의 몽뢰협약(Montreux Convention Regarding the Regime of the Straits)까지 협의하였다.[6]

---

5) 커즌선(Curzon Line)은 1차 대전 후 영국 외무장관 조지 커즌(orge Curzon)의 제안에 따라 전쟁최고위원회 결정에 따라 설정된 소련과 폴란드 제2공화국 간의 국경선.

6) 1936년 터키에 보스포러스 해협과 다다넬스의 완전한 관리권을 부여한 협약으로 해군 함정의 통과를 규제하기 위한 것이었다. 평화 시 민간 선

그리고 우리의 독립에 직접적인 관계를 가지는 일본에 관해서 다음과 같이 합의하였다.

독일 항복과 유럽의 전쟁 종식 후 2-3개월 이내에 다음과 같은 조건하에 소련이 연합국 세력으로서 대일전에 참가하기로 하였다.

- 외몽골(몽골인민공화국)의 현상 유지
- 1904년 일본의 기만적인 공격으로 침해된 과거 러시아의 권리 회복:
    a) 사할린 남부 및 이와 인접한 도서(the islands adjacent to it)의 소련으로 반환
    b) 대련 상업 항구의 국제화 및 이 항구에서의 소련의 특별이익 보장과 소련 해군기지로서 아서항(Port Arthur. 현재 대련 여순구) 조차(租借) 회복
    c) 소련의 특별이익이 보장되어야 하며 만주에서 중국 주권의 완전 회복 양해 하에 대련 항과 연결해주는 동청철도와 남만주철도는 소련-중국합작회사 설립에 의해 공동으로 운영되어야 한다.
- 쿠릴열도는 소련에 인계된다.

위에서 언급한 외몽골과 항구 및 철도에 관한 합의는 장개석 총통의 동의를 필요로 한다. [미국] 대통령은 스탈린 원수의 조언에 따라 이 동의를 얻기 위한 조치를 취할 것이다.[7]

박의 자유항행을 보장하고 있지만, 흑해 국가에 속하지 않는 국가의 해군 함정의 통과는 제한하였다. 소련 해군 함정의 지중해 접근과 관련하여 오랜 동안 논란의 대상이었다.

3 강국 정상은 이런 소련의 권리가 일본 패배 후에 재론의 여지없이(unquestionably) 이행되어야 한다는 것에 합의하였다.

소련은 중국을 일본의 굴레로부터 해방하기 위하여 중국을 무력으로 지원하기 위하여 소련과 중국 간의 우호동맹조약을 중국 국민당정부와 체결 의지를 표현하였다.8)

2차 대전 종결과 관련된 수많은 회의와 합의 중 가장 구체적이고 포괄적인 것으로 특히 독일과 유럽에 관련된 내용은 이후 포츠담 회의에서 보완되지만 얄타 회담에서 미국, 소련, 영국의 정상들이 모여 합의한 내용이 전후질서 특히 냉전으로 동서 대립이 본격화 전까지의 기본원칙이 된다. 그리고 프랑스를 전승국 일원으로 참여시키기로 한 것이 얄타 회담이다. 위의 합의 내용에서 볼 수 있듯이 전후 독일 문제 처리의 핵심은 독일의 전쟁능력 제거를 목적으로 한 분할을 포함한 독일의 정치구조, 배상과 전쟁범죄자 처리였다.

국경 변경 문제에 관해서는 현상유지를 전제로 최종적으로는 평화회담에서 결정하기로 하였지만 독일과 추축국으로부터 해방된 지역의 영토 변경 문제는 독일과 관련된 부분 1937년 12월 31일 이전으로의 복원이지만 폴란드의 국경 문제는 간단치가 않았다. 소련이 영유

---

7) 1945년 8월 14일 소련과 장개석 중국 국민당 정부는 이런 내용이 포함된 중소우호동맹조약(Treaty of Friendship and Alliance.中蘇友好同盟條約)을 체결하였다. 당시 만주에 대한 소련의 특권 보장은 소련이 중국 공산당을 지원하지 않는다는 것을 전제로 한 합의였다. 내전에 패하여 대만으로 온 중화민국 입법원이 1953년에 폐기 결의를 함으로써 공식적으로 폐기되었다. 조약의 내용에 관해서는 www.un.org 참조

8) Protocol of Proceedings at the Yalta Conference (11 February 1945); 룩셈부르크대학 홈페이지(www.cvce.eu)

한 과거 폴란드 영토에 관해서는 3천만명 가까이 희생된 소련의 전승 댓가인지 강대국 간의 공개된 언급이 그다지 없다.

그러나 폴란드 국경 문제와 폴란드 정부 문제에 관해서는 전쟁 종결 전에 이미 소련과 영국, 미국 간에 이견이 있었다. 스탈린은 런던에서 독일과의 전쟁을 벌이던 폴란드 군을 지휘하고 동맹국이 승인하고 있던 미콜라지크(Stanisław Mikołajczyk) 총리의 폴란드 망명정부를 배제하고 소련군에 의해 해방된 폴란드 지역에 소련이 지원하는 루블린의 폴란드 민족회의를 폴란드 임시정부로 전환하고 이를 동맹국이 승인해 줄 것을 요구하였다. 지난 30년 동안 폴란드 영토는 두 차례나 적의 러시아 침략에 사용되었기 때문에 소련 정부는 소련과 폴란드 간에 우호관계를 확보해야 한다 즉, 폴란드 문제가 소련의 안전과 분리될 수 없기 때문에 폴란드에 소련에 우호적인 정부가 들어서야 한다는 논리였다.[9]

국경 문제 역시 얄타 협정이나 포츠담 협정의 폴란드 동부 국경 문

---

9) USSR Foreign Ministry Commission for the Publication of Diplomatic Documents(ed), 'CORRESPONDENCE BETWEEN THE CHAIRMAN OF THE COUNCIL OF MINISTERS OF THE USSR AND THE PRESIDENTS OF THE USA AND THE PRIME MINISTERS OF GREAT BRITAIN DURING THE GREAT PATRIOTIC WAR OF 1941-1945. Volume 2'(1941-1945년 위대한 애국전쟁 기간 중 소련 각료회의 의장과 미국 대통령, 영국 총리 간의 서신), (PROGRESS PUBLISHERS, 1957 MOSCOW)에서 스탈린이 루즈벨트에게 보낸 1944년 12월 27일자, 1945년 4월 7일자 서신, 처칠에게 보낸 1945년 1월 3일자, 1945년 4월 7일자 (이 서신에서 스탈린은 미콜라지크가 폴란드 동부 국경에 관한 얄타 회의를 승인하고 있는지 불분명하다고 말했다), 4월 18일자, 4월 24일자 서신 그리고 처칠이 스탈린에게 보낸 1945년 3월 31일자, 4월 22일자, 4월 28일자 서신 참조.

제에 관한 협정 내용 해석을 달리하고 있다. 1947년 모스크바에서 열린 외무장관회의에서 소련 외무장관은 지금 포츠담에서 독일과 폴란드 국경에 관한 합의에 도달하였다고 주장하였다. 이에 대하여, 미국은 얄타에서 커즌 선(Curzon Line) 동쪽의 영토가 소련에 편입된 보상으로 서쪽의 폴란드에 공정한 보상이 주어져야 한다는 약속을 인정하면서도, 독일과 폴란드 간의 경계를 잠정적인 것으로 소련이 이를 영구화하려는 것으로 보았다. 이후의 사태 발전은 이에 대한 합의에 이르지 못하고 독일의 분단과 동서대결로 미래의 평화조약을 기다려야 했다. 그런데, 45년 뒤인 1990년 독일통일로 2차대전 평화문제가 최종적으로 종결되었을 때도 결국 현상의 확인이었다. 폴란드와 독일, 체코슬로바키아의 독일 간의 국경은 1945년 5월 8일 그어진 경계선이다.

커즌 라인(Cuerson Line)
출처: en.wikipedia.org

서방 3강국 간에 독일 분할에 관한 완전한 합의에 도달하지 못한 채 1945년 5월 8일 독일은 무조건 항복하고 전승 4강국이 사실상 독일과 베를린을 분할 점령하였다.

앞에 인용한 모슬리의 글에서도 나타나 있듯이 독일을 몇 개의 독립된 국가로 분할이나 분권화한 느슨한 연방국가 모두 독일의 전쟁 잠재력 제거를 장담할 수 없다는 것이 분할에 관한 합의에 이르지 못하였고, 이에 가장 민감한 프랑스를 분할 관련 위원회에 참여 여부를 둘러싼 3강국 간의 이견의 근거도 여기에 있었다. 즉, 독일 몇 개의 주권국가로 분할하는 경우 1860년대의 통일운동에서 보듯이 독일민족 의식의 상승에 따라 통일 요구로 나올 것이고 또한 독립된 각국은 경쟁적으로 전후 복구와 경제개발에 나설 것이기 때문에 재통일되는 독일은 힘은 더욱 강해질 것으로 예상되었다. 모겐쇼(Henry Morgethau)의 구상처럼 전승 4강의 간섭 하의 탈산업화한 목가적인 느슨한 연방 역시 바이마르 공화국이 나치화로 가는 것을 경험하였듯이 독일 민족주의를 자극하는 경우 그 결과는 예상되는 것이었다. 이러저러한 사정에서 독일의 분할에 관한 합의에 도달하지 못하고 3강국은 프랑스 임시정부를 포함시켜서 4강국에 의한 사실상의 분할점령으로 나갔다.

여기서 스탈린의 독일을 분할할 의도가 없다는 성명의 배경에 관해서는 명확한 근거 자료가 없다. 얄타 회담에서 나온 유럽 전후 질서 및 일본과의 전쟁 참여에 관한 소련의 요구를 보면, 대체로 소련의 안전보장과 밀접한 관계를 가지고 있음을 볼 수 있다. 소련의 입장에서 유럽의 남부까지 이르는 지역이나 이란, 만주 지역 그리고 일본과의 경계가 되는 도서 지역에 대한 소련의 입장은 가까이는 볼세비키 혁명 후의 국제적 간섭전쟁의 경험에서 나온 것이 아닐까? 레닌 사후 권력을 장악한 스탈린의 노선인 1국 사회주의는 이런 관점에서 소련

방어노선으로 2차 대전 종전 후 소련의 유럽에서 극동에 이르는 국경 지역 밖에는 모두 완충지대를 두고 있다. 얄타 회담에서의 합의나 이후 실제 소련의 행동은 이런 구상에 바탕을 두고 있는 것이 아닐까? 스탈린의 이런 성명과 북한을 점령한 소련군의 성명의 유사점은 흥미롭다.

2. 전승 4강국의 독일 점령

1945년 5월 8일 독일의 무조건 항복과 4강국의 분할 점령 후인 6월 5일 연합 4개국의 베를린선언(Berlin Declaration, 1945)이 발표되었다. 독일 국민에게 대한 공식적인 점령정책의 공개였다. 이 선언의 주요 내용은 다음과 같다.

- [전문]독일에 승전 강국의 요구에 따라 질서 유지와 행정을 책임질 중앙정부나 권위가 없다.
  프랑스 임시정부를 포함한 4 강국 정부는 독일 정부, 최고 사령부, 연방주 및 각급 지방자치단체나 기타 권위가 보유한 모든 권한을 포함하여 최고권위를 접수한다.
  이 권위 접수가 독일의 병합 효력을 가지는 것은 아니다. 4강국 정부가 향후에 독일 혹은 독일 일부의 경계와 독일 혹은 현재 독일 영토에 속하는 모든 부분의 지위를 결정할 것이다.
- 1~10조: 항복, 무장 해제, 포로 및 억류자 석방 등에 관한

1945년 7월 23일 포츠담 회의: 처칠 영국 총리, 트루먼 미국 대통령, 스탈린 소련 원수.
출처: 해리 S. 트루먼 대통령 도서관/박물관(www.trumanlibrary.org)

조항
- 11조: 전쟁 범죄자 관련 조항
- 12~14조: 전승 4국 주둔과 독일 통치에 관한 조항

아직 독일 점령과 향후 독일의 처리에 관한 구체적인 결정이 없음을 보여주고 있다. 포츠담 회의를 기다려야 했다.

1945년 7월 17일부터 8월 2일까지 베를린 근교 포츠담에서 미국, 영국, 소련 3국의 정상이 화합을 가지고 독일과 유럽의 향후 처리 문제에 관하여 협의하고 그 합의 내용을 포츠담 협정(Potsdam Agreement)으로 발표하였다. 포츠담 협정은 얄타 회담에서 합의된 내용을 재확인하고 보완하여 더 구체화한 것으로 유럽 특히 독일 전후 질서의 기초가 된다.

1장에서는 외무장관회의 구성과 임무에 관해 규정하고 있다.
- 프랑스에 더하여 중국 외무장관으로 구성되며(사실상 유엔 안보리 상임이사국), 국제연합 제출 안건 이탈리아, 루마니아, 불가리아, 헝가리 및 핀란드와 평화조약 준비 및 장차 독일과의 평화조약 준비

3국 정부는 각기 동일한 내용의 초청장에 의해 프랑스와 중국 초청
소련은 중국의 초청을 특별히 중시한다
유럽 평화 해결을 위하여 5 강대국 외무장관으로 구성되는 위원회를 설치하며 이 위원회는 유럽에서 미해결 영토 문제 해결안 제안 권한을 가진다.
2장에서는 초기 단계에서 독일 점령정책의 기본원칙을 규정하고 있다.

A. 정치원칙
1. 독일 내 최고권위는 각 점령지국에서 각국 정부의 지시에 따라 4강국 점령군 사령관이 행사한다. 전체로서 독일에 영향을 주는 문제에 관해서는 통제위원회의 위원으로서 권한 내에서 공동으로 행사한다.
2. 실행 가능한 한 독일 전역의 주민을 동일하게 취급하여야 한다.
3. 통제위원회의 지침
   (a) 독일의 완전한 무장해제와 탈군사화 및 군수 생산에 사용될 수 있는 모든 독일의 산업 통제.
   (b) 모든 독일 국민들에게 군사적으로 완전히 패배하였으

며 자신들의 무자비한 전쟁과 나치의 광적인 저항이 독일 경제를 파괴하여 혼란과 고통을 불가피하게 만들었기 때문에 자기들에게 떨어진 책임에서 벗어날 수 없다는 것을 인식시켜야 한다.

   (c) 나치당과 이와 관련되어 이의 감독을 받는 조직의 파괴, 모든 나치 기관의 해체, 어떤 형태로든 이의 부활 저지 보장과 모든 나치, 군사 활동 및 선전 활동 방지

   (d) 민주적 기초에서 독일 정치생활의 궁극적 재건과 국제생활에서 궁극적인 독일의 평화적 협력 준비

4. 인종, 신념, 정치적 의견을 근거로 한 모든 차별과 히틀러 정권의 기초가 된 모든 나치 법률은 폐지된다. 법률이나 행정 혹은 기타 어떤 것이든 이런 차별은 용인되지 않는다.
5. 전쟁 범죄자 체포와 구금
6. 명목상의 참여 이상의 모든 나치 당원과 연합국의 목적인 적대적인 모든 자의 공직 및 중요한 사적인 직위로부터 추방
7. 독일 교육은 나치 및 군국주의적 신조를 완전히 제거하고 민주 사상의 성공적인 발전이 가능하도록 통제된다.
8. 사법제도의 재조직
9. 독일 행정은 정치구조의 탈중앙집권화와 지역의 책임 발전 지향

   (a) 군사적 안전과 점령의 목적에 일치하여 신속하게 민주적 원칙과 특히 선출된 의회에 의해 지방자치가 부활된다

   (b) 결사와 공개적 토론 권한을 가진 모든 민주적 정당이 독일 전역에서 허용되며 장려될 것이다.

(c) 대표성과 선출 원칙은 지방 자치정부에 이들 원칙의 성공적인 적용으로 정당성을 가질 수 있도록 조속히 각급 지방 및 주 행정부에 도입될 것이다.

(d) 당분간 독일 중앙정부는 수립되지 않을 것이다. 그렇지만 각 국무장관(State Secretaries) 관장 하의 필수적인, 특히 재정, 교통, 통신, 무역 및 산업 분야에 일부 독일 중앙행정부처는 설치될 것이다. 이 부처는 통제위원회의 지시 하에 행동할 것이다.

10. 군사적 안전 유지 필요를 조건으로 의사표현, 출판, 종교의 자유는 허용되며, 종교기관은 존중될 것이다. 마찬가지로 군사적 안전 유지 필요를 조건으로 자유 노동조합 설립은 허용될 것이다.

A. 경제원칙

1. 독일의 전쟁 잠재력을 없애기 위하여 모든 종류의 항공기와 해양 항해 선박 및 무기, 탄약과 전쟁 도구의 생산은 금지된다. 전시경제에 직접적으로 필요한 금속, 화학제품, 기계 및 기타 물품 생산은 엄격하게 통제되며, 15조에 정한 목적 충족에 필요한 독일의 승인된 평화 시 수요로 제한된다. 허용된 생산에 필요하지 않는 생산능력은 연합국 배상위원회가 권고하고 관련 정부가 승인한 배상계획에 따라 철거되거나 철거되지 않으면 파괴될 것이다.

2. 이행 가능한 한 조속히 독일경제는 특히 카르텔, 신디케이트, 트러스트, 기타 독점협약 사례처럼 현재의 경제력의 과도한 집중 제거 목적을 위하여 탈중앙집권화될 것이다.

3. 독일경제 조직에서는 농업과 평화 시의 내수용 산업

(domestic industries) 발전에 우선적으로 중점을 둘 것이다.
4. 점령 기간 중에 독일은 단일 경제단위로 취급될 것이다. 이를 위하여 다음 사항에 관하여 공동 정책이 수립될 것이다.
   (a) 공업 및 공업 생산과 할당
   (b) 농업, 임업, 어업
   (c) 임금, 물가, 배급
   (d) 전체로서 독일의 수출입 정책
   (e) 통화, 은행, 중앙의 조세와 관세
   (f) 배상과 전쟁 잠재력을 가진 산업의 철거
   (g) 교통과 통신
   이런 정책 적용 시에 적절한 경우 상이한 지역 조건이 고려될 것이다.
1. 연합국 통제가 독일경제에 부과되지만 필요한 범위에 한한다.
   (a) 산업의 무장해제, 탈군사화, 배상 및 승인된 수출입 정책 이행
   (b) 독일 내 점령군 및 난민의 수요 충족과 유럽 국가의 평균 생활수준을 초과하지 않는 독일의 평균 생활수준 유지에 필수적인 재화와 서비스 생산과 유지 확보 (여기서 유럽 국가는 영국과 소련을 제외한 유럽 국가)
   (c) 독일 전체에서 균형적인 경제를 창출하고 수입 수요를 축소시킬 수 있도록 통제위원회가 정한 방식으로 여러 점령지구 간에 필수적인 상품의 형평에 맞는 분배 확보
   (d) 독일의 전쟁 잠재력 발전을 막고 여기에 열거한 기타 목적을 달성하기 위하여 독일의 산업과 수출입을 포함한 모든 경제 및 금융의 국제거래 통제

(e) 독일의 모든 공공 및 민간의 과학기구, 연구 및 시험 기관, 연구소와 경제활동과 관련된 기타 기관의 통제
 2. 통제위원회가 정한 경제통제의 부과와 유지를 위하여 독일 행정기구가 설치될 것이며, 독일 당국에게는 이행 가능한 한 최대한 이런 통제 관리를 공표하고 행정을 맡을 것이 요구될 것이다. 따라서 이런 통제 관리와 이런 통제의 여하한 실패의 책임은 자신들의 것임을 독일 국민들에게 인식시켜야 한다. 점령 목적에 반할 수 있는 어떠한 통제도 금지될 것이다.
 3. 다음 조치가 즉각 취해질 것이다.
　　(a) 필수적인 교통시설의 보수
　　(b) 석탄 생산 확대
　　(c) 농업 생산 극대화
　　(d) 주거 및 필수적인 공공시설의 긴급 보수
 4. 통제위원회는 독일을 상대로 전쟁에 참가해온 국가의 연합의 통제에 아직 들어가지 않은 독일 소유 대외재산의 통제와 처분권 행사를 위한 적절한 조치를 취할 것이다.
 5. 배상금 지급 시에 독일 국민이 외부의 지원 없이 살아가기에 충분한 자원을 남겨두어야 한다. 독일의 수지균형을 위하여 독일 내에 통제위원회가 승인한 수입 대금 지급을 위하여 필요한 수단이 제공되어야 한다. 이런 수입 대금 지급을 위해서 먼저 현행 생산과 재고에서 수출할 수 있어야 한다. 위의 규정은 배상금약정 4조 (a)항과 (b)항에 규정된 장비와 상품에는 적용되지 않는다.

Ⅲ. 독일의 배상금

1. 소련의 배상금 청구는 독일 내 소련 점령지구와 적절한 독일의 대외재산에서 충당된다.
2. 소련은 자신의 배상금 몫에서 폴란드의 배상금을 해결하기로 한다.
3. 미국, 영국 및 배상금 청구 자격이 있는 기타 국가의 배상금은 서부 점령지구와 적절한 독일의 대외재산에서 충당된다.
4. 소련은 자신의 점령지구에서 충당되는 배상 외에 서부 점령지구에서 추가적으로 배상을 받는다.
   (a) 먼저 식량, 석탄, 칼리, 아연, 목재, 점토 제품, 석유 제품 및 합의된 기타 상품과의 교환으로 독일 평화 시 경제에 불필요하여 독일의 서부지구에서 철거되어야 할 금속, 화학 및 기계 제조산업에서 사용 가능하고 완전한 산업자본설비의 15%
   (b) 독일 평화 시 경제에 불필요하여 독일의 서부지구에서 철거되어야 할 산업자본설비의 10%는 대가로 현금이나 현물 교환 없이 소련 정부의 배상금 계좌로 이전된다. 위의 (a)와 (b)항에 규정된 설비의 철거는 도시에 이루어질 것이다.
5. 서부지구에서 배상금 계좌로 이전될 설비의 금액은 지금부터 늦어도 6개월 이내에 결정되어야 한다.
6. 산업자본설비의 철거는 가능한 한 조속히 시작될 것이며 5조에 규정된 결정으로부터 2년 이내에 완료될 것이다. 위의 4조(a)항의 생산품의 인도는 가능한 한 조속히 시작되어 이에 의해 정해진 날로부터 5년 이내에 합의된 시설에

서 소련에 의해 이행될 것이다. 독일의 평화 시 경제에 불필요하여 배상에 활용될 수 있는 산업자본설비의 금액과 성격 결정은 프랑스가 참여하는 연합국 배상위원회에 의해 정해진 정책 하에서 통제위원회에 의해 이행될 것이며, 이는 설비가 철거되는 지구의 지구사령관의 최종승인을 조건으로 한다.
7. 철거 대상 설비의 총액 결정 전에 6조 마지막 조문에 규정된 절차에 따라 결정될 설비는 인수 자격이 있는 대상에게 사전에 인도될 것이다.
8. 소련 정부는 독일 서부지구 소재 독일 기업과 9조 규정 이외의 모든 국가 내의 독일 대외재산에 대한 배상금에 관한 모든 권리를 포기한다.
9. 영국 및 미국 정부는 독일 점령지구 동부지구 소재 독일 기업과 불가리아, 핀란드, 헝가리 및 동부 오스트리아 내의 독일 대외재산에 대한 배상금에 관한 모든 권리를 포기한다.
10. 소련 정부는 독일 내에 연합군에 의해 노획된 금에 대한 어떤 권리도 주장하지 않는다.

Ⅳ. 독일 해군과 상선의 처분
  A. 독일 해군 배분 원칙
    (1) 침몰 함정을 제외하고 연합군이 접수한 해상의 모든 독일 해군 전력은, 영국, 소련 간에 균등하게 배분
    (2) 건조 혹은 수리 중인 함정의 배분
    (3) 많은 잠수함은 침몰시키고 30척 이내의 잠수함은 보존하여 3국 간에 균등하게 배분

(4) 무장, 탄약 및 보급품 분배는 (1)~(3)에 따라 분배
　　　(5) (5) 분배와 처리를 위한 3국 위원회 설치
　　　(6) 상기 함정의 인도는 1946년 2월 15일까지 완료.
　B. 독일 상선의 배분
　　　(1) 일본과의 전쟁 종료 후 연합국에 항복한 독일 상선 3국 간 균등 배분. 심한 피해를 본 여타 연합국에 대해서는 미국과 영국의 몫에서 적절한 양의 배분. 폴란드에 대해서는 소련의 몫에서 배분.
　　　(2) 일본과의 전쟁에 이용될 상선의 할당, 인력 등에 관한 규정
　　　(3) 실제 선박 이전은 일본과의 전쟁 종료 후
　　　(4) 연합국 통제위원회가 독일의 평화 시 기본적인 경제 유지에 필요하다고 결정한 내륙수로 및 연안 선박은 배분 대상에서 제외
　　　(5) 위에 규정된 업무 처리를 위한 3국 상선위원회 설치
V. 쾨니히스베르크(KOENIGSBERG) 시와 인접 지역[10]

　　회의는 평화회담에서 영토 문제가 최종적으로 결정될 때까지 발트해와 인접한 소련의 서부 국경은 단치히만(灣)의 동부 해변 한 지점에서 동쪽으로, 브라운스베르크-골답(Braunsberg-Goldap)의 북쪽을 지나 리투아니아, 폴란드공화국 및 동 프로이센의 국경선이 만나는 지점으로 이어져야 한다는 취지의 소련안을 검토하였다. 회의는 실제 국경에 대한 전문가의 검토를 조건으로 위에서 기술된 대로 쾨니히스베르크 시와 그 인접 지역의 궁극적인 소련 이전

---

10) 동프로이센의 수도로 소련에 이전되면서 칼리닌그라드 명칭을 변경하였고 현재 칼리닌그라드 주의 주도.

에 관한 소련의 안에 동의하였다. 미국 대통령과 영국 총리는 장차 평화회의에서 회의에서의 안을 지지할 것을 선언하였다.

Ⅵ. 전쟁범죄자

1943년 8월 모스크바 선언에서 규정된 전쟁범죄자 재판 절차 등에 관한 조속한 합의가 중요하다는 것은 재확인. 9월 1일 전에 피고인의 첫 번째 명단이 공개될 것이다.

Ⅶ. 오스트리아

오스트리아 임시정부의 권한의 오스트리아 전지역으로 확대 검토. 오스트리아에 배상금을 부과하지 않기로 합의11)

Ⅷ. 폴란드

A. 선언

얄타 회담에서 합의된 폴란드 민족통일임시정부 승인과 이에 따른 후속 조치 합의.

대전 종결 후 국제질서 모색

B. 폴란드 서부 국경

3국 정상은 폴란드 서부 국경은 평화조약에서 최종적으로 결정되어야 한다는 의견을 재확인하였다. 3국 정상은 폴란드 서부 국경 최종적인 결정 시까지 스비나문데(Swinamunde) 바로 서쪽의 발트해에서 오데르강을 따라 나이쎄강 서안 합류점 그리고 나이쎄강 서안을 따라 체코슬로바키아 국경까지 이어지는 과거 독일 영토가 폴란드의 관할로 하기로 하고 이를 위하여 이 지역은 소련의 독일 점령지구에 포함하지 않기로 합의하였다. 여기에는 이 회의에서

---

11) 그러나 1949년 5월 파리에서 열린 외무장관회의에서 오스트리아 평화조약 문제에 관하여 타결을 보면서 소련은 오스트리아로부터 6년 이내에 1억5천만 달러의 배상금을 받기로 하였다.

합의된 소련의 관할 하에 있지 않은 동프로이센 지역과 과거 단치히 자유시 지역이 포함된다.

IX. 평화조약과 국제연합 기구 가입에 관한 결론: 생략

X. 신탁통치: 생략

XI. 루마니아, 불가리아, 헝가리 연합국 통제위원회 절차 개정: 생략

XII. 질서 있는 독일 주민의 이주

폴란드, 체코슬로바키아, 헝가리에 있는 독일인들의 질서 있고 인도적인 이주(이하 생략)

XIII. 루마니아 유전 설비: 생략

XIV. 이란

연합군 테헤란으로부터 즉각적인 철수(이하 생략)

XV. 탕헤르 국제지구: 생략

XVI. 흑해 해협: 생략

몽뢰 조약 개정 필요성 합의 3국과 터키 정부간의 직접 협의(이하 생략)

XVII. 국제 내륙수로: 생략

XVIII 유럽 내륙수로 운송회의

소련 참여 합의(이하 생략)

XIX. 독일의 연합국 통제위원회 군 사령관에 대한 지시: 생략

XX. 추축국 위성국을 위한 연합국의 재산과 노획 물품의 사용: 생략

XXI. 이 회의 기간 중 3국 참모장 간의 공동 관심사 협의: 생략

부록 I: 헝가리 연합국 통제위원회 미국 및 영국 정부 대표에게 보내는 7월 2일자 서신: 생략

부록 II: 추축국 위성국을 위한 연합국의 재산과 노획 물품의 사용
1.- 2: 생략
3. 일본 항복 촉구
1. (1)~(6): 생략
   (7) 이런 새로운 질서가 구축될 때까지 그리고 일본의 전쟁 수행 능력이 파괴되었다는 확실한 증거가 있을 때까지 연합국이 지정한 일본 내의 일정 지점은 여기 규정한 기본적인 목적 달성을 확보하기 위하여 점령될 것이다.
   (8) 카이로 선언12)의 조건이 이행될 것이며 일본의 주권은 혼슈, 홋카이도, 큐슈, 시코쿠와 우리가 결정한 작은 도서로 한정될 것이다.
   (9) 일본군의 무장해제
   (10) 일본이 인종으로서 말살되거나 국가로서 파괴되어야 한다는 의도는 없지만, 우리 포로에게 가혹행위를 자행한 자들을 포함하여 모든 전쟁범죄자들은 엄격한 재판에 회부될 것이다. 일본 정부는 일본 국민 사이에서 민주적 성향을 부활시키고 강화하는 데 대한 모든 장애를 없애야 한다. 의사표현, 사상의 자유와 기본적인 인권의 존중이 확립되어야 한다.
   (11) 일본에게 경제를 유지하고 정당한 현물 배상을 가능하게

---

12) 카이로선언(The Cairo Conference, 1943) 전문에 관해서는 미국 국무부 홈페이지(2001-2009.state.gov) 참조. 한반도와 관련해서는, "1945년 12월 1일 카이로에서 미국, 영국, 중화민국이 공동으로 발표한 선언에서 동맹국은 일본 과의 전쟁을 계속하고 중국, 한국 및 태평양의 도서를 포함하여 일본이 정복한 모든 지역에서 일본군을 축출하기로 약속했다."

할 산업의 유지는 허용될 것이지만, 전쟁을 위한 재무장을 가능케 할 산업은 허용되지 않을 것이다. 이를 위하여 통제와는 구분된 원자재에 접근은 허용될 것이다. 궁극적으로는 세계 무역에 일본의 참가는 허용될 것이다.
(12) 이런 목적이 완수되고 일본 국민의 자유롭게 표현된 의사에 따라 평화 지향적이고 책임 있는 정부가 수립되면 즉시 연합국 점령군은 철수할 것이다.
(13) 우리는 일본 정부가 일본군의 무조건 항복을 선언하고 이 행동에 신의에 대한 적절하고도 충분한 확신을 주기를 촉구한다. 이에 대한 일본의 대안은 즉각적이고 완전한 파괴다.[13]

포츠담 협정에 따라 4강국은 본격적인 독일 분할 점령에 들어갔다. 얄타 협정에 이어 이를 구체화한 것이 포츠담 협정 이었다. 그러나 포츠담 협정 역시 얄타에서 합의한 독일의 4-D 정책(Demilitaruzation, Denazification, Dempcratization, Decartelization) 추진이지만 이보다는 독일의 전쟁능력의 완전한 제거를 명분으로 한 배상과 독일 동부의 형식상 잠정국경 획정이었다.

전쟁능력의 완전한 제거를 목표로 하여 얄타와 포츠담에서 3강국이 합의한 향후 독일의 경제는 철강, 기계, 화학 등 중화학 공업은 완전히 해체하고 내수용 농업과 경공업 경제로 독일인의 평균생활수준

---

13) A Decade of American Foreign Policy: Basic Documents, 1941-49 Prepared at the request of the Senate Committee on Foreign Relations By the Staff of the Committee and the Department of State. Washington, DC: Government Printing Office, 1950

을 소련과 영국을 제외한 유럽의 평균 생활수준 이하로 묶어 둔다는 것이었다. 소위 모겐소의 '목가적 독일'이었던 셈이다. 이를 위하여 점령 기간 중 부문별 생산량을 할당하고, 중화학 공업을 포함한 국내 수요를 넘는 생산시설은 해체하기로 하였으며, 배상금에는 이런 산업 설비에 의한 현물배상을 원칙으로 하였다.

전쟁 배상금액에 관해서 얄타 회담에서 소련이 제시한 배상금 총액은 200억 달러였다. 1943년 독일의 GNP가 600억 달러, 1944년 미국이 1,230억 달러 정도였던 것을 참고하여 보면 그 규모를 짐작할 수 있다. 그리고 당시 소련은 배상금의 50%를 요구하였다.[14]

그런데 독일 전함의 보존과 배분에 관한 합의를 보면, 전쟁 배상금을 포함한 산업 시설에 의한 현물배상 등 독일의 전쟁능력 제거를 명분으로 한 전통적인 전리품 배분이었다고도 볼 수 있다.

그리고 영토 문제에 관해서는 앞에서 언급하였듯이 폴란드와 체코슬로바키아와 독일의 국경은 1937년 말 현재의 상태로 회복시키는 것도 아닌 어정쩡한 상태에 잠정적으로 합의하였다. 단치히와 주데텐은 폴란드와 체코슬로바키아에 귀속시키기로 하였지만 폴란드의 동부에 대한 소련의 영유는 대체로 문제삼지 않고 인정하는 수준이었고, 오데르-나이쎄 선 동부의 과거 독일의 영토는 폴란드의 관할(under the administration of the Polish State)이라는 애매한 표현을 사용하여 폴란드에 귀속시켰다. 그리고는 평화조약에서 최종적으로 결정한다고 합

---

14) 1938년 주요 국가의 GNP는 당시 가격으로 다음과 같다. 미국 847억 달러, 독일 460억 달러(오스트리아 포함), 영국 275억 달러, 소련 230억 달러, 프랑스 182억 달러, 이태리 87억 달러, 일본 75억 달러였다. 그리고 전전 마지막 통계인 1943년 독일 GNP는 600억 달러, 소련의 GNP는 195억 달러였다(forum.axishistory.com).

의하였다. 어쩌면 반환과 배상은 기존 독일의 자원과 영토의 양도로 시행되어야 한다는 모겐소 계획에 암묵적 합의가 있었는지도 모른다.

독일의 무장해제, 탈군사화, 배상과 전쟁범죄자 처벌 등 전쟁에 대하여 독일에게 책임을 엄중하게 묻는다는 데는 대체로 합의하였지만, 장래의 독일은 어떻게 할 것인가에 대해서는 합의에 도달하지 못했다. 독일을 분할(dismemberment)하여 점령하기로 하였지만, 그 분할의 의미에서 대해서는 합의가 이루어지지 못했다. 프랑스의 전통적인 독일 정책은 베스트팔렌 평화에서 과거 신성로마제국을 300여개의 독립된 제후국으로 분할하여 프랑스의 영향력 하에 두거나 나폴레옹 전쟁 후의 비인 평화에서 독일을 39개의 독립된 영방으로 분할하고 라인강 좌안, 소위 라인란트를 프랑스의 직접적 영향 하에 두는 등 분할하여 약한 소규모의 다수 국가로 단독으로 전쟁을 일으키지 못하도록 하는 것이었다. 그러나 이 정책이 프로이센에 의한 통일과 제1차 대전을 막지 못했다. 이런 역사적 경험에서 3강국은 분할 점령 후 독일을 어떻게 할 것인가에 대한 합의에 도달할 수 없었다. 그래서 이런 분할의 역사적 경험을 가지고 있고, 자르 지역을 프랑스 경제에 통합시켜야 한다는 프랑스 임시정부를 분할 위원회에 참여시킬 것인가에 관해서도 얄타에서 합의할 수 없었다. 미국은 대륙과 직접적 관계가 없는 나라이고, 영국은 전통적으로 대륙과는 거리를 두고 있었다. 소련은 2차 대전에서 3,000만명 가까이 희생된 나라로 두터운 완충지대 설치를 통한 안전보장을 목표로 하고 있었다. 그런 까닭에 유고슬라비아의 독립에 동의하면서 접경국가로 소련의 직접적인 영향 하에 있는 헝가리, 불가리아와의 평화조약에는 적극적이었고, 종전으로 왕정이 복구된 루마니아에 대해서는 거부감을 보였다. 결국 독일 분할에 대한 프랑스의 입장 배제를 전제로 분할점령에 합의한 것이다.

분할 점령 후 독일을 어떻게 할 것인가에 대해서는 분할 점령이 독일의 국가를 부정하는 것이 아님을 분명히 하고 있다. 히틀러가 침략에 의해 불법적으로 국경을 변경한 1938년에서 종전까지의 불법성을 확인한 바탕에서 비록 중앙정부는 없지만 현재의 분할된 독일이 1937년 12월 31일 현재의 독일국가의 계속임을 밝히고 있다. 그리고 독일의 장래 즉, 전체로서 독일과 베를린에 대한 최종결정권은 4강국이 보유하고 있다고 밝히고 있다. 이 최종결정은 독일과의 평화조약에서 해결될 것임을 여러 차례 천명하고 있다. 그리고 배상금, 구체적 점령 정책, 장래의 독일 정치구조, 최종적 평화조약 문제는 외무장관회의에서 협의하기로 하였다.

이런 상태에서 분할점령은 4강국의 이해가 일치하고 외무장관회의에서 쉽게 합의에 도달하고, 이를 구체적으로 시행하는 4강국 통제위원회가 원활하게 운영될 때는 전체로서 독일은 그럭저럭 돌아가지만 4강국의 이해가 달라지면 장래는 불투명하게 된다. 더구나 경제에 관해서는 독일을 전체로서 하나의 독일로 취급된다고 하지만, 전체로서 하나의 경제단위인 독일이 자본주의인지 공산주의 경제체제로 운영될지는 처음부터 거론되지 않았다. 이는 실제 분할점령 후 냉전 도래 이전에 소련 점령의 동부 독일과 서방 점령의 서부 독일의 경제는 이미 별도로 움직이기 시작하였다.

이 점은 포츠담 협정에 따라 전후 평화조약, 특히 독일 점령정책에 관하여 구체적으로 협의할 4강국 외무장관회의 구성과 운영에 관하여 모스크바에서 열리는 첫 회의 이전인 9월에 이미 소련과 미국, 영국 간에 이견이 나오기 시작하였다.

영국의 베빈 외무장관은 포츠담 협정에 따라 외무장관회의는 영국, 소련, 중국, 프랑스, 미국 외무장관으로 구성되어야 하며, 전체로서 외무장관회의가 임무 완수 책임이 있다는 입장을 견지하였다. 5개국 외무장관이 모두 모든 논의에 참석하여야 하며, 평화 타결 문제에 관해서는 관련 항복조건 서명국이 아닌 나라의 외무장관은 비토권이 없다고 합의되었다는 입장이었다.

반면에 소련의 몰로토프 외무장관은 위의 입장에 따른 회의 결정은 포츠담 협정 위반으로 취소되어야 하며, 평화조약 업무와 관련해서 외무장관회의는 정전협정 서명국 외무장관만으로 구성되어야 하며, 핀란드 문제에 관해서 미국은 추가해야 하지만 중국은 전적으로 배제되어야 하며, 프랑스는 이탈리아 문제를 제외하고는 모든 조약에서 배제되어야 한다고 주장하였다. 이에 대하여 스탈린이 몰로토프와 같은 의견이지만 오류 내용의 승인이 회의에 부정적인 영향을 주지는 않는다고 타협적인 태도로 넘겼다.[15] 아무튼 외무장관회의는 정식으로 열리기도 전에 이견이 노출되었다.

3. 냉전의 시작과 분단국가의 탄생

이렇게 미래에 대한 불확정 속에 독일 분할점령은 시작되었다. 아직 표면화되지는 않았지만, 소련과 서방 점령 정책은 물밑에서 다른 방향을 향해 움직여가고 있었다.

---

15) 앞의 '1941-1945년 위대한 애국전쟁 기간 중 소련 각료회의 의장과 미국 대통령, 영국 총리 간의 서신' 중 애틀리 영국 외무장관이 스탈린에게 보낸 1945년 9월 23일자 서신 및 스탈린이 애틀리에게 보낸 9월 24일자 서신 참조.

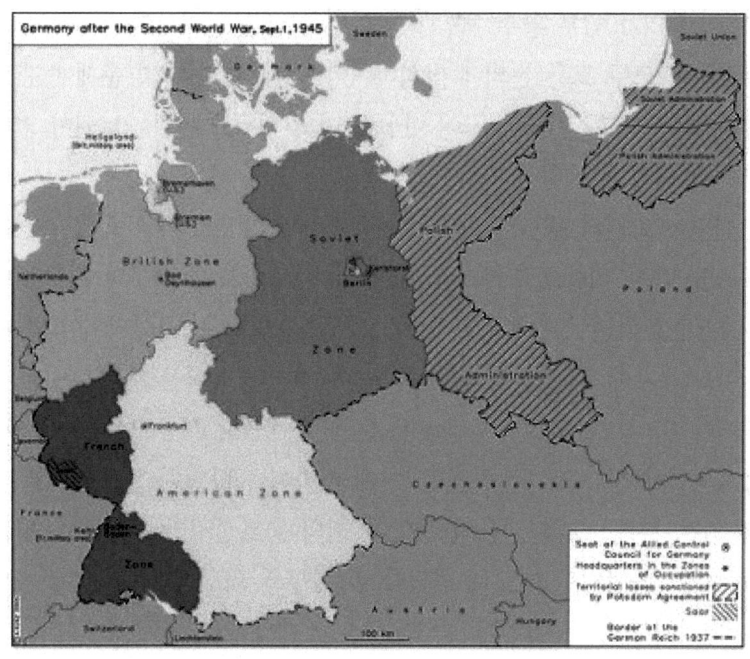

전승 4강국의 독일의 분할 점령
출처: IEG-Maps, Institute of European History, Mainz / ⓒ A. Kunz, 2005

 냉전의 조짐을 모스크바 주재 미국 대사관의 참사관 조지 케넌 (George F. Kennan) 1946년 2월 소련의 정책을 분석한 소위 "긴 전보"(The Long Telegram)[16]가 소련의 대외 정책에 대하여 경계경보를 울렸다. 이 글은 미국의 소련 포위 정책의 근거가 되는 것으로 그 뒤 1947년 7월에 'X'라는 필명으로 "포린 어페어스"(Foreign Affairs)에 게재된 논문 "소련 행동의 원천"(The Sources of Soviet Conduct)[17]의

---

16) 'Telegram, George Kennan to George Marshall ["Long Telegram"], February 22, 1946. Harry S. Truman Administration File, Elsey Papers, (www.trumanlibrary.org) 참조.

바탕이 되는 글이다. 이 전문은 소련의 세계에 대한 시각은 "소련은 여전히 장기적으로는 영구적인 평화 공존이 있을 수 없는 대립적인 '자본주의의 포위' 속에 살고 있다"는 것이다. 그리고 "소련과 이의 해외 벗의 노력은 자본주의 강대국 간의 이견과 갈등을 심화시키고 이를 이용하는 것을 목표로 해야 한다… 이런 이견과 갈등이 깊어져서 끝내 '제국주의' 전쟁으로 간다면, 이 전쟁은 여러 자본주의 국가 내에서 혁명적 격변이 될 것이다… 해외의 '민주주의적 ― 진보적' 분자들을 최대한 이용하여 자본주의 정부에 소련의 이익에 맞는 노선을 취하도록 압력을 가하게 해야 한다… 해외의 사회주의 및 사회민주주의 지도자들에 대한 가차 없는 전쟁을 벌여야 한다…"는 것이었다. 그리고 그 해 3월 미국을 방문한 처칠이 미국 미주리주, 풀턴의 웨스트민스터 대학에서 명예박사 학위를 받는 자리에서 트루먼 대통령 앞에서 행한 연설에서 "발트해(海)"의 슈체친에서 아드리아(海)의 트리에스테까지 유럽 대륙에 "철의 장막"(Iron Curtain)이 드리워졌다"고 주장하면서 소련의 팽창을 저지하기 위하여 "영어 사용 국민들 간의 형제애적 단결"을 호소하였다.18) 냉전 아니 미국과 소련의 대립이 수면 위로 부상하고 있었다. 1947년 3월12일 미국이 "전체주의 정권들"을 상대로 자유국가의 방위를 지원해야 한다는 원칙을 담은 "트루먼 독트린"이 발표되었다. 소련은 트루먼 독트린을 소련 지배지역 및 소련 확장에 대한 미국의 공공연한 위협으로 간주했다.19) 미국을 중심으로

---

17) "X", "The Sources of Soviet Conduct", 'Foreign Affairs' July 1947, (the Council on Foreign Relation, 1947) 참조.

18) 연설문 전문; 윈스턴 처칠 협회(Winston Churchill Society. winstonchurchill.org)

19) 트루먼 대통령은 상하 양원 합동회의에서 그리스와 터키 원조를 요청하

1946년 3월 5일 미국 미주리주, 풀턴의 웨스트민스터 대학에서 "철의 장막" 연설을 하는 윈스턴 처칠
출처: winstonchurchill.org

하는 자본주의와 소련을 중심으로 하는 공산주의의 대립구도가 분명해지고 있었다.

소련은 종전 후 동부 유럽에 소위 화물칸 정권 네트워크를 구축하였다. 소련은 2차 대전에서 나치에 맞서 투쟁하거나 수용소에서 고통을 겪은 전쟁 전부터 국내에 뿌리를 내린 사회주의자 내지는 공산주의자들을 무력화하면서 친 소련 정권을 수립하였다. 이는 이미 얄타 회담이나 포츠담 회의에서 소련의 제안에 의해 여타 전승국이 합의해준 폴란드 민족통일임시정부의 사례에서 이미 예고된 것이었다. 앞서 살펴본 바와 같이 폴란드는 붉은 군대에 의해 해방되었다는 것을 전제하고 있다. 런던에서 소련을 포함한 연합국의 승인 하에 대륙

였다. 여기서 소련을 지칭하지는 않고, "그리스의 국가 존재 자체가 공산주의자들이 지도하는 수천 명의 무장 테러주의자들에 의해 위협받고 있다"면서 "무장한 소수나 외부의 압력에 의한 예속 시도에 저항하고 있는 자유 국민을 지원하는 것이 미국의 정책이 되어야 한다" 말했다; 해리 S. 트루먼 대통령 도서관/박물관(www.trumanlibrary.org).

에서 나치를 상대로 한 폴란드의 무장투쟁을 지도해온 폴란드 망명 정부는 김광균의 시의 표현의 비 맞은 낙엽처럼 사고무친이 되고 말았다.

이런 사정은 독일의 경우도 마찬가지다. 서방 점령지역과 달리 소련 점령지구에서 2차 대전 후의 여느 공산주의 정부와 마찬가지로 토지개혁과 함께 정권 창출을 위한 정당 결성으로 나가게 된다. 정치와 관련하여 서방지역에서는 정당 활동이 불허되어 있던 점령 직후인 1945년 6월 소련 점령지구에서는 정당 결성이 허용되었다. 그러나 사민당의 예에서 보듯이 서독 지역에서는 이듬 해인 1946년 5월에 하노버에서 창당대회가 열려 서독 쿠르트 슈마허(Kurt Schmacher) 지도 하의 서독 사회민주당(사민당)이 재건된 반면에 소련 점령지구에서는 소련의 후견 하에 이미 1945년부터 오토 그로테볼(Otto Grotewohl)을 중심으로 사민당 재건 움직이 활발하였다. 이는 동독 지역에 국가를 창건하기 위한 예고된 절차였다.

이런 소련의 의도에 따라 2차 대전 전 독립사민당 당원이었다가 다시 사민당에 입당하였던 그로테볼을 중심으로 사민당이 창당되었다. 이후 1946년 4월에 소련의 압력으로 공산당과 합당하여 출범한 동독의 사회주의통일당(Sozialistische Einheitspartei Deutschlands: SED)을 창당하여 동독 국가 수립으로 나가게 된다. 그런데, 정통성을 가졌던 그로테볼은 그 후 1949년 동독 초대 총리가 되지만 1950년 사회주의통일당 서기장 발터 울브리히트(Walter Ulbricht)가 실권을 장악하게 된다. 아무튼 동독 지역에서는 토지개혁을 통한 농민의 지지 기반 확보와 토지 기득권 세력 제거의 조건을 만들고 사회주의통일당을 창당하면서 새로운 국가 창설 과정이 계획(?)대로 진행되고 있었다.

소련 점령지구에서 사민당(SPD)과 독일공산당(KPD)이 합당하여 사회주의통일당(SED)을 창당하였다.
출처: Deutsche Fotothek

　소련 점령지구의 이런 움직임과 1947년 점차 냉전구도가 명확해지면서 서방 점령지구에서도 3개 지구의 통합과 국가 창설 움직임이 본격화된다. 이런 독일 내의 움직임은 점령 4강국 정부의 정책 방향에 따른 것이다. 이는 포츠담 협정에 따라 4강국의 구체적인 점령정책은 외무장관회의에서 협의되기로 되어 있었다. 협조적인 분위기에서 점차 소련 대 미-영-프랑스의 서방으로 진영이 갈라지면서 서방 3국이 서독 국가 창설로 의견을 모으게 되는 과정을 살펴볼 필요가 있다.[20]

---

[20] 이 회의 권고에 따라 1945년 8월 26일 소련은 중국 국민당 정부와 동청철도, 남만주철도의 중소 합작회사에 의한 공동운영, 대련항(港), 포트 아서(여순구)의 조차, 만주의 중국 주권 인정, 공산당 지원 중단을 조건으로 한 외몽골 현상 유지를 내용으로 하는 중소동맹우호조약(AGREEMENT OF ALLIANCE AND FRIENDSHIP BETWEEN THE U.S.S.R. AND CHINA. 中蘇友好同盟條約)을 체결하였다; 내용에 관해서는 www.un.org 참조. 이 회의에서 한반도 문제와 관련하여 임시 한국 정부 수립을 위하

외무장관회의에서 각국의 이해와 관심이 상이하였지만 1945년 12월 모스크바에서 열린 첫 외무장관회의는 이견 노출이 그다지 두드러지지 않고 외견상 협조적인 분위기에서 합의를 끌어낼 수 있었다. 당시 주 의제가 극동 관련 사항이었기 때문에 합의가 쉬웠을 수도 있었을 것이다. 일본을 상대로 한 태평양 전쟁은 거의 전적으로 미국에 의해 수행되었기 때문에 극동 문제는 미국이 일방적으로 주도할 수 있었을 것이다. 그리고 중국이 내전 상태인 데다 점차 치열해지면서 비록 장개석 국민당 정부가 5대 강국 대우를 받고는 있지만 장래는 유동적이었다. 얄타회담에서 외몽골(몽골인민공화국)의 형상유지와 사할린 회복 및 쿠릴열도 영유를 인정받은 이외에 소련의 전전(戰前) 만주에서의 특별한 이익, 즉 동청철도와 남만주철도의 국민당 정부와 공동운영, 대련항 조차(租借) 등을 인정받았기 때문에 극동 문제에서 소련의 두드러진 이견은 없었다. 여기에 소련은 모택동의 공산당 정부와 밀접한 관계를 유지하고 있었고, 한반도 북부에도 진주하고 있어서 소련의 안전보장을 위하여 유럽에서처럼 씨름할 필요가 없었던 것이다.

1946년 뉴욕 외무부장관회의까지 완전한 합의에 도달한 것은 없지만, 그렇다고 4강국 특히 서방진영과 소련이 등을 돌리는 정도의 갈등이 노출되지는 않았다. 독일 문제를 제외하고는 유럽의 소련의 서부

여 그리고 적절한 조치의 사전 준비를 위하여, 남한의 미국 사령부 와 북한의 소련 사령부 대표로 구성되는 공동위원회를 설치하며, 이 공동위원회는 민주적 임시 한국 정부와 협의한 후 최장 5년의 신탁통치 계획안을 제출할 것을 합의하였다; 외무부장관회의(1945-1956년)회의 내용에 관해서는 미국 국무부 사료실(Office of the Historian, Bureau of Public Affairs, United States Department of State) 및 예일대학교 법학대학원 아발론 프로젝트(avalon.law.yale.edu) 참조.

지역과 인접한 지역인 폴란드에서 유고슬라비아에 이르는 지역의 국경 문제와 배상 문제에서 의견이 갈렸다. 국경 문제는 이탈리아 문제와 관련된 아드리아 해의 트리에스테와 인접지역의 귀속 문제였다. 트리에스테는 동유럽 내륙국가의 지중해로 통하는 관문이었다. 소련은 배후지역 대부분을 유고슬라비아 귀속시켜야 한다고 주장한 반면 서방은 트리에스테의 국제 관리와 인접지역은 민족 분포에 따라 귀속시키자고 주장하였다. 뉴욕 회의에서는 다수결 결국 소련 대 서방으로 미국안으로 낙착되지만 이견이 노출되기 시작하였다.

배상금 문제에 관하여 얄타나 포츠담 회의의 합의와는 달리 소련은 추축국과 위성국에 대하여 배상금을 집요하게 요구하였다. 앞에서 언급하였듯이 오스트리아는 물론이고 루마니아, 헝가리, 핀란드와의 개별적 정전협정에서 3억 달러 배상금을 받기로 하였고, 불가리아에 대해서는 7천만 달러를 받기로 하였다. 이탈리아에 대한 배상은 유고슬라비아가 이탈리아, 불가리아로부터 각 1억5천만 달러. 알바니아에 5천만 달러를 받기로 하였다.

배상금과 관련한 미국의 입장은 외부의 지원 없이 독일은 물론이고 이탈리아나 여타 나라가 살아갈 수 있어야 한다는 것을 전제조건으로 내세웠다. 나중에 살펴보겠지만, 그 전제를 넘어서는 배상금은 결국은 미국의 자금 지원에 의한 배상금 지급을 의미하는 것이었다. 이런 전제 하에서 파리회의 2차 회의에서 소련에 대한 이탈리아의 배상금 1억 달러에 미국이 마지못해 동의해주지만, 당시에 이미 미국이 국민의 생존을 위하여 이탈리아에 공여한 자금은 직간접적으로 이미 9억 달러에 달했다.

냉전이 모습을 드러내기 시작한 1947년 3월 10일에서 4월 20일 모스크바에서 열린 외무장관회의는 별다른 합의도 없는 양 진영의 입장

표명만 있었다.21) 미국의 마샬(George Catlett Marshall Jr.) 국무장관의 "의견불일치와 당면한 어려움에도 불구하고 최종 타결을 위한 진전은 컸다"는 의견에도 불구하고, 모스크바회의는 외무장관회의의 파탄을 예고하고 있었다. 마샬 장관의 보고를 보면 상황을 충분히 짐작할 수 있다.

> 모스크바 회의에서 합의는 불가능하였다. 우리가 보기에 소련은 독일에 중앙집권적 정부 수립안을 고집하고 있기 때문이다. 중앙집권적 정부는 불충분한 영토와 과도한 인구 탓에 경제적으로 파멸할 운명이며, 그 생산의 큰 부분을 배상금으로 특히 소련에 인도하여야 하는 국가의 절대적인 통제권 장악에 적합한 정부다… 이런 계획은 무한정한 미국의 보조금과 관련되어 있을 뿐만 아니라 독일과 유럽의 경제생활의 악화와 불가피한 독재와 분쟁의 출현만 가져올 것이다.
> 우리 정부의 입장에 대한 정보의 자유는 불가피하게 여론에 호소도 포함된다. 그러나 모스크바에서 홍보선전은 이성과 이해에 호소 대신으로 보이는 격정과 편견에 호소하고 있다. 포츠담 및 여타 협정의 해석은 소련 대표단이 맡았는데, 이 해석은 미국 대표단이 이해하고 있거나 사실대로 알고 있는 사실과는 완전히 다른 것이었다.22)

모스크바회의에서는 독일 관련 내용이 많이 논의되었다. 그 주요 내용과 각 진영의 입장은 다음과 같이 요약할 수 있을 것이다.

---

21) 이 회의 기간 중인 3월 12일 미국 상하 양원합동회의에서 트루먼 독트린이 발표되었다.

22) 미국 국무부 사료실(Office of the Historian, Bureau of Public Affairs, United States Department of State)

독일 중앙정부 형태에 관하여 소련이 강력한 중앙정부를 선호하고 있는 반면에, 미국과 영국은 나치와 같은 정권의 지배로 쉽게 전환될 수 있다는 이유로 이에 반대하였다.

현재 독일 경제는 심각하다. 독일 경제는 주저앉았다. 자립할 수 있는 수준으로의 재건은 즉각적인 결정을 요구하고 있다. 경제를 하나의 단위로 운영하자고 합의했으나, 소련 점령지구는 사실상 다른 지구와 관계없이 운영되고 있고, 이 지구에서 일어나고 있는 것에 관한 보고도 거의 없다. 이는 포츠담 협정 위반이다.

배상금에 관해서 포츠담 회담에서 자본재에 의한 배상금 지급, 즉 독일의 공장, 기계 등의 관련 연합국 이전 원칙에 합의했다…소련 관리들은 트루먼 대통령과 전임 사이러스 번스 장관의 이 합의의 서면 조건에 대한 양해를 단호히 거부하였다. 영국은 미국과 같은 입장이었다. 미국은 포츠담 협정에서 현행 생산으로부터 배상금은 일체 고려되지 않았다고 생각하고 있지만, 소련은 이에 강력하게 반대하였다. 이들은 얄타에서 논의와 합의가 현행 생산에서 수십억 달러 배상금 권한이 부여되었다고 주장하였다. 이는 독일 공장에서의 일상적인 생산 중 대규모를 배상금으로 충당된다는 것이며, 이는 독일의 자급 회복 지연을 의미하는 것이었다. 이는 또 3년 내에 독일의 경제 회복으로 미국 점령지구 내 독일 주민들에 대한 지원이 종료된다는 미국의 희망과 계획이 실현될 수 없다는 의미다. 배상금으로 독일에서 공장과 설비를 철거해간다는 문제가 재검토되어야 한다는 것이 연합국의 일반적인 합의지만 소련은 여기에 전혀 반응을 보이지 않았다.

독일 국경 설정 문제는 심각한 의견 불일치를 보였고, 3강국 수뇌의 선언의 의미에 관한 완전한 불일치의 또 다른 사례였다. 즉 "3국

1947년 3월 12일 상하원 합동회의에서 "트루먼 독트린"을 발표하는 트루먼 미국 대통령
출처: 트루먼기념도서관(The Harry S. Truman Library and Museum)

정부수반은 폴란드 서부 국경 최종 획정은 평화협상 타결을 기다려야 한다는 의견을 재확인한다"내용에 대하여 소련 외무장관은 포츠담에서 독일과 폴란드 국경에 관한 합의에 도달하였다고 말했다.

이런 입장 차이는 이후 평행선을 그면서, 외무장관회의의 파탄으로 나가게 된다. 모스크바 외무장관회의가 열리던 기간 중인 3월 12일 냉전의 신호탄인 트루먼 독트린이 발표되었다. 이제 양 진영은 각자의 방향으로 나가게 된다. 이후의 외무장관회의는 각자의 입장을 선전하는 마샬 장관의 표현처럼 장이 되었다. 양 진영은 특히 독일 문제에 대하여 두 개의 분단 국가로 나가게 된다.

모스크바 외무장관회의 이후인 1947년 11월 20일 소련 외무관으로 후에 몰로토프의 불어 통역관을 지내기도 한 예로페예프(V. I. Yerofeyev)가 몰로토프에게 제출한 "모스크바 외무장관회의 후 독일

문제에 대한 영국의 입장"이란 문서를 보면 양 진영의 상호에 대한 불신과 각 진영의 입장 차이를 분명하게 보여주고 있으며, 화해가 불가능할 것임을 알 수 있다. 그의 문서의 주요 내용은 다음과 같다.

모스크바 외무장관회의 이후 독일 문제에 관하여 영국 정부가 취한 모든 중요한 조치는 독일의 경제적 정치적 분할, 서독 지구를 미국 자본이 압도하는 영국-미국 지구로 통합, 강한 서독 산업을 소위 마샬 플랜에 따라 반(反)-소련 "서방 블록"의 경제기지로 전환에 목표를 두고 있다… 탈군사화에서 통합 지구 경제를 자족적으로 만드는 수준의 산업 생산 확보에 필요하다는 거짓 명분에서 영국 당국은 독일의 군사 및 산업 잠재력을 보전하는 정책을 추구하고 있다.

민주화와 관련하여…영국 점령지구에서는 토지개혁이 아직도 발의되지 않았다…모스크바 외무장관회의에서 정당과 노동조합 문제 논의에서 대표들은 모두 민주적 정당과 노동조합의 자유로운 발전과 활동 원칙에 동의하였지…합의에 도달하지는 못했다. 프랑스 대표단이 독일 전체 수준에서 정당과 노동조합 통합에 동의하지 않았기 때문이다…일부 정당에 대한 영국의 정책은 반동적이고 개량주의적 정당(기독교민주연합 및 독일 사회민주당) 지지와 공산당의 영향력과 노동운동의 단결에 반대하는 것에 바탕을 두고 있다.

탈나치화…영국 점령지구 내의 중요한 행정 및 경제 직책은 여전히 독일 군수산업의 과거 적극적 히틀러 계열의 지도자들이 차지하고 있다…영국 당국은 공식적으로 탈나치화 종결에 관한 정책을 선언했다…숙청은 상대적으로 한정된 범위의 유죄자들을 대상으로 하고 신속히 완료해야 한다는 것이다.

독일과 평화조약 준비 절차…미국, 프랑스와 함께 영국은 조약 초안을 협의할 평화회의 소집에서 다른 4강국과 대등한 당사자로서 중국의 참여를 찬성하는 발언을 하였다… 미국과 함께 영국은 독일의 통합을 파괴로 가는 많은 경제적, 정치적 조치를 이행하였다. 영국은 오늘까지도 같은 노선에 따라 움직이고 있다. 금년 6월 영국-미국 지구의 소위 경제평의회 설치에서 이는 명확하게 확인된다.

독일의 경제통합…소련이 독일의 경제통합 원칙을 이행하지 않는다고 비난함으로써, 영국 정부는 독일의 경제적, 정치적 분할 정책과 얄타와 포츠담에서의 배상금에 관한 결정 파탄을 은폐하고 있다. 이 정책에 따라 영국과 미국 지구의 경제통합이 1946년 12월에 시행되었다.

독일 배상금…모스크바 외무장관회의 기간 중에 모든 대표단은 배상 계획과 전후 독일의 경제수준이 정해진 후 3개월 안에 통제위원회에 4개 점령지구 내에서 배상금으로 몰수되었거나 몰수 예정인 자원 목록, 장비의 규모 결정 임무를 위임하기로 합의하였다…"4개국 대표는 배상금 계획과 전후 독일 경제의 수준 수정의 필요성에 합의하였다"고 규정한 조항은 원칙적으로 합의되었다. 그러나 배상금에 관한 가장 중요한 문제는 아직 타결되지 않았으며, 미타결 문제에 관하여 영국 대표단은 대체로 미국의 관점을 취하고 있다…영국 정부가 독일의 서부 지구에서 소련으로 장비 반출에 관하여 직접적 언급은 하고 있지 않지만, 영국과 미국의 공동 독일 정책 하에서 이 문제에 대한 영국 정부의 입장은 1947년 9월 27일 클레이 장군 성명에서 제시된 미국의 입장에 의해 전적으로 정의된다. 그 성명은 "독일의 경제통합이 확립될 때까지 소련이 미국 점령지구에서 산업장비 형태로 배상금을 받아서는 안 된다"는 것이다.

자르 지역 문제…자르 지역을 독일에서 경제적 분리를 목표로 한 일련의 정책은 자르 지역에 새로운 통화 도입과 새로운 경계선을 따르는 보호관세선 설정에 의해 완료될 것이다. 1947년 7월 10일 이후 임시통화-자르 마르크-가 자르 지역에 도입되었다.[23]

1947년 런던 외무장관회의는 예로페예프가 정리하였듯이 양 진영의 입장을 재확인한 회의였다. 서방 진영은 경제통합이 우선되어야 한다고 주장한 반면에 소련은 독일 중앙정부 수립과 즉각적인 평화조약 준비가 우선되어야 한다고 주장하였다. 국경 문제에 대해서도 양 진영은 의견이 갈렸다.

미국은 독일 통합을 위하여 4강국이 취해야 할 근본적인 결정이 필요하다고 주장하였다. 즉,

- 전체 독일 영토에 사람, 생각, 상품의 자유로운 이동을 허용하기 위하여 인위적인 지구간 장애물의 제거
- 4강국의 합의 없이 배상금이라 위장하여 점령 강국에 의해 압류된 독일 내 재산 소유권의 포기
- 전체 독일을 대상으로 한 건전한 새로운 통화 도입을 포함한 통화개혁
- 독일 국민에게 부담을 요구하는 경제적 부담, 즉 점령 비용, 점령 강국이 제공한 금액의 상환, 배상금의 명확한 결정
- 전체 독일의 전반적인 수출입 계획

---

[23] 자르 마르크는 1948년 1월 15일까지 유통되었다. 1947년 11월 15일 자르 프랑이 도입되어 1959년까지 이 지역의 통화로 유지되었다.

이 회의에서도 핵심 의제는 역시 배상금이었다. 미국의 입장은 포츠담 협정에 따라 배상금 지급은 독일의 일일 생산액에서 수시로 이루어지는 것이 아니라 잉여 자본재, 즉 공장, 기계 및 해외 자산의 양도에 의해 이루어 져야 한다는 것이었다. 지급 능력과 상품으로 이루어지는 실제 지급 금액에 관하여 독일과 동맹국 간, 그리고 동맹국 자체 간에 여러 해에 걸쳐서 계속될 문제를 피하기 위한 것이었다. 그리고 영국과 미국이 점령하고 있는 지역의 기근과 거의 완전한 해체를 막기 위하여 양국이 매년 7억 달러를 지출해야 한다.

현 생산으로부터 배상금-즉, 대가가 없는 독일 생산물의 일상적 수출-은 현재 독일에 생필품을 공급하는 국가 특히 미국이 비용을 부담하는 경우에만 가능할 것이다. 미국이 투입하고 러시아는 가져간다. 그러나 경제적 진실은 소련의 배상금 요구의 한 측면 뿐이다. 독일 동부 지구에서 소련은 현 생산에서 배상금을 받아왔고, 또한 배상금을 위장하여 엄청난 재산을 압류하여 이 지구의 산업의 상당한 부분을 포괄한 거대한 트러스트를 만들었다. 그 결과 이는 동부 독일의 경제, 정치 생활을 일종의 독점적인 목 조르기로 이 지역은 소련의 종속적 주에 지나지 않게 되었다. 런던에서 합의 실패의 매우 강력한 이유 중 하나는 여하튼 소련이 동부 독일에서 자신의 고삐를 늦추지 않기로 한 결의였다. 서부 지구의 현 생산으로부터 배상금 지급이라는 소련의 요구 수용은 장래 전체 독일의 경제생활에 대한 목 조르기로 확대될 것이다.

그런데 소련 외무장관 몰로토프는 동부 지역에서 이미 받아간 배상금에 관한 정보나 이 지구의 상황에 관한 어떤 정보도 완전한 합의 도달 전까지는 외무장관회의에 제공을 거부하였다.

이런 상황을 두고 마샬 장관은 비밀전문을 통하여 트루먼 대통령에게 "현재 소련의 입장은 독일의 경제적 통합을 위한 합의에 이를 어떤 가능성도 불가능하게 만드는 것이 분명하여"휴회하기로 하였으며, "주말에 우리는 현 상황에서 경제통합의 완전 교착에 비추어 나머지 의제에 관한 무용한 논의에 참가할 의미가 있는지를 검토할 것"이라고 보고하였다.24)

앞에서 언급하였듯이 1947년 3월의 트루먼 독트린 발표 후 수면 하에서 냉전의 기초가 다져지고 있었다. 이런 상황에서 3월 모스크바 외무장관회의나 11월 런던 외무장관회의에서 어떤 구체적인 합의는 이룰 수 없었다. 그런데 해가 바뀐 1948년 2월 25일 체코슬로바키아에서 소련의 지원을 받고 있던 체코슬로바키아 공산당의 압력에 의해 에두아르드 베네스(Eduard Benes) 대통령이 공산당이 지배하는 정부 구성을 허용하는 무혈 쿠데타가 일어나서 공산당이 권력을 완전히 장악하였다.25) 이는 이미 물밑에서 상당히 진행된 냉전이 본격적으로

---

24) 앞의 미국 국무부 사료실.

25) 전쟁 중 런던의 체코 망명정부 수반이던 에두아르드 베네스는 1945년 귀국하여 7월 소련군이 철수한 뒤 새로 구성된 정부를 장악하였다. 1946년 선거로 구성된 의회에 좌파 및 공산주의 정당이 상당히 진출하였다. 베네스는 이들 정당과 연립정부를 구성하였다. 체코슬로바키아가 공식적으로 소련 진영에 속해 있지는 않았지만, 미국은 소련의 영향력을 우려하였다. 베네스 정부는 미국의 독일의 정치적 복구 계획과 재무장 가능성에 강력하게 반대하였다. 이에 미국은 체코슬로바키아에 대한 대규모 차관을 중단하였다. 체코슬로바키아의 온건보수 정당이 이에 분노하여, 미국의 조치는 자기 나라를 공산주의자들의 손아귀로 몰아넣는 것이라고 선언하였다. 특히 경제가 손을 쓸 수 없게 되자 공산주의자들이 선거에서 득을 보았다. 정부 내 온건 세력이 미국의 마샬 플랜 참여 가능성을 제기하자 공산주의자들은 파업과 시위를 조직하였다. 베네스가 안간힘을 썼지만, 공산주의자들이 정부 내에 다른 연립정당 퇴출을 요구하였다. 2월 25일 베네스가 이에 굴복하였다. 5월 총선에서 선거조작을 통해 공산당의 승리가 정당화되었다. 이어

서방 3국 점령지구 군정장관의 소위 "프랑크푸르트 문서" 전달
출처: 독일 정부 자료실(www.bild.bundesarchiv.de)

시작되었다는 신호였다. 이를 계기로 마샬 플랜의 시행, 미국-영국 점령 지구 경제통합, 독일 분단 즉 서독 국가 창설 그리고 집단안보기구인 나토 창설이 가속화되었다.

그 해인 1948년 2월 23일에서 3월 6일 사이에 런던에서 4강국 외무장관회의와는 별도로 점령 3강국과 베네룩스 3국 외무장관으로 구성된 소위 서방 6강국 외무장관회의가 개최되었다. 서독의 서부 유럽 편입에 걸림돌이 되는 루르 지역 문제 해결이 주요 의제였다. 그렇지만, 서독 국가 창설을 위한 회의였다. 루르 지역을 국제관리에 두는 협정을 체결하였고, 그 해 6월 다시 회의를 열어서 6월 7일 프랑크푸르트 문서의 근거가 되는 소위 런던 권고안이 채택되었다. 이 권고안에 바탕을 두고 3개국 점령자구 군정장관들이 11개 주(란트)의 주지사에게 제헌의회 소집을 허용하는 소위 프랑크푸르트 문서를 전달하면서 독일연방공화국(서독) 창설의 시동이 걸리게 된다.

서 베네스가 사임하고 체코슬로바키아는 1당 국가가 되었다.

이전인 1947년 1월 1일에 이미 미국과 영국은 점령지구를 바이존(Bizone)이란 명칭으로 통합하기로 합의하였다. 당시 미국 점령군 사령관 클레이(Lucius D. Clay) 장군은 이 지역을 서독이라 불렀다. 그리고 새로운 국가 창설 명분 확보를 위하여 그 해 3월 모스크바에서 단일 경제단위로 운영하기로 한 포츠담 협정 11조에 기초한 경제통합 운영을 위한 회의가 열렸지만 예상대로 합의에 이르지 못하였다. 미국-영국 통합점령지구 바이존에 경제위원회가 구성되었다. 이 위원회는 기독교민주연합(CDU) 20명, 사민당 20명과 군소 정당 출신 위원으로 구성되어 프랑크푸르트에 상주하면서 경제, 우편, 재정, 농업 관련 법률을 제정하였다. 루르 지역 국제관리에 관한 협정이 체결됨으로써 프랑스가 가담하여 3국 점령지구는 단일경제로 통합하여 운영하게 된다. 소련은 이에 반발하여 통제위원회에서 철수하였다 4강국의 독일 점령과 공동관리는 소련의 통제위원회 철수로 상징적인 의미에서 끝났다.

1) 서독(독일연방공화국)의 창설

서방은 경제통합 조치로 6월 서독 지역에 통화개혁을 단행하여, 서독 마르크(DM. Deutsche Mark)을 발행하고 이를 베를린에 반입하였다. 그러자 소련이 6월 24일 3국 점령지구, 즉 서독에서 베를린을 잇는 모든 육로를 막아버린 소위 "베를린 봉쇄조치"를 취했다. 봉쇄는 이듬해인 1949년 5월 12일에 풀렸다.

1948년 9월 9일 구 제국의회 앞의 트뤼머펠트에서의 30만 명의 시위대 앞에서 소련의 베를린 봉쇄에 항의하여 유명한 "세계의 시민들이여 이 도시를 보라"고 연설하는 에른스트 로이터(Ernst Reuter) 베를린 시장
출처: 독일 사민당(www.spd.de)

그러나 그 사이인 1948년 7월 서방 측 점령당국이 서독 지역 11개 주지사에게 런던 6강국 외무장관회의에서 합의한 문서인 제헌회의 소집 권한을 부여하는 문서인 소위 프랑크푸르트 문서 즉 독일의 장래 정치 발전을 위한 문서"(Dokumente zur künftigen politischen Entwicklung Deutschlands: Frankfurter Dokumente)[26)]를 전달하였다. 분단을 전제로 한 서독 국가 창설을 위한 본격적인 발걸음을 내디딘 것이었다. 그런 상황에서 1948년 9월의 파리 회의는 앞에서 언급한 체코슬로바키아 사태로 정상적으로 개최될 수 없었다. 그리고 1949년 5월 23일-6월 20일 사이에 파리에서 열린 외무장관회의에서도 독일의 경제 및 정치 통합 복원에 관해 합의에 이르지 못했음에도 불구하고, 프랑스, 소련, 영국, 미국 외무장관은 이 결과를 얻기 위한 노력을 계속할 것이라는 명

---

26) 전종덕/김정로, 앞의 책, p.96.

분용 합의밖에 할 수 없었다.

그러나 이런 일련의 과정이 서독 지역에서도 갑작스럽게 전개된 것은 아니었다. 1946년 5월 사민당이 재건되고, 6월에 기민련 등 정당이 구성되고 그 해 10, 11월에 주의회 선거 등 지방선거가 치러져서 포츠담 협정대로 민주적인 선거에 의한 지방자치정부가 구성될 수 있었다. 앞에서 말한 프랑크푸르트 문서는 이렇게 선출된 11개주 주지사들에게 전달된 것이다. 긴 제목의 이 문서는 역사학자 루돌프 모르자이(Rudolf Morsey)의 표현처럼 독일연방공화국, 즉 서독의 국가 출생증명서(die Geburtsurkunden für die Bundesrepublik Deutschland)다.[27]

이 문서는 제헌의회 소집, 주민투표에 의한 승인을 포함한 헌법 제정 절차, 연방제 국가 형태 등을 규정하고 있으면서, 새로이 탄생할 서독 정부와 점령 연합국과의 관계를 자세히 밝히고 있다. 이는 장차 마련될 점령조례의 대강을 밝힌 것으로, 문서 3의 A조의 "A.군정장관들은 독일정부에 입법, 행정, 사법권을 부여하고, 점령의 근본적 목적 달성을 위하여 필요한 권한은 보유한다"는 규정이 연합국과 서독정부의 관계의 기본인 것이다. 이에 따라 연합국은 서독의 대외정책을 관리하고 지도한다고 규정하고 있다. 서독의 독자적 외교 행위는 허용하지 않겠다는 것이다. 포츠담 협정 등에서 배상을 포함한 점령 목적 달성을 위해서 통제권을 행사하겠으며, 내정과 관련하여 새로운 헌법에 대한 승인은 물론이고 개정에 대해서도 승인권을 갖겠다고 이 문서는 밝히고 있다. 즉, 서독의 주권 제한에 대한 명확한 의지를 주지사들에게 통보하였다.

---

27) Rudolf Morsey, "(Dokumente zur künftigen politischen Entwicklung Deutschlands: Frankfurter Dokumente".

1948년 7월 1일자 국가 창설 제안에 대한 서독 주지사들의 숙고가 있었다. 사민당 5명, 기민련 4명, 기사연 그리고 자민당 소속이 각 1명인 11개 주지사들은 과거 제국의 수도의 운명에 공동책임을 지기로 하였다. 서독 국가 창설의 역사적·정치적 의미는 독일 분단 심화로 문서에 제의한 절차의 이행은 결국 분단에 협력하는 것이었다.

3주간의 자체 협상과 3명의 군정장관과 협상 끝에 1948년 7월 26일 프랑크푸르트에서 "런던조약에 근거한 3개 지구의 조직"에 관한 합의(발표문에 따라)가 나왔다. 주지사들은 군정장관으로부터 근본적인 양보를 받아냈다. 그래서 이들은 "제헌의회"가 아닌 "의회평의회"(Parlamentarischen Rat) 선거를 실시하기로 하였다. 이 평의회는 임시성을 강조하여 "헌법"(Verfassung)이 아닌 연방구조 국가의 "기본법"(Grundgesetz)을 작성하기로 하였다. 그리고 최종적으로 이 "기본법"은 연합국의 요구와는 달리 국민투표가 아니라 11개 주의회의 다수결에 의해 승인되었다.[28]

이렇게 제정된 기본법은 전문에서 "독일국민은 과도기의 국가생활에 새로운 질서를 부여하기 위하여 헌법제정권력에 의하여 이 독일연방공화국의 기본법을 결의…위의 각주의 독일 국민은 참여가 거부된 독일인들을 대신하여 행동하였다. 전체 독일인은 자유로운 자기결정에 따라 독일의 통일과 자유를 달성할 사명을 가진다"라고 규정하고 있다. 기본법의 잠정성과 독일 전체에 그 효력을 가지며, 독일인은 통일 과제를 가지고 있음을 밝혔다. 1949년 5월 23일 기본법이 발효되면서 독일연방공화국(Bundesrepublik Deutschland)이 탄생하였다.

---

28) 모르자이의 앞의 글

1949년 5월 23일 기본법 공포: 오른 쪽 3번째가 의회평의회 의장 콘라드 아데나워
출처: 독일 정부 자료실(www.bild.bundesarchiv.de)

서독 국가의 출범에 따라 "프랑스, 미국 및 영국 정부가 보유한 최고권위의 행사로"1949년 5월 12일 서방 점령 3개국 군정장관 및 점령군 사령관은 공동명의로 점령조례(the Occupation Statute of Germany 1949)를 공포하였다.[29] 이 점령조례 2조는 다음 사항에 관한 권한은 점령 당국이 유보한다고 규정하고 있다.

a) 과학연구, 산업에 대한 금지와 제한 및 민간항공 관련 분야를 포함한 무장해제와 탈군사화
b) 루르, 배상(Restitution), 탈카르텔화, 탈중앙집중화, 무역 문제에서 비차별화, 독일 내의 이익, 독일에 대한 청구권 관련 통제
c) 독일에 의한 혹은 독일을 대신한 국제조약을 포함한 외교 문제
d) 실향민과 난민 입국
e) 동맹군, 가족, 취업자, 대표자의 보호, 명예와 안전, 이들의 면책과 점령 비용의 충당 및 기타 이들의 요구사항

---

[29] 점령조례(the Occupation Statute of Germany (Bonn, 12 May 1949) 전문(全文)에 관해서는 룩셈부르크 대학교 홈페이지(www.cvce.eu) 참조

f) 기본법과 주 헌법의 존중
g) 대외무역과 외환의 관리
h) 독일에 대한 외부의 지원 필요성을 최소화하도록 자금 사용, 식량 및 기타 생필품 공급을 보장하기 위하여 필요한 최소한에서 국내 행위의 통제
i) 점령 강국이나 점령 당국의 법정에 의한 선고 전에 독일 형무소 내의 혐의자의 관리 통제. 이들에게 부과된 형의 집행과 이들과 관련된 사면 혹은 석방 문제 통제

특히 서독 정부는 외교에 관한 권한이 없었다. 실제로 1954년 독일 조약 발효 전까지 연방정부에 외교부는 없었고, 외교업무는 총리실이 관장하였다. 그리고 기본법 개정은 점령 당국의 승인을 받도록 규정하고 있다(제5조).

비록 서독 국가가 창설되었다고 하지만 외교권이 없고, 기본권 개정은 점령 당국의 승인을 필요로 하는 등 주권이 제한된 국가였다. 그리고 전체로서 독일과 베를린에 관한 최종 결정권은 4강대국이 보유하고 있음은 물론이다.

2) 동독(독일민주공화국) 창설

동독 지역에서는 이전에 이미 새로운 국가 창설을 위한 준비가 진행되고 있었다. 소련 군정청(Sowjetischen Militäradministration in Deutschland: SMAD)은 소련 점령군의 군정조직 구성을 알리는 1945

년 65월 9일의 군정청 명령 1호에 이어 6월 10일 명령 2호로 정당과 노동조합 활동을 허용하였다. 이에 의하면, "독일 내 소련 점령지구에는 모든 파시스트 반대 정당의 결성과 활동이 허용"되며, "근로자의 이익과 권리를 보호하기 위하여 자유 노동조합과 조직을 만드는 결사권을 가진다"는 것이다. 반면에 영국 점령지구는 1945년 8월, 미국 점령지구는 9월, 프랑스 점령지구는 12월에 정당활동이 허용되었다.

이에 따라 오토 그로테볼(Otto Grotewohl) 주도로 1945년 6월 베를린에서 사민당이 재창당되었다. 이듬해 3월 사민당은 공산당과 통합하여 소련 공산당을 모델로 한 사회주의통일당(Sozialistische Einheitparteit Deutschlands: SED)이 탄생하였다. 그런데 베를린의 사민당 재창당에 대하여 서독 지역의 쿠르트 슈마허(Kurt Schmacher)를 비롯한 사민당 세력은 격하게 반대하였다. 그리고 1946년 3월 31일 그로테볼이 공산당과의 통합을 위하여 베를린에서 당원투표를 실시하였다. 소련 당국이 동베를린 지역을 폐쇄한 탓에 서베를린 지역에서만 실시되었는데, 투표에 참가한 23,755명의 당원 중 19,529명이 양당의 즉각적 통합에 반대하였다.

이 투표 결과에 관계없이 그로테볼과 공산당 지도자 빌헬름 피크(Wilhelm Pieck)와 발터 울브리히트(Walter Ulbricht)는 통합을 강행하였다. 참고로 서독의 사민당은 1946년 5월 하노버에서 사민당 재건 당대회를 개최하였다.[30]

1945년 7월 27일에는 소련 점령지구 내에 "경제 발전과 교통통신, 보건, 대중교육 재개를 위하여" 중앙행정위원회(Hauptverwaltungen)를 설치하고, 10월에는 연방 주에 입법권을 부여하여 일정한 정도 자치

---

[30] 전종덕/김정로, '독일 사회민주당의 역사'. pp.97-98.

를 허용하였다.

대체로 행정체제를 갖춘 상태에서 1946년 10월 20일 소련 점령지구 내에서 선거가 있었다. 이는 포츠담 협정의 정치원칙(A) 9조의 "신속하게 민주적 원칙과 특히 선출된 의회에 의해 지방자치가 부활", "모든 민주적 정당이 독일 전역에서 허용되며 장려", "대표성과 선출원칙은 지방 자치정부에 이들 원칙의 성공적인 적용으로 정당성을 가질 수 있도록 조속히 각급 지방 및 주 행정부에 도입"이라는 내용에 따라 정당 허용과 민주적 원칙에 따른 선거를 통한 지방자치 부활과 정당성 확보를 위한 것이었다.

이 선거는 1990년 3월 동독 총선 이전에 치러진 비밀투표에 의한 유일한 자유로운 일반 선거, 즉 민주적 선거였다. 그 결과는 사회주의통일당과 소련 당국의 입장에서 실망스러웠다. 5개 주 어느 한 주에서도 과반수를 넘는 득표를 하지 못하고 전체 득표에서 사회주의통일당은 47.5%를 득표하였다. 참여한 정당은 기독교사회주의(christlichen Sozialismus)를 내건 독일기민련(CDU(D)), 부르주아적 자유민주주의를 내세운 독일자유민주당(LDP(D)), 사회주의통일당 통제하의 농민부조연합(Vereinigung der gegenseitigen Bauernhilfe: VdgB)이 참여하였다.31)

새로이 선출되어 구성된 주 의회가 임명의원으로 구성되었던 자문회의(Beratenden Versammlungen)를 대체하였다. 그리고 1949년 5월 14

---

31) 이들은 소련의 반나치 점령 정책을 수용하여 참여한 정당으로 점차 들러리 정당(Blokpartei)화 하였다가 1990년 3월 통일을 위한 동독 총선에서 이들은 Allianz für Deutschland라는 명칭으로 서독 기민련의 지원을 받고 총선에서 1당이 되어 동독 의회에서 연방 가입을 통한 통일, 사실상 흡수방식의 통일을 주도한다.

동독 대통령 빌헬름 피크의 연설(1949. 10.11)
출처: germanhistorydocs.ghi-dc.org

일에서 16일 사이에 3대 인민의회 선거가 있었다. 이전까지 인민의회는 인민에 의해 선출되지 않았으며, 3대부터는 인민에 의해 선출되었지만, 투표 방식은 민족전선 명부(Liste der Nationalen Front)에 대한 찬반 투표였다. 이 선거에서는 무효표를 찬성에 포함시켜서도 찬성 66.10%, 반대 33.90%였다.32) 이런 과정을 거쳐서 1949년 10월 7일 임시 인민의회가 구성되어, 헌법(Verfassung)을 채택하고, 독일민주공화국(Deutsche Demokratische Republik: DDR)을 출범시켰다.

10월 10일 소련 군정청(SMAD)은 소련 통제위원회(Sowjetische Kontrollkommission. SKK)로 대체되었으며, 10월 12일 인민의회가 동독 헌법(Verfassung)을 승인하여 독일민주공화국이 정식으로 탄생하였다.

1949년 동독 헌법을 보면, 1조에서 "독일은 불가분의 민주공화국으로, 독일 연방 주에 설립되었다…하나의 독일 국적만 존재한다"라

---

32) 이후 1950년 10월 15일 총선에서 1989년 6월 8일에 실시된 마지막 총선까지의 결과는 찬성 99% 이상이었다; www.wahlen-in-deutschland.de

고 규정하여 독일의 분단을 인정하지 않았다.

　이제 독일 땅에는 독일연방공화국과 독일민주공화국 2개의 국가가 등장하여 본격적인 분단시대를 맞이하게 된다. 독일의 전쟁 잠재력 제거와 배상금 확보를 위한 전승 4강국의 독일 점령은 냉전의 시작과 함께 1949년 10월 현재 2개의 독일 국가로 귀결되었다. 이 현실은 이듬해인 1950년 6월 독일의 반대쪽에 있는 한반도에서 한국전쟁이라는 열전이 발발하면서 첨예한 대결구조로 전화되며 독일은 유럽에서 동서대립의 최전선이 되고, 얄타, 포츠담 협정의 기본정신 즉, 독일의 전쟁잠재력 제거와 특히 유럽에서 평화질서 구축은 실종되고 동서 대결 속에 양국체제는 새로운 국면을 맞이한다.

제3장 　분단국가 시대(1949-1972년)

1. 친서방, 반공의 서독 출범

　2차 대전 종전과 냉전은 분할 점령을 해소하지 못한 채 중부 유럽에서 독일의 분단체제와 동아시아에서 한반도의 분단체제를 가져왔다. 1947년 3월 12일 트루먼 독트린 발표 후 명분 조성과 절차적 준비를 거쳐 독일에서는 1949년, 한반도에서는 1948년에 분단이 확정되었다. 서독만이 기본법이란 명칭을 사용하고 있었지만 서독과 한국은 각기 헌법을 가진 독일 전체를 대표하는 국가, 한반도 전체를 대표하는 국가로 출범하였다.

　독일의 경우 모겐소 계획에 바탕을 두고 얄타 협정과 포츠담 협정에 기초하여 독일의 전쟁 잠재력을 제거하여 경공업 중심의 그저 그런 국가로 유지하여 유럽의 평화를 보장하겠다던 전승 4강국의 독일 정책은 냉전의 부상과 함께 파탄을 보게 된다. 서유럽은 경제적으로 미국의 마샬 플랜[1]에 의한 자금지원을 바탕으로 재건과 도약을 그리

---

1) 마샬 플랜은 뒤에서 말하는 점령국의 독일 경제정책 전환과 밀접한 관계

고 나토에 의해 집단안전보장을 도모하면서 진영으로 결속을 다져갔다. 여기서 서독은 동서 대결 구도가 심화되어 가면서 유럽에서 냉전의 최전선이 될 수밖에 없었다. 유럽의 석탄과 철강 공급지인 루르 지역의 국제적 공동관리를 해법으로 프랑스, 베네룩스 3국 등 서부 유럽과 서독 간의 갈등 요소를 경제적 결속의 기초로 삼았다. 유럽 석탄철강공동체, 유럽공동시장, 유럽공동체로 발전시키면서 서독은 서부 유럽과 나토 체제에 의해 자본주의 진영으로 깊이 편입시켰다.

그리고 서독의 목을 조이고 있는 생산 쿼터와 생산설비 철거에 손을 대면서 서독 경제에 숨통을 터주게 된다. 1946년 3월 29일 4강국 간에 합의된 제1차 독일 "산업수준"(level of industry) 계획은 목록 상의 1,500개 제조공장을 파괴하여 독일 중공업을 1938년의 50%로 유지한다는 것이었다. 1월에 연합국통제위원회가 설정한 생산한도는 철강 연간 580만톤으로 전전의 25% 수준이었다. 자동차는 전전의 10% 수준의 한도를 설정하는 등의 생산 쿼터로 독일의 생활수준은 1932년 대공황 절정기 수준으로 묶이게 되는 것이었다.

1947년 7월 미국의 트루먼 대통령은 미국의 징벌적인 독일 점령정책인 합참명령 1067(JCS 1067)를 "국가안보 이유"를 이유로 취소하고, "질서 있는 유럽 번영은 안정적이고 생산적인 독일의 경제적 기여를 요구하고 있다"고 언급하고 있는 합참명령 1779(JCS 1779)로 대체하였다. 독일 군정장관 클레이가 참모의 저항을 극복하고 작성한 것을 국무-육군-해군 삼부조정위원회(State-War-Navy Coordinating Committee: SWNCC)가 7월 10일 최종적으로 승인하였다. 이 명령은 모겐소 계획의

를 가지고 있다. 이 점에서 "강한 서독 산업을 소위 마샬 플랜에 따라 반(反)-소련'서방 블록'의 경제기지로 전환에 목표를 두고 있다"는 1947년 11월 20일 소련의 예로페예프의 분석은 정확하다 할 것이다.

중요한 내용 대부분을 청산하였다. 이에 따라 철강 생산 제한은 전전 생산능력의 25%에서 50%로 상향되었다.

서독의 경제정책이 "안정적이고 생산적인" 정책으로 바뀌면서 계속되고 있는 산업시설 해체는 이와 모순되는 정책이었다. 1949년 아데나워 총리의 요청에 따라 중단이 시작되어 1951년까지 부분적으로 계속되지만 사실상 종결되었다. 이는 배상금 지급의 사실상 종결이었다. 이후 1952년 독일이 유럽연합의 전신인 유럽석탄철강연합에 가입함으로써 루르 지방의 생산 제한이 없어졌다. 그리고 한국전쟁으로 무기생산을 제외한 모든 생산제한이 철폐되었다.

이제 독일의 과거부채 문제만 남게 되는데 이는 국가와 민간 채권자까지 포함되는 문제로 이는 한국전쟁 시까지 더 시간을 기다려야 했다.

1949년 5월 23일 기본법 제정에 의해 독일연방공화국이 탄생하였지만 아직 국가의 주요 방향은 정해지지 않았다. 기본법이 의회민주주의에 기초한 정치질서를 규정하고 있지만, 경제체제에 관해서는 사유재산권 이외에 특별한 규정은 정해진 것이 없었다. 군정기간 중 미국과 영국의 점령지구의 경제통합에서 즉 바이존 경제 운영에서 경제국장을 지낸 루트비히 에르하르트(Ludwig Erhardt)가 사회적 시장경제(Soziale Marktwirtsschaft)의 기조를 설정하여 유지하여 왔지만 국민의 의사결정을 거친 것은 아니었다.

냉전 가시화에 의해 출범한 국가지만 서독 국가 출범 전에 창설된 대서양 동맹 즉, 나토와의 관계도 아직 명시적으로 정해지거나 국민의 의사를 확인해 보지 않았다. 전체적으로 국가의 기본노선이 무엇인가에 대한 명확한 설정이 없이 서독 국가가 탄생한 것이다. 이는 8월 14일 서독 최초의 총선에서 결정되어야 했다.

1949년 8월 14일의 총선에서 아데나워가 이끄는 우파 보수정당 기민련/기사연은 사회적 시장경제를 공약으로 내세워 사민당과 공산당의 계획경제 공약과 각을 세웠다.

사실 기민련은 1947년 2월 베스팔렌의 알렌에서 열린 콘라드 아데나워가 위원장인 영국 점령지구 당대회에서 "자본주의 경제체제는 독일 인민의 국가와 사회의 긴요한 이익에 맞지 않다"면서 "경제계획과 지도는 장기간 상당한 정도까지 필요할 것이다"라고 하면서 "계획과 지도 과제는 경제회의소 등 경제자치기구에 의해 수행되어야 한다"고 선언하였다.[2)]

그러나 1948년 8월 28-29일에 영국 점령지구 레클링하우젠에서 개최된 2차 당대회에서 서방 점령지구 경제위원회의 경제국장인 루트비히 에어하르트(ludwig Erhardt)가 "현대의 시장경제(Marktwirtschaft moderner Prägung)"라는 제목의 기조연설을 통해 "시장경제"를 기민련의 경제정책 노선으로 내세웠다. 그 해 6월 20일 서방 점령지구 내에서 통화개혁이 있고, 가격 자유화가 이루어졌다. 공산당이나 사민당은 이를 비판하였다. 이에 대하여 에어하르트는 당대회 기조연설을 마무리 지으면서 "이런 음험한 선동적 비판에 굴복하면, 우리는 다시 노예 상태로 전락할 것이다. 나는 이런 상태를 달리 부를 수 없다. 왜냐하면 우리가 행복하게 국민들에게 돌려준 자유를 국민들이 다시 잃게

---

2) 카톨릭 사회주의와 자유주의 시장경제의 타협물로서: 기민련은 자본주의와 마르크스주의를 극복한다(ÜBERWINDET KAPITALISMUS UND MARXISMUS)라는 제목이 붙어 있다; 아데나워재단(www.kas.de) . 1946년 초 영국 점령지구 내 기민련 8개 지역 위원회가 지구위원회로 통합되어, 콘라드 아데나워가 위원장이 되고, 이어서 그는 주 연합 의장, 라인란트-베스트팔렌 주 의회 기민련 의원단 대표가 되었다.

루트비히 에어하르트
출처: 루트비히 에어하르트 재단(www.ludwig-erhard.de)

될 것이기 때문이다. 그러면 우리는 다시 자유로운 소비선택, 자유로운 직업선택 그리고 진정한 민주주의 질서의 모든 성과를 상실하게 된다. 우리는 점진적이지만 확실히 통제경제, 관치경제에서 전체주의로 가게 되는 계획경제로 복귀하게 된다"면서 시장경제와 통제경제나 계획경제를 확실하게 대립시켰다.3) 이를 바탕으로 기민련의 기본가치의 토대인 기독교적 사회주의와 결합되어 "사회적 시장경제"란 개념이 나온 것이다. 이후 사회적 시장경제 즉, 시장경제는 기민련의 경제정책 기본노선이 되었다.

기민련의 1949년 총선강령이라 부를 수 있는 "뒤셀도르프 지침"(Leitsätze)에서 기민련은 사회적 시장경제를 이렇게 설명하고 있다.

    사회적 시장경제는 사회적으로 결부된 산업경제의 기본원칙이

---

3) "Programm zweiter Parteitag de CDU"; www.kas.de.

다. 여기서 자유롭고 유능한 인간의 능력이 모두를 위하여 최대한의 경제적 효용과 사회정의를 제공하는 하나의 질서로 귀속된다. 이 질서는 자유와 구속에 의해 창출된다. 이는 사회적 시장경제에서 진정한 경쟁과 독립적인 독점규제로 표현된다. 진정한 경쟁은 경쟁질서에 의해 동등한 기회와 공정한 경쟁조건에 의해 자유로운 경쟁에서 더 좋은 성과가 보상된다는 것이 보장될 때 가능하다. 모든 참가자의 상호작용은 시장이 정하는 가격에 의해 통제된다.

사회적 시장경제는 중앙집중적 혹은 탈중앙집중적 지도가 국가 혹은 자치행정에 따라 조직되느냐의 여부에 관계없이 우리가 거부하는 계획경제체제와 날카롭게 대립된다.

사회적 시장경제는 자유주의적 성격을 가지는 소위 자유경제와도 대립된다. 자유경제로의 전락을 피하기 위하여 경쟁을 보장하는 독립적 독점규제가 필요하다.

경제적으로 적절하고, 기술적으로 타당하며 정치적으로 필요하다면, 우리는 산업 분야에서 공동소유의 기업을 인정한다.[4]

사민당은 1949년 총선강령을 통하여 계획경제를 공약으로 내세웠다. 제3제국의 통제경제의 대안으로 계획경제를 내세웠다. 이의 세부내용으로 대기업, 신용 및 금융기관과 보험사의 사회화와 토지개혁을 주장하였다. 이는 전후에 당을 재건하고서도 마르크스주의를 기본노선으로 하는 1925년 하이델베르크 강령을 유지하고 있는 사민당으로서는 당연한 공약이었다.

---

[4] "Düsseldorfer Leifsatze über Wirtschaftpolitik, Landwirtscliaftpolitik, Sozialpolitik, Wohnungsbau"; www.kas.de

대기업, 신용 및 금융기관과 보험사의 사회화는 이들 경제재의 독일 국민재산과 민주화를 의미한다. 사회화는 사적인 개인재산이나 중소기업의 생산수단의 훼손이 아니다. 도시와 농촌의 중소기업은 장려되고 발전되어야 한다. 국민경제적으로나 정치적으로 필요하기 때문이다. 사회화는 평화와 민주주의에 대한 최선의 보호다. 이는 과도한 외국의 영향으로부터 그리고 정치적 책임을 져야 하는 과거 재산가와 다른 나라의 자본가의 연대로부터 독일 국가 자산을 보호해 준다. 토지개혁은 지연시키거나 반 정도에서 끝내려는 모든 시도에 대비하여 서독의 모든 주에서 동시에 실시되어야 한다.5)

사민당은 [기민련이] 계획경제와 통제경제 양자를 같다고 하는 것은 의도적으로 국민을 속이는 것이라고 주장하였다.

동방정책 및 독일정책에 관해서는 어느 정당의 총선강령에도 아직 구체적인 내용은 없었다. 기민련의 아네나워(Konrad Adenauer)는 앞에서 언급한 레클링하우젠 당대회에서 "러시아의 정책으로 우리가 전체 독일에 하나의 조직을 출범시킬 수 없는 한, 우리는 적어도 러시아의 지배 하에 있지 않은 부분의 독일을 재조직하여야 한다. 서부 독일이 적어도 먼저 정치적 그리고 경제적 힘을 되찾는 경우에만 우리는 동부와 서부 독일을 재통합할 수 있을 것이다. 우리가 결코 독일 동부에 대한 권리를 포기하지 않는다"라고 말하면서 서독을 중심으로 통일하여야 한다는 뜻을 피력하였다. 물론 소비에트 러시아의 지배를 받고 있는

---

5) "Wahllauf für Sozialdemokratischen Partei Deutschlands"; www.fes.de. 하이델베르크 강령 내용은 프리드리히 에버트 재단 홈페이지(www.fes.de), 전종덕/김정로 편저, '독일 사회민주당 강령'(2018, 백산서당) 참조.

유럽의 넓은 지역에서는 [기민련의 기독교 사회주의와 대치되는] 완전히 반기독교 정신이 지배하고 있다는 것을 전제하고 있다.6)

이와는 달리 사민당은 선거강령에서 "오늘날 우리 나라는 분단되었다. 소비에트 러시아가 자기 점령지역을 분할하였다. 전체 독일이 소비에트화할 때만 통합은 보장될 것이다. 독일의 통합 의지는 굴복할 수 없을 정도로 강하다. 이는 러시아의 명령에 의해서도 굴복시킬 수 없고, 다른 연합국의 부드러운 전술에 의해서도 영원

1949년 기민련의 총선 포스터(평화, 자유, 독일 통일을 아데나워와 함께. 그래서 기민련)
출처: 콘라드 아데나워 재단(www.kas.de)

히 극복될 수 없다"면서 중립화 통일 방안을 내비치고 있다.7)

당시 사민당은 쿠르트 슈마허(Kurt Schmacher)가 이끌고 있었다. 그는 1차 대전에 참전하여 한 쪽 팔이 절단되었고, 나치 치하에서 8년간 투옥을 포함하여 모진 고생을 겪은 불굴의 투사였다. 이런 슈마허의 카리스마에 누구도 감히 이의를 달 수 없었다. 동방 문제에 관하여 그는 아데나워식 독일 정책은 분단 영구화 정책으로 반대하며 신속한 재통일을 추구하였다. 그들은 동독 내의 민족적 공산주의자들과의 통

---

6) 'Wirtschaftlicher Neuaufbau im Dienste des Menschen- ZWEITER PA.RTEITAG DER CDU FOR DIE BRITISCHE ZONE'; www.kas.de

7) 앞의 "Wahllauf für Sozialdemokratischen Partei Deutschlands".

일 논의가 가능하다고 보았다. 공산당과의 역사적 경험과 소련 공산당 주도의 코민테른은 여전히 사민당에 대하여 적대적이었다.[8] 그리고 불과 3년 전 사민당과 공산당의 통합에 의한 사회주의통일당 출범 그리고 슈마허의 공산당과의 결별선언 등을 놓고 보면 혼란스럽다고 표현할 수밖에 없다.[9] 사민당의 이런 혼란은 1952년 그의 사후에도 이어진다.

경제정책에서 사회적 시장경제 결국 자본주의 시장경제 대 계획경제, 서독에 의한 통일을 전제로 한

1949년 사민당 총선 포스터(자유! 평화! 노동의 자유, 의사표현의 자유, 신앙의 자유 그리고 공포와 빈곤으로부터의 자유. 사민당은 이를 위해 투쟁한다.
출처: 독일 정부 자료실

---

8) 스탈린이 권력을 장악한 후 열린 코민테른 6차 대회에서 독일이나 영국처럼 사회민주주의 정당이 강력한 곳에서는 파시즘이 "사회파시즘(social fascism)이라는 특수한 형태를 취한다"고 주장에 따른 결의에서 사회민주주의와 파시즘을 위기에 처한 자본주의를 구하려는 부르주아의 2개의 반동적 대응 형태로, 특히 오스트로 마르크스주의 등에 의해 대변되는 좌파 사회민주당을 사민당 중 가장 위험한 분파로 규정하고 혁명의 시대에 대비하여 사회민주당에 가차 없는 투쟁을 전개하고 밑으로부터의 통일전선을 강화할 것을 요구하였다. 결국 힐퍼딩이 주도한 하이델베르크 강령의 노선을 당 노선으로 채택한 독일 사민당을 가장 위험한 분파로 규정하고 투쟁할 것을 요구한 것이다. 이런 노선에 따라 1929년 독일 공산당은 독일 사민당을 주적으로 규정했다; 전종덕/김정로, 앞의 책, pp.64-65.

9) 전종덕/김정로, 앞의 책, p.100

아데나워 초대 내각(왼쪽에서 세 번째가 아데나워 총리, 두 번째가 에어하르트 경제장관)
출처: www.planet-wissen.de

통일 유보 대 신속한 중립화 통일로 각을 세운 기민련/기사연과 사민당의 1949년 8월 14일 총선에서의 대결 결과는 예상과는 달리 사민당의 패배로 끝났다. 기민련/기사연(CDU/CSU) 31.01%(155석), 사민당 29.22%(131석), 자민당(FDP) 11.92%(52석)이었다. 사민당은 대연정 제안을 거부하였다.

이에 따라 기민연/기사연, 자유민주당, 독일당의 우파 연립정부가 수립되고, 콘라트 아데나워 기민련 당수가 독일연방공화국 초대 총리로 선출되어 신생 서독 국가 기초 작업에 나섰다.

이제 아데나워 총리가 이끄는 서독은 강력한 반공주의적이고 친서방 노선을 내세우면서 전후 복구에 나서게 된다.

2. 서독의 자본주의 서방 편입과 서독 경제의 부활

독일연방공화국이 탄생하고 총선에 의해 연방의회가 구성되고 아데나워 총리가 취임하면서 국가의 체계를 갖추었다고 하지만 앞의 장에서 논의한 것과 같이 서독은 여전히 전승 4강국의 전체로서 독일과 베를린에 대한 최종결정권 유보 그리고 점령조례에 의해 주권을 제약받고 있는 국가였다. 점령조례에 의해 서독은 외교권이 사실상 없어서 외무부가 없었다. 대외 관련 업무는 총리실에서 처리하였다.

전후 복구에 매진하지만 모든 산업시설이 폐허로 변했고 그나마 남은 것도 배상금으로 철거되면서 시설과 원자재의 격심한 부족으로 서독은 1950년에 심각한 경제위기를 맞이하여 실업률은 거의 10%에 육박하였다. 그러나 극동에서 일어난 한국전쟁은 냉전을 심화시키고 서독을 서방체제 깊이 편입시켰지만 서독 경제 기적의 계기가 되었다.

물론 서독 국가 출범과 함께 미국으로부터 마샬 플랜의 지원을 받았지만, 서독 경제를 압박하고 있는 생산제한은 여전하였다.[10] 이는

---

[10] 서독의 경제기적에 마샬 플랜이 기여한 것은 사실이지만 마샬 플랜 지원에서 서독은 영국, 프랑스에 이은 3번째 국가였다.
1948-1951년 기간 중 유럽16개국 중 주요 5개국에 대한 마샬 플랜 지원액 (단위: 백만 U$)

영국	3,297	이탈리아	1,204
프랑스	2,296	네덜란드	1,128
독일	1,448	총 액	12,731

배상금 문제와도 관련된 것이었다. 이는 앞에서 언급하였듯이 아데나워의 요청에 의해 1949년부터 공장 해체, 철거가 중단에 들어가면서 1951년에 사실상 종결되었고, 생산제한도 한국전쟁을 계기로 무기를 제외하고 사실상 완전히 해제되었다. 그렇지만 독일의 미해결 국가부채는 여전히 서독의 신용 확보를 막고 있었다.

1953년 런던 채무조약(Agreement on German External Debts)[11]은 2차대전 전 및 점령기간 중의 채무 문제를 해결하여 서독의 대외 신용 확보를 가능하게 해주었다. 런던에서 독일 채무 문제 해결을 위하여 채무국인 독일과 채권국과 민간 채권자들이 회의가 열렸다. 여기서 말하는 독일 채무는 1933년 나치스 독일이 사실상 모라토리움을 발표하기 이전의 채무와 전후 점령 비용에 따른 채무였다. 전전(戰前) 채무는 주로 1차 대전 후의 평화체제인 베르사이유 조약에 의한 독일의 배상금 채무로, 당시 독일의 배상금 채무 해결을 위하여 미국의 도스안 및 영안에 따른 채무 즉 주로 미국에 대한 채무였다. 여기서 미국 주도로 독일 채무는 63% 가까이 대폭 삭감되고 그 상환도 3년 거치기간을 포함하여 1983년까지 분할상환하기로 하였다.

런던 채무회의가 서독에 대하여 관대하였던 것은 한국전쟁으로 소련과 긴장 고조로 건전하고 민주적인 독일 재건에 대한 기대가 강했기 때문이었다. 미국이 20억 달러 채무 면제를 결정하였을 때 이는 1945년에 패배한 적이 이제는 귀중한 동맹이라는 것을 인정한 것이었다. 그리고 1953년에 미국은 여전히 한국전쟁에 참전하고 있었다. 그

미국 국무부 자료를 바탕으로 작성

11) 조약 전문에 관해서는 Agreement on German External Debts, www.gov.uk 참조.

런던 채무회의. 독일의 소리(Deutsche Welle) 방송은 이 사진에 "부채 탕감이 없었다면 경제기적도 없었을 것이다"라는 부제를 붙였다.
출처: 독일의 소리(www. Dw.de)

해 미국의 전체 군비 지출은 530억 달러였다. 미국의 채무 탕감이 서방 동맹에 서독의 충성을 확보하는데 도움이 된다면 이는 비용 면에서 저렴한 것이었다. 이는 영국, 프랑스 및 조약에 참가한 다른 모든 채권자들도 비슷한 입장이었다.

이제 서독은 채무 불이행에서 벗어나 해외에서 자금조달이 가능하게 되었으며, 한국전쟁으로 서독에 대한 시설 해체에 의한 배상금 지급은 완료된 것으로 선언되었을 뿐만 아니라, 생산 제한이 철폐되었다. 미국 중심의 서방 진영 입장에서 서독은 동서 대결의 유럽 최전선으로 경제 및 군사적 기지였다. 1950년을 기점으로 서독은 2차 대전 패전 이후 점령기간 중 독일의 전쟁 잠재력 제거 정책에 따라 경제에 가해진 각종 제한이 제거되면서 본격적으로 독자적인 경제개발에 사설 수 있게 되었다. 소련의 예로페예프가 예견한 대로 "독일의 경제적 정치적 분할, 서독 지구를 미국 자본이 압도하는 영국-미국 지구로 통합, 강한 서독 산업을 소위 마샬 플랜에 따라 반(反)-소련 "서방 블록"의 경제기지로 전환에 목표를 두고 있다"는 것이 가시화된 것이다.

런던 채무조약에서 빠뜨릴 수 없는 것은 1938년에서 1945년 5월 8일 기간 중 나치독일 정부의 불법성의 바탕 위에서 독일 국가의 계속성(Kontinuität)을 서독이 받아들였다는 점이다. 종전 후 독일을 점령한 연합국은 "전체로서 독일"이라는 개념 하에 주권국가로서 독일이 계속해서 존재한다는 입장을 유지하였다. 이는 연합국이 독일의 모든 채무 지급을 확보하고 독일에 관한 최종결정권을 보유하기 위한 논리였다.

런던 채무조약에서 독일연방공화국 즉 서독은 과거 독일 국가의 채무 지급 의무를 받아들인 것이다. 이 논리의 연장선상에서 서독 정부는 서독이 전체 독일을 대표하는 유일한 합법 정부라는 입장을 유지하였다.[12]

패전에 따른 경제적 제약에서 벗어난 서독 경제는 가히 기적이라 할 만하였다. 1950년 경제위기를 벗어나 1953년부터 서독경제는 본격적인 뜀박질을 시작하였다. 아데나워 총리의 집권 기간인 1950-60년, 그리고 1961-70년 기간 중 서독의 평균 경제성장률은 각각 7.5%, 6.0%였고 실업률은 5.72%, 0.7%였다.[13] 1973년에 서독은 명실상부한 자본주의 세계의 제3위의 경제대국의 지위에 올라섰다.

이는 한국전쟁을 계기로 미국을 정점으로 한 서방체제가 유럽 최전선의 서독을 필요로 한다는 점과 아데나워 총리 체제의 서독이 서방체제 편입에 의한 경제 부흥과 주권 회복 전략이 맞아떨어진 결과였다. 즉, 서독의 서방체제 편입을 대가로 이루어진 것이었다.

---

12) 김철수, '독일통일의 정치와 법' (박영사, 2004), pp.145; 최창동, '분단국가의 법적 지위', (법률행정연구원, 1996), pp.3-13.

13) 연방통계청(www.detatis.de) 자료에서 산출.

로마조약(유럽경제공동체 조약 및 유럽원자력조약) 서명(1957년 3월 25일 로마). 왼쪽에서 5번째가 아데나워 서독 총리
출처: 독일 정부 자료실(www.bild.bundesarchiv.de)

    이런 편입의 제도적 결과로 서독은 1951년 관세 및 무역에 관한 일반조약(GATT), 1952년 국제통화기금(IMF)과 유럽연합의 전신인 유럽철강석탄공동체에 가입하여 명실상부한 자본주의 체제의 일원이 되었다.14) 그리고 1957년에 연방은행(Deutsche Bundesbank)이 창설되어 통화주권도 확보하였다.15)

---

14) 서독은 GATT에 1951년에 가입하면서 그 가입의정서에 의하여 동서독 교역을 내국교역으로 인정받았다. 즉 GATT체약당사자(Contracting Parties)는 GATT 제1조의 규정에도 불구하고 독일 내에서의 상품교역에서 동서독간(Intra-German)교역의 지위를 변경할 것을 요하지 않는다고 결정하였다. 단일경제체제로서 독일의 지위를 GATT체약당사자들이 확인한 것이다. 서독이 창설국으로 참여한 유럽 경제공동체를 설립 시인 1957년 3월 25일 EEC 체약국이 채택한 동서독 교역 및 관련 문제에 관한 의정서(Protocol on German Internal Trade and Connected Problems)에 의해 서독기본법이 적용되는 지역과 적용되지 않는 지역 간의 교역은 독일 내부교역의 일부이며 EEC조약의 적용이 기존의 동서독 간 교역에 어떤 변화도 요구하지 않는다고 합의하였다; www.wto.org;

3. 분단의 고착화

한국전쟁을 계기로 경제제약 철폐와 자본주의 서방체제 편입을 대가로 한 정치적은 편입은 서독을 서방 군사동맹체제의 최전선에 있게 만들었다. 1949년 설립 당시 정치연합에 불과했던 북대서양조약기구 즉 나토(North Atlantic Treaty Organization. NATO)는 한국전쟁을 계기로 소련을 정점으로 하는 동구 진영에 대한 집단안보를 목적으로 하는 군사동맹의 성격이 강화되었다. 이에 대항하는 바르샤바조약기구(Treaty of Friendship, Co-operation, and Mutual Assistance. Warsaw Pact)가 창설(1955년 5월 14일)되기 5일 전인 1955년 5월 9일 서독은 나토에 가입했다. 2차 대전 패전 처리 과정에서 4강국이 합의했던 독일의 탈군사화는 서독의 나토 가입과 동독의 바르샤바조약기구 가입으로 사실상 폐기되고 동서독이 재무장하여 동서 대립의 첨단에 놓이게 되었다. 이런 대립구도는 1990년 독일 통일로 해소될 때까지 동서독 주민의 모든 삶의 전제조건이었다.

이런 서독의 재무장화는 사독의 주권회복 과정과 연결되어 있었다. 독일연방공화국 즉, 서독의 창설은 주권을 제한하는 서방 점령 3국의 점령조례 하에서 이루어진 것이었다. 앞에서 언급하였듯이 점령조례 2조 c항에는 "독일에 의한 혹은 독일을 대신한 국제조약을 포함한 외교 문제"에 관한 권한은 점령 당국이 유보한다고 규정하고 있다. 물론

---

15) 이때까지는 중앙은행이 없고 연방 주 은행(Bundesländer Bank)이 중앙은행의 역할을 했다.

비무장, 탈군사화가 전제된 것이다. 서독과 연합국은 점령조례 체제를 전환하고 서독의 주권회복과 미국의 강한 희망에 의해 독일의 재무장 작업에 들어갔다.

트루먼 미국 대통령이 나토 틀 안에서 서독 국군 창설 준비를 승인하였다. 이를 바탕으로 뉴욕에서 1950년 9월 전승 3국 외무장관 회의가 열렸다. 서독 외무부 설치와 해외 공관 설치를 허용해주었다. 이 회의에서 미국이 서독의 재무장을 요구했을 때, 프랑스 외무장관 슈망(Schuman)은 이를 단호히

서독공산당의 독일연방군 창설과 나토 가입 반대 포스터.
군국주의 반대와 새로운 민주주의를 위하여 투쟁하자! ... 그러면 자유 선거가 가능하다.
출처: 독일 정부 자료실

거부했다. 이는 1870년대 이후 무장 독일에 대한 프랑스의 전통적인 강박관념에서 나오는 반응이었다. 그러 종국에 가서는 프랑스가 독일의 재무장 원칙에 동의하였다.

아데나워 총리는 뉴욕 외무장관 회의에 고무되어 나토 주관 하에 서독군 창설 계획을 담은 "힘메로트 비망록"(Himmeroder Denkschrift)을 작성하였다. 이에 의하면 25만 병력의 12개 기갑사단으로 구성되는 육군, 항공기 825대의 공군, 함정 202척과 항공기 204대의 해군으로 총병력 50만의 독일 국군을 창설을 추진하겠다는 것이었다.[16)]

이 비망록이 완성되기도 전에 구스타프 하이네만(Gustav Heinamann)

1956년 1월 20일 아데나워 총리가 처음으로 안더나하에서 막 창설된 독일군의 사열을 받고 연설하였다.
출처: 독일 정부 자료실(www.bild.bundesarchiv.de)

내무장관이 반발하여 장관 직에서 물러나 기민련을 탈당하고, 비망록 공개 후 사민당의 재무장 반대 그리고 나치 장교 출신과 극우 세력은 비무장을 국가적 수치라고 보면서도 서독 국군이 외국인의 지휘를 받는다는 것에 반발하였다. 여기에 전쟁 자체에 반대하는 그룹까지 끼어들면서 서독 국내가 시끄러웠다. 결국 이는 실현되지 못했다. 이런 내용을 담은 유럽방위공동체조약(European Defence Community Treaty)이 1952년 5월에 서명되었지만 프랑스 의회가 이의 비준에 동의하지 않았기 때문이다.

우여곡절 끝에 1955년 6월 국방부가 설치되고 1956년에 징집을 허용하는 기본법 개정이 이루어져서 독일연방군(Bundeswehr)이 창설되었다.

이런 와중에 서방 점령 3개국과 서독 간의 관계 재설정 작업이 진행되고 있었다. 지금까지 서독의 주권을 제한해온 점령조례 체제를 해제

---

16) 힘메로트 비망록 전문에 관해서는 www.ndr.de 참조

하고 서독의 주권을 회복을 위한 노력이 진행되고 있었다. 1952년 5월 26일 서독은 미국, 영국, 프랑스와 반년 동안 협상해 온 "독일조약"(Deutschlandvertrag)에 서명하였다. 이 조약의 정식명칭은 "독일연방공화국과 4강국 간의 관계에 관한 조약"(Vertrag über die Beziehungen zwischen der Bundesrepublik Deutschland und den Drei Mächten)이다.17) 1952년 5월 26일 서명되었지만 효력은 비준서가 기탁된 1955년 5월 5일 효력이 발생되었다. 이는 유럽의 군사동맹을 목표로 한 "유럽방위공동체조약"(European Defense Community Treaty)18)과 짝이 되어 동시에 발효될 예정이었으나 프랑스 의회의 비준 동의 거부로 1954년에 체결된 "독일 점령체제 종결에 관한 의정서"의 독일조약 효력발생에 관한 규정에 따라 의정서 서명 4개국(미국, 영국, 프랑스, 서독)이 비준서 또는 승인서의 서독정부 기탁일인 1955년 5월 5일 발효된다.

이 조약의 목적은 냉전 구도 하에서 서독의 주권을 회복하여 국제연합 및 나토에 가입시키려는 것이었다. 그러면서 베를린과 전체 독일에 관한 점령 3강국(4강국)의 최종결정권 보유를 인정하고 있다. 소련과 동독 역시 이 흐름에 대응하여 1954년 3월 소련이 다른 주권국가와 동일한 관계를 동독과 수립하겠다는, 즉 동독이 주권국가임을 선언하는 정부 성명서를 발표하고 1955년 9월 2일 소련과 동독은 기본조약(Vertrag über die Beziehungen zwischen der Deutschen Demokratischen Republik und der Union der Sozialistischen Sowjetrepubliken)19)을 체결하

---

17) "Vertrag über die Beziehungen zwischen der Bundesrepublik Deutschland und den Drei Mächten", 독일 법무부(www.gesetze-im-internet.de)

18) Whdirdks에 관해서는 archives.eui.eu 참조.

19) 이 조약에 관해서는 www.verfassungen.de 및 'Neues Deutschland' 1955. 9. 27, (www.nd-archiv.de)

바르샤바조약에 서명하는 동독의 오토 그로테볼 각료회의 의장(1955년 5월 14일)
출처: 독일연방자료실(www.bundesarchiv.de)

였다. 이 조약은 전문에서 "1954년 파리조약(독일 점령체제 종결에 관한 의정서) 체결에 의한 새로운 상황에 비추어"라고 규정하여 서방 3국의 조약에 대응하여 체결된 것임을 밝히고 있고, 이 조약 체결을 보도하면서 동독 사회주의통일당의 기관지 '노이에스 도이칠란트'(Neues Deutschland)는 "우리 나라의 서쪽 부분을 나토 군사동맹에 포함시키는 파리조약 체결에 의해 독일 분단은 확증되었다"고 쓰고 있다.[20] 국제적으로 분단이 확인된 것이다.

이제 독일은 국제적으로 확인된 분단국가 체제로 나가게 되고 각기 군대를 보유하고 군사동맹체제에 편입되어 동서 냉전과 해빙에 따라 긴장의 높낮이가 변하게 된다.

---

20) "Vertrag über die Beziehungen zwischen der Deutschen Demokratischen Republik und der Union der Sozialistischen Sowjetrepubliken", 'Neues Deutschland'1955. 9. 27, 노이에스 도이칠란트 아카이브(www.nd-archiv.de)

4. 분단시대 서독의 동방정책 및 독일정책

 독일연방공화국의 대외정책은 총선을 통하여 성립된 아데나워 총리 정부의 출범으로 확정되었다. 독일의 분단국가 출범 자체가 냉전의 산물이었다. 그리고 총선에 중립과 계획경제를 내세운 사민당, 공산당을 물리치고 서방 편입과 시장경제의 기민련/기사연의 승리와 아데나워 총리 정부의 출범은 서독의 대외정책을 이미 결정짓고 있었다.
 동방정책인 소련을 정점으로 한 대 동유럽 정책은 대립정책이었다. 서독은 국가 창설 이후 한국전쟁을 거치면서 1955년 연방군 창설과 나토 가입으로 서방 체제에 편입을 가속화하였으며, 아데나워 총리의 서독 정부는 프랑스와의 화해와 협력 강화를 주축으로 한 유럽통합을 유럽정책, 즉 서유럽 정책의 기본으로 하여 이의 강화에 주력하였다. 즉, 서독 정부의 대외정책의 초석은 북대서양동맹(나토)과 유럽통합으로 발전되는 유럽석탄철강연합 - 유럽 공동체였다. 여기에 유럽방위공동체조약을 포함시킨 경제 및 군사 통합, 장기적으로는 완전한 정치통합이 추구되었지만 독일의 군사력에 대한 의구심을 가진 프랑스에 의해 거부되면서 나토와 유럽공동체의 두 축으로 나가게 되었다.
 이런 기조를 이미 1948년 8월 28-29일 영국 점령지구 레클링하우젠에서 열린 기민련 2차 당대회에서 아데나워는 기조연설을 통해 밝혔다. 즉,

 독일과 서유럽 이웃 나라 즉, 베네룩스, 프랑스 간의 지속가능

한 선린 관계 확립이 향후 독일 대외정책에서 가장 중요한 과제라고 본다.

유럽 문제에 대한 미국의 관심은 미국과 소련 간의 적대가 사라지면 언젠가 약화될 것이다. 그러나 프랑스, 베네룩스와 독일은 국민들이 여기 유럽에 사는 한 유럽의 이웃 나라로 남을 것이다.

러시아의 정책으로 우리가 전체 독일에 하나의 조직을 출범시킬 수 없는 한, 우리는 적어도 러시아의 지배 하에 있지 않은 부분의 독일을 재조직하여야 한다.

우리가 서부 독일이 적어도 먼저 정치적 그리고 경제적 힘을 되찾는 경우에만 우리는 동부와 서부 독일을 재통합할 수 있을 것이다.

우리가 결코 독일 동부에 대한 권리를 포기하지 않는다는 것을 우리는 진지하고도 강력하게 거듭 설명할 수 있고 또 그래야 한다.[21]

이런 노선의 연장선상에서 아데나워 총리는 서독 창건 직후인 1949년 10월 21일 연방의회에서 독일연방공화국이 "독일 통일 성취 시까지 독일 국민의 유일한 합법적 국가"라는 소위 유일대표권을 명확히 밝혔다. 연방정부는 독일에서 유일하게 민주적으로 선출된 정부라는 것에 그 근거를 두고 이를 주장하였다.

그는 10월 26일 연합국 고등판무관에게 보낸 서신에서 배타적 대표권을 다시 주장하였다. 동시에 그는 동독에 대하여 독일 국민에게 구속력 있는 언명 특히 오데르-나이쎄 국경 해결에 관해서 언명할 권리를 주었다. 그의 주장의 기초는 여전히 다른 쪽 독일 국가의 합법성

---

21) 'Wirtschaftlicher Neuaufbau im Dienst des Menschen-Zweiter Partaitag der CDU', www.kas.de

결여였다. 이 정부는 — 연방정부처럼 — 2,300만 [동독 지역에 거주하는] 독일 국민이 투표자격이 있는 자유선거에 의해 탄생한 것이 아니라는 것이었다.

독일 통일 때까지 서독의 동독에서 자유선거 요구는 독일 국가 통합의 기본 전제였다. 서독정부는 처음부터 의식적으로 동독과의 공식적인 직접 접촉을 거부하고 재통일의 첫 걸음으로서 자유, 비밀 선거 절차에 대한 4강국의 양해를 구했다.

동독 정권 자체의 불인정, 독일 국민 전체에 대한 유일대표권 주장, 이의 전제로서 서방동맹 편입 등의 대외정책과 동방정책의 본격적인 주장은 아직 외교권이 없던 서독 정부의 입장에서 독일조약의 발효로 독일의 주권이 제한적이지만 회복되고 외교권을 되찾게 되는 1954년의 독일조약 발효를 기다려야 했다.

그런데 재미있는 것은 1949년 아데나워 총리의 유일대표권 주장에 대한 서방 3국의 대응이었다. 이는 점령조례의 폐지를 염두에 둔 독일조약 작업에도 필요한 것이었다.

영국 및 미국과 프랑스 정부 간에 독일제국의 부활 문제에 대한 이견이 드러났다. 국무부와 외무부의 법률자문관들이 독일제국의 존속에서부터 논리를 진행하는 한편, 프랑스 정부는 독일제국이 1945년에 없어졌다는 견해였다. 미국과 영국의 견해에서는 그러나 연합 강국에 의한 최고권위의 인수로 독일 정부는 잠정적으로만 영토에 대한 통제권을 상실했다는 것이다. 여기서 그들은 연방정부만이 법적 혹은 사실상 전체 독일의 정부냐라는 문제가 도출된다. 답변은 여하튼 간에 서방 강국이 그들의 최고권위, 안보, 특히 독일 내의 그들의 무력 그리고 점령 강국으로서 그들의 권위를 포기해서는 안 된다는 요건을 고려하여야 한다. 이에 더하여 서방 강국은 연방공화국이 독일제국의 전전의 계약과 의무, 특히 채무와 재산권을 인정하는 것을 보장받고자 하였다. 법적 승계자로서 연방공화국은 법적 의무를 인수할 의지가 있다는 것을 선언하여야 한다. 환언하면, 연방정부가 독일의 유일대표권을 이미 주장하였다면, 연방정부는 독일제국의 채무도 책임져야 한다. 따라서 새로 탄생한 국가는 자신의 부채 외에 추가 부담도 져야 한다. 정부 간 연구팀은 연방정부가 이의 인정에 대한 양보로 대외 관계 설정과 내부 문제 처리 시에 편익을 약속하는 것으로 하기로 합의했다.

1950년 9월 뉴욕 외무장관회의에서 3강국 외무장관은 해석을 위한 비망록에 의견을 모았다. 여기서 그들은 연방공화국의 지위를 정의하였다. 한편으로 연방정부의 유일대표권을 재확인하면서 다른 한 편으로 전체 독일의 정부로 인정은 하지 않았다. 연방정부가 앞으로 국제적으로 주장할 수 있는 정치적 유일대표권과 법적 규정의 개방 간의 균형을 취했다. 서방 3강국은 계속해서 독일에 대한 4강국 정부의 합의의 법적 근거에서 움직이겠다는 것이다. 이는 서방 3강국과 연방정부를 위한 것이었다. 동시에 새로운 방식을 찾은 것이다. 말하자면, 이에 의하여 연방정부는 법적 기초를 실제로 변경하지 않고 정치적으로 이의 국제적 명성을 향상시킨 것이다.

즉 유일대표권은 4강국의 전체로서 독일과 베를린에 대한 최종결정권 보유를 전제로 한 것이어서 소련과의 관계가 핵심인 동방정책에 따라 변화될 수 있는 취약성을 처음부터 가지고 있었다.

아무튼 유일대표권은 대외정책에서 할슈타인 원칙으로 나타났다. 동독과 외교관계를 수립하는 국가는 독일연방공화국에 대하여 비우호적인 국가로 간주하겠다는 것이었다. 그리고 국가계속성의 원칙에서 서독은 1937년 12월 31일 현재 독일제국의 국민은 서독의 국민이라는 것이었다. 그래서 서독 별도의 국적법을 제정하지 않고 기본법에 국적에 관한 규정을 두었다. 기본법 제1장(기본권) 16조 1항에 "독일 국적은 박탈되지 아니한다"라고 규정하였다. 그리고 경과규정인 제11장 116조 1항에서 독일 국민을 독일 국적을 가진 자 또는 1937년 12월 31일 현재 구(舊)독일 영토 내에서 독일인에 속하는 망명자나 피추방자 또는 그 배우자나 비속으로 받아들여진 자"로 정의하고 2항에서 나치스의 통치기간인 1933년 1월

당시의 분위기를 잘 보여주고 있는 기민련 총선 포스터 (마르크스주의의 모든 길은 모스크바로 간다 (Alle Wege des Marxismus führen nach Moskau. 1953)
출처:; www.kas.de

30일부터 1945년 5월 8일까지 사이에 정치적, 인종적 또는 종교적 이유에서 국적을 박탈당한 구독일 국민과 그 자손은 요구에 의하여 국적을 회복할 수 있다"라고 규정하고 있다. 결국 1913년 제국국적법을 적용하고 이 국적법 원칙은 1990년 통일 시까지 관철되었다.[22]

"미국, 영국, 프랑스 3개국과 독일연방공화국의 관계에 관한 협정"(독일조약. 1952)이 조인된 후 치러진 1953년 총선에서는 "자유, 평

---

[22] 1989년 3월 동독 주민들이 헝가리를 거쳐 서독으로 들어올 때 겐셔 외무장관은 이 국적법 원칙을 근거로 헝가리 주재 서독공관으로 망명한 동독 주민에 대하여 외교적 보호권을 행사하여 자국민으로 보호하여 서독으로 데려오도록 하였다.

화, 재통일"을 내건 기민련의 선거강령은 서독의 동방정책과 독일정책의 전모를 상당히 명확하게 보여주었다. 즉,

- 독일연방공화국은 자유로운 사회적 법치국가에 사는 것이 거부된 동서의 모든 독일인들을 대표하여 행동한다. 평화적으로 모든 독일인들에게 공동의 모국을 제공하는 것이 우리의 핵심 목표다. 지금까지 소련의 정책은 인권 존중에 기초한 자유로운 독일 국가로의 독일통일을 막아 왔다. 기민련은 모든 힘과 결의를 가지고 재통일의 노력을 멈추지 않을 것이다.
- 자유민주주의 사람들과 소련의 지배를 받는 세계의 다른 부분 간의 대립의 첨예화의 관점에서 자유 독일은 자유로운 사람들의 공동체에서만 자기 자리를 찾을 수 있었다. 독일의 중립적 존재 가능성에 대한 믿음은 현 세계의 긴장이 계속되는 한 비현실적이다.
- 유럽 대륙의 자유로운 사람들의 통합이 그 자체만으로는 있을 수 있는 볼셰비키의 공격을 막아내는 데 충분하지 못할 것이다. 그래서 이는 필연적으로 여타 자유세계, 무엇보다도 북대서양 방위공동체와 밀접한 관계를 가져야 한다. 이 정책은 전혀 공격성을 가지고 있지 않다. 실현 과정 중에 독일과 다른 유럽인들이 방어용 무기를 들고 나온다고 할지라도 이는 여전히 평화 정책이다.
- 우리는 자유 속에 독일의 재통일을 목적으로 하는 조약 발효 후에 연방공화국이 참여하게 되는 소련과의 협상을 지지한다. 더 이상 유럽의 분열과 약화를 겨냥하는 것이 아니라면 소련이 진지한 협상 의지가 있을 것이라 우리는 확신한다.[23]

선거강령에서 공약한대로 1955년 소련과 외교관계 수립 시에도 아데나워 정부의 동방정책의 입장을 분명히 하였다. 아데나워 총리가 소련 총리 불가닌에게 보낸 서신은 서신 형식을 취함으로써 소련에 대하여 구속력을 가지지는 않았다. 아데나워 총리의 서신 내용은 다음과 같다.

- 서독 정부와 소련 정부 간의 외교관계 수립이 양측의 현 영토를 인정하는 것은 아니다. 독일 영토의 최종확정은 평화조약에 유보되어 있다.
- 서독 정부와 소련 정부 간의 외교관계 수립이 국제문제에서 서독 정부가 독일 국민을 대표하는 권한과 서독의 실효적인 주권 밖에 있는 독일 영토의 정치적 조건에 관한 서독 정부의 법적 관점의 수정을 의미하는 것은 아니다.24)

요컨대 아데나워 정부의 동방정책 및 독일정책은 특히 폴란드와의 국경인 오데르-나이쎄 선을 인정하는 등의 현상유지(satus quo)에 반대하고, 1937년의 독일 영토 수복을 목표로 하며, 동독을 국가로 승인하지 않으며25), 나토와 유럽통합 등 서방으로의 편입 정책에 바탕을 둔 "힘의 우위 정책"(Politik der Stärke)으로 소련과 동독의 굴복에 의한 재통일26)로, 중립화 반대였다.27)

---

23) 'Hamburger Programm '. www.kas.de
24) "Letter from Chancellor Adenauer to Premier Bulganin, September 13, 1955", 'Document on Germany 1944-59', digicoll.library.wisc.edu
25) 이에 따라 서독 국적법은 1937년 12월 31일 현재 독일 국민은 서독의 국민으로 인정하여 동독 국민도 서독의 국민으로 인정하였다.

이 정책은 아데나워 정부의 정책기조로 유지되었다. 1961년 베를린 장벽 위기 시에 아데나워 총리는 라디오 연설을 통하여 "서방의 방위 태세, 힘의 우위, 폭력에 굴복하지 않겠다는 서방의 무조건적 결의, 서방과 우리의 결속이 평화유지의 믿을 만한 보장이다"라고 이 정책을 거듭 확인하였다.28)

그러나 냉전이 고착화되면서 동서진영의 대결이 각 진영 내에 경제에 압박에 더하여 피로감을 주게 되고 쿠바 미사일 위기로 대결이 비현실적임이 드러났다. 각 진영은 내부 관리로 눈을 돌리면서 점차 동서 해빙의 움직임이 있게 되었다.

---

26) 정치적으로 민주화되고 경제적으로 안정된 또한 나토와 굳게 결속된 서독이 '힘의 정책'(Politik der Stärke)에 기초하여 자석처럼 동독을 흡수할 수 있다는 것이 소위 아데나워 총리의 '자석이론'(Magnet Theorie)이다.
이 "힘의 우위 정책" 개념을 1950, 1960년대에 동독의 사회주의통일당은 서독이 독일문제를 나토의 도움을 받아 군사적으로 해결하려는 의도를 가지고 있다는 의미라고 선전했다. 이는 기본법에 규정된 침략 전쟁 금지뿐만 아니라 1954년 10월 3일 서독이 북대서양조약과 브뤼셀 조약 가입 시 "두 조약의 방어적 성격과 양립될 수 없는"어떠한 수단의 사용도 하지 않겠다고 선언한 무력사용 포기에도 반한다. 이는 사실 중, 장기적으로 소련의 패권을 받아들이는 것이 아니라 독일, 폴란드, 헝가리 기타 유럽 이웃 국민들의 자결권에 기초한 이해의 타협을 통한 소련과의 긴장완화를 목표로 한 것이었다;
독일 연방의회, '연방의회 독일통일 조사위원회 보고서'(Bericht der Enquete-Kommission„Aufarbeitung von Geschichte und Folgen der SED-Diktatur in Deutschland"), (Deutscher Bundestag, 1994), p.112 참조.

27) 김철수, 앞의 책, p.63 및 전종덕/김정로, 앞의 책, p.131 참조

28)'Ansprache des Bundeskanzlers Adenauer anlässlich seines Berlin-Besuches und Begrüßungsworte des Regierenden Bürgermeisters von Berlin' www.kas.de

베를린 장벽 설치(1961. 8. 13)
출처: www.spd.de

소련 총리 니키타 흐루쇼프 입에서 동서 해빙 의사가 거론되고[29]),

---

[29] 이미 이전인 1959년 9월 25-26일 이틀 동안 미국의 캠프 데이비스에서 베를린 위기와 관련하여 열린 아이젠하워 미국 대통령과 소련의 니키타 흐루쇼프 총리 간의 회담에서 냉전이 거론되었다. 이 때 발표된 공동성명은 두 지도자가 "이 회담이 많은 주제에 대한 각자의 입장을 명확히 하는데 유용했다는 것에 의견을 같이 했다"고 밝혔다. 이들은 "의견 교환이 각자의 동기와 입장을 더 잘 이해하고 따라서 정의롭고도 항구적인 평화의 성취에 기여할 것임"을 기대하였다. 특히 두 사람은 "일반군축 문제가 오늘날 세계의 당면 과제 중 가장 중요하다"고 생각했다. 특정한 협정이나 조약은 없었지만 두 나라는 베를린과 기타 문화교류와 교역에 관련된 의제에 관한 대화를 재개하기로 결의하였다. 두 사람은 또한 가까운 장래에 정상회담을 다시 열기로 합의하고 아이젠하워는 다음 해에 모스크바를 방문할 것이라 발표하였다. 불행하게도 이 회담이 조성한 희망적 낙관주의-캠프 데이비드 정신-는 오래 가지 못했다. 1960년 5월 소련은 소련 영공에서 미국 정찰기 U-2 기를 격추하고 조종사를 생포했다. 아이젠하워 정부는 처음에 소련 상공의 첩보 비행에 관해 아는 바 없다고 하여 상황을 어렵게 만들었다. 아이젠하워의 모스크바 방문 계획과 마찬가지로

1961년 9월 25일 유엔 총회 연설에서 케네디 미국 대통령은 베를린에서 벌어지고 있는 위기에서 절대 양보하지 않을 것이라는 단호한 의지를 표명하면서도 유럽의 안전보장에서 다른 측의 "역사적이고 정당한" 이해관계를 인정하며 서베를린의 자유와 연합군의 주둔 및 베를린 통행을 위한 평화적 합의가 가능할 것이라고 말했다. 소련과 동독의 관계는 역사적이고 정당하다는 것이다. 분단과 상대방의 실체를 인정한 토대 위에서 평화적 합의가 가능하다는 것이다. 이어서 11월 25일 케네디는 소련의 "이스베스챠"와의 인터뷰에서 소련이 독일 통일 허용 의사가 없다는 것을 알았으며 중부 유럽의 평화는 소련과 서방이 베를린에 관한 합의에 도달하면 가능할 것이라 발언하였다. 독일을 둘러싼 환경은 빠르게 변화하고 있었으며 이는 또한 독일의 변화를 요구하고 있었다.[30]

케네디 대통령의 미국을 비롯한 서방 강대국이 점차 긴장완화와 군비통제에 우선순위를 두게 되면서 독일문제와 안보문제를 분리하여 보기 시작한 것이다. 이들은 독일정책에서 독일조약 7조에 따른 의무를 더 이상 우선순위로 고려하지 않았던 것이다. 이것이 서독에게는 긴장완화 압박으로 나타났다.

이런 국제 환경의 변화 아래서 이제 아데나워 서독 정부의 "힘의 우위 정책"도 점차 그 현실성이 도전 받게 되었다. 한 예가 1960년 9월 "이산가족 단체"가 조직한 "고향의 날"을 이유로 동독이 지구간 통행로를 폐쇄하자 아데나워 총리는 에어하르트 경제장관의 뜻을 누

제네바에서의 정상회담 일정이 취소되었다. 캠프 데이비스 회담에 관해서는 아이젠하워기념도서관(www.eisenhower.archives.gov) 자료 참조.

30) 전종덕/김정로, 앞의 책, p.131

소련의 "이스베스차" 지의 아주베이(Alexei Adzhubei) 편집장과 인터뷰하는 J.F.케네디 미국 대통령
출처: 케네디대통령 도서관(www.jfklibrary.org)

르고 동서독 간 교역에 관한 베를린 협정을 1961년 1월 1일부로 폐지한다고 발표하였다. 그러나 국내외의 압박으로 2주일 후에 이 조치를 취소하여 그의 이미지만 손상하고 말았다.

이런 사정을 인식한 아데나워 총리도 재임 마지막 해에는 재통일 목표를 부정하지 않는다는 조건 하에 동맹국에게 무기통제 합의를 위한 움직일 여지를 마련해주기 위하여 재통일과 군축 간의 연계를 수정할 수단과 방법을 모색하였다. 소련에는 비밀로 하였지만 성과를 내지 못했던 1958-1962년 사이에 그가 제시하였던 "독일정책"은 과도기적 전제- 1962년 연방의회 연설[31])에서 밝힌 것처럼 동독 주민의

---

31) konrad Adenauer, '9. Oktober 1962: Regierungserklärung des Bundeskanzlers in der 39. Sitzung des Deutschen Bundestages über die innen- und außenpolitische Lage 1962', www.kas.de

더 많은 자유라는 의미에서 "인간적 고려와 고통 완화를 위하여 "민족 과제" 즉 통일 문제는 일정기간 연기한다-에 기초하고 있었다. 1962년 그는 동서독 교역 위탁사업단을 통하여 서독의 신용보증을 대가로 예를 들면 베를린 통행협정을 비롯한 독일의 긴장완화와 인간적 고통 완화에 대한 회담 가능성에 대한 동독 지도부의 의중을 모색하였다.32)

또한 아데나워 정부의 대외정책 원칙인 할슈타인 원칙이 1960년대에 들어와서는 오히려 서독 정부의 정책을 점차 제약하게 되었다. 1957년에 동독이 이집트의 카이로에 대사관을 개설하였지만, 서독은 이집트에서 대사관을 철수하지 않았다. 더욱이 1965년 서독이 이스라엘과 외교관계를 수립하자 많은 아랍 국가가 서독과 외교관계를 단절하였지만 동독을 승인하지는 않았다. 이후 6일 전쟁에서 동독이 아랍 국가를 지지하자 아랍 국가들이 동독을 승인하였다. 이 원칙은 1969년에도 캄보디아가 동독을 승인하였지만 서독은 캄보디아와의 관계에 이 원칙을 적용하지 않았다. 1967년 서독이 루마니아와 외교관계를 맺고 이듬해에 유고슬라비아와 외교관계를 복원하였다. 1957년 유고슬라비아가 루마니아와 외교관계를 수립하자 할슈타인 원칙을 적용하여 서독은 유고슬라비아와 외교관계를 단절했었다. 외교관계 복원에 대하여 서독은 공산 국가의 동독 승인은 소련의 강요에 의한 것으로 이를 이유로 제재해서는 안 된다고 주장하였다. 서독 스스로가 무너뜨리고 있었던 셈이다.

내부적으로도 아데나워 정부 1, 2기 정부의 연립 파트너였던 자민당은 당초 서방을 향한 신뢰조성 정책을 지지하였다. 1956년 연정 배

---

32) 독일 연방의회, 앞의 책, p.120.

제 후에 자민당 내에는 정부의 정책에서 벗어나서 독일문제에서 양보하지 않으면서 가능한 정책 특히 안보정책 협의를 위하여 소련과 대화를 고려해야 한다는 의견이 증가하였다. 많은 자민당 정치인들의 의견에 따르면 통일의 열쇠는 소련에 있었다. 동시에 자민당은 새로운 안보정책 모델(4강국 그리고 가능하다면 더 많은 참여

볼프강 숄베르
출처: 독일 자민당(www.freiheit.de)

국가가 망라된 안보조약 모델)에 의해 종래의 서방 정책도 논의해보려고 하였다.

이미 1962년 자민당 대외정책 브레인인 볼프강 숄베르(Wolfgang Schollwer)는 정책보고서 '독일문제 구상; 페어크라머룽과 재통일'(Denkschrift zur deutschen Frage, 'Verklammerung und Wiedervereinigung')을 제출하였고, 1967년 다시 정책보고서 '독일과 대외정책'(Deutschland und Außenpolitik)을 제출하여 자민당의 사민당과의 연립정부 참여에서 동방정책을 뒷받침하였다. 여기서 그는 동서독의 재통일과 정치적 연합 포기라는 혁명적인 구상을 제시하였다. 대신 두 개의 독일이 주권을 포기하지 않는 상태(Verklammerung)로 있는 것이 가장 합리적이라고 제안하였다. 그리고 오데르-나이쎄 선의 인정과 동서독 비무장도 담고 있다. 이는 평화를 통일보다 우위에 두는 동방정책이었다. 지금까지 자민당의 서독의 유일대표성과 국경선의 유보정책과 기민련/기사연의 민족국가적 해결방식인 독일정책을 지지하였지만 이제 완전한 재검토가 필요하다고 적었다. 서독의 서방

에 통합, 동독의 소련권으로의 통합은 독일 민족국가에 대한 분명한 거부였다. 자유로운 질서를 가진 독일제국의 중부 독일과 동부 독일의 평화적 통일이 지금까지 독일의 가장 중요한 목표였다. 그 동안 독일과 유럽의 정책 전개는 이를 넘어섰다. 그래서 전 유럽의 항구적인 평화질서 창출과 유럽의 분단 및 독일의 분단 극복이 궁극적 목표이며, 모든 국내 및 대외 정책 노력은 무엇보다도 이의 달성에 기울여야 한다는 것이었다.[33]

기민련의 지지 기반 중 하나인 개신교와 관련하여 개신교 중립파를 대표하였던 구스타프 하이네만(Gustav Heinemann)은 서방 지향적 동맹 정책을 도덕적으로 의문시하고 양 진영 밖에서의 재통일을 추구하였다. 앞에서 언급하였듯이 1952년 아데나워 총리의 나토 주관 하의 서독군 창설 비밀계획인 "함메르토 비망록"에 반발하여 장관을 사임하고 기민련을 탈당한 하이네만은 서독의 재무장은 재통일을 불가능하게 한다는 논리에서 오직 재무장 반대만을 강령으로 내건 전독일인민당'(Gesamtdeutsche Volkspartei. GVP)을 창당하였다. 당은 1953년 총선에서 2% 이하의 득표에 머문 후에 해산하고 하이네만을 비롯하여 주도적 당원 대부분이 1957년에 사민당에 가담하였다.[34]

---

33) Wolfgang Schollwer, "Denkschrift zur deutschen Frage, 'Verklammerung und Wiedervereinigung'", Friedrich Naumann Stiftung 1962 및 "Material zur Klausurtagung des Vorstandes der Freien Demokratischen Partei, Deutschland und Außenpolitik ", Friedrich Naumann Stiftung 1967; 전종덕/김정로, 앞의 책, pp.155-156 참조

34) 대연정 하에서 1969년 3월에 실시된 서독 대통령 선거에서 기민련/기사연의 전 외무장관 슈뢰더(Gehard Schröder) 후보를 사민당의 하이네만 연립정부 법무장관이 다음 정부에서 사민당과 연립이 약속된 자민당의 지원 하에 1표 차로 누르고 당선되었다.

그리고 다음 장에서 살펴보겠지만 이 해 7월 15일 사민당의 빌리 브란트의 측근 에곤 바르(Egon Bahr)가 소련이 승인하지 않는 한 통일은 당분간 불가능하다는 전제 위에서 동독 즉 독일민주공화국의 실체를 인정하자는 "접촉을 통한 변화"(Wandel durch Annäherung)라는 제목의 동서독 평화공존을 주장하고 나섰다.35) 서독 국내에서도 이미 대결과 불인정이 아닌 동독의 실체를 인정하고 평화공존이 필요하다는 논리가 점차 설득력을 얻고 있었다.

이후 집권한 사회적 시장경제의 설계자이며 전후 서독의 경제기적을 실현한 에어하르트 총리는 자기 자신의 동방정책을 내놓지 못하고 아데나워와 기민련의 전통적인 동방정책을 답습하면서 단명으로 끝나고 말았다. 그는 미국의 세계정책이 변화를 모색하고 있는 환경에서 친미 일변도의 외교정책을 고수하였다. 이 점은 오히려 아데나워 시대의 대외정책의 한 축인 유럽 통합에 부담을 주었다. 프랑스 드골의 프랑스와 서독을 기본 축으로 하는 유럽을 통합을 전제로 한 미국에 대한 유럽의 자립 노선과 부딪혔다.

이미 87세에 달한 아데나워 총리는 슈피겔지 사건36)으로 마침내

---

35) Egon Bahr "접촉을 통한 변화"(Wandel durch Annäherung), www.fes.de
36) 1962년 10월 10일자 "슈피겔"에 실린 "제한된 방어 태세"라는 기사에서 발단된 사건이였다. 펠랙스 62'라는 이름으로 그 해 가을에 실시된 나토와 독일군의 대규모 합동 군사작전을 예리하게 분석하고 독일 국방 전략의 문제점을 비판한 기사였다. 여기에 대하여 검찰이 잡지사를 수색하고 발행인 등을 체포하고 아데나워 총리까지 연방하원에서 슈피겔지에 대해 '반역'의 징조를 본다고 말하였다. 내막은 당시 차차기 총리를 노리던 프란츠 요제프 슈트라우스(Franz Joseph Strauss) 국방장관과 슈피겔 발행인 아우크슈타인(Rudolf Augstein)과의 오랜 갈등에서 비롯된 것이었다든가 기사 출처가 소련이었다는 등의 내막에 관한 많은 이야기가 있지만 이 사

1963년 사임하였다. 이는 동방정책에서 "힘의 우위 정책" 시대가 끝났다는 증거이기도 하였다. 이어서 사회적 시장경제의 설계자이며 서독의 경제기적을 지휘한 루트비히 에어하르트 총리 정부가 출범하였다.

서독 경제는 1965년 말부터 급격한 경기둔화가 찾아왔다. 1966년 실질 경기 성장률이 2.3%로 떨어졌다. 1967년에는 0%로 더 떨어졌다. 이에 따라 재정적자가 확대되었다. 이에 대한 정책으로 연정 파트너인 자민당은 재정지출 축소를 주장하고, 에어하르트는 증세 정책으로 재정적자를 줄이자고 하였다. 양당 간에 절충이 이루어지지 못하고 자민당 장관이 정부에서 철수하였다. 결국 에어하르트는 11월 30일 사임하였다.

에어하르트 총리의 사임은 표면상으로는 서독 경제 악화와 이에 대한 대책을 둘러싼 연립여당 자민당과의 정책 불화지만, 한편으로는 동서진영의 세계정책 변화에 따른 서독 정치의 새로운 조건 형성이라는 관점에서도 볼 수 있을 것이다. 서방 진영의 종주국 미국의 입장에서 데탕트라는 새로운 흐름의 도래에 대비한 새로운 동방정책 제시보다는 종래의 대결정책을 고수하는 장애물 제거 작업의 일환으로 볼 수도 있을 것이다.

이는 동서 냉전의 또 다른 최전방인 동아시아의 한국에서의 정치적 변화와 함께 살펴본다면 더욱 명확할 것이다. 대한민국 즉 남한의 이

건의 언론의 자유 문제로 서독 전역을 강타하였다. 엄청난 시위가 벌어지고 언론과 사민당은 정부와 슈트라우스의 대응을 나치의 검열에 비유하면서 정부가 법치의 위기를 조성하고 있다고 비난하였다. 연정 파트너 자민당이 장관들을 철수시키면서 물러나자 아데나워 총리는 슈트라우스를 비롯한 장관을 교체하고 자민당을 회유하여 사태를 수습하려 하였지만 결국 이를 계기로 아데나워 총리가 물러났다.

승만 정부는 강력한 방공 기치 아래 북한의 현실적 정권을 인정하지 않고, 북진통일론을 내세우면서 유엔 감시 하의 남북한 동시선거에 의한 통일정책을 고수하고 있었다. 앞에서 살펴보았듯이 아데나워의 서독의 기본입장 역시 동독 정권을 인정하지 않고 동독 지역의 자유선거를 재통일의 기본전제로 요구하면서 힘의 우위에 의한 재통일을 정책을 고수하였다. 미국의 세계정책 전환기에 서독의 민주적 절차에 의한 정권교체와는 달리 남한은 4.19 혁명과 5.16 쿠데타라는 비정상적인 방법으로 정권이 교체되었다.

　서독의 에어하르트 후임인 키징거(Georg Kisienger) 총리는 사민당과의 대연정을 통해 등장하였다. 부총리 겸 외무장관을 빌리 브란트 그리고 전독부 장관을 사민당의 헤르베르트 베너가 맡았다. 키징거 총리 자신이 데탕트를 지향하는 동방정책을 제시하고, 이미 1963년에 "접촉을 통한 변화"를 내세운 사민당의 브란트와 베너가 정부에 참여하고 있었지만 키징거 총리 정부는 기민련의 종래 노선에서 멀리 나가지 못했다. 키징거 총리의 동방정책 자체도 당의 종래 노선과 타협적인 내용인 데다 그 자신이 나치와의 연루[37] 등 투명하지 못한 전력 등으로 당내에 확고한 기반을 가지지 못하여 기민련/기사연의 종래 당 노선과 부딪히면서 새로운 동방정책을 실현에 옮기지 못하였던 것이다. 1965년 선거강령이 이를 잘 보여주고 있다.

- 기민련은 모든 독일 국민의 자유와 자결권을 위하여 투쟁한다. 독일의 재통일을 위하여 투쟁한다. 베를린은 전체 독일 국민의

---

[37] 키징거는 1933년 나치당에 입당하였으나 적극적인 당원은 아니었다. 1940년 징집을 피하여 외무부에서 일하게 되어 후에 외무부 방송국 부국장으로 근무하였다. 전후 1946년 기민련에 입당하였다.

키징거 총리와 브란트 부총리 겸 외무장관
출처: www.150-jahre-spd.de

수도다. 기민련은 냉전에 반대하며, 동부의 이웃나라와 화해를 원한다. 기민련은 항구적인 세계평화를 원한다. 세계평화는 국제법과 인권의 보편적인 존중을 의미하며 독재의 종식이다. 독일의 재통일이 부정되는 한, 연방공화국은 전체 독일 국민에 대한 배타적인 대표권을 주장하여야 한다.[38]

결국 키징거 정부는 현상 인정에 바탕을 둔 새로운 동방정책을 내세운 빌리 브란트의 사민당에게 정권을 내주면서 서독은 새로운 시대를 맞이하게 된다.

남한 역시 4.19혁명으로 등장한 민주당 정부는 국정을 장악하여 명확한 통일정책을 제시하고 이를 실천하지 못한 채 5.16 쿠데타로 권력을 내주게 되었다. 박정희 군사정부와 그 후의 공화당 정부는 "반공

---

38) 'Düsseldorfer Erklärung'(1965), www.kas.de

을 국시"로 내세우지만 이승만 정부와는 달리 "선건설 후통일" 정책으로 동서 데탕트 흐름에 일정한 정도 호응한다.

그렇지만 기민련이 기본정책 노선을 변경한 것은 아니다. 사민당-자민당의 브란트 총리 정부 하 동서독 기본조약에 의한 "사실상"의 양국 체제 시기에도 특수관계에 기초한 이 조약을 인정하였을 뿐 기본노선은 그대로 유지하였다. 즉, 기민련으로서는 처음으로 사용한 명칭인 1978년 당 기본강령(Grundsatzprogramm)에 이 점을 명확히 하고 있다.

> 자유로운 자기결정은 단순한 힘의 포기 이상인 평화를 포함한다. 이는 전세계 어디서나 마찬가지로 우리에게도 해당된다. 우리는 법의 힘을 믿는다.
> 자결권이 독일 전체에서 행사될 수 없는 한, 독일연방공화국은 모든 독일 국민의 자유로운 질서의 수임자(Treuhänder)다. 독일연방공화국은 독일 국민의 기본적인 권리와 인권을 대변하여야 한다. 우리는 분단되지 않은 하나의 독일 국적을 고수한다.
> 독일 문제는 열려 있다. 우리는 독일 전체에서 독일의 의식을 보존하며 살아 있도록 유지한다. 우리는 분단된 국가에서의 삶을 완화해주고 접촉을 장려하며, 인권을 실현하고 장래 통일의 기초를 단단하게 만들어주는 협상과 합의를 긍정한다.
> 독일연방공화국과 외국 및 독일민주공화국과 체결한 모든 조약은 구속력을 가진다. 여러 동방조약과 동서독 기본조약의 해석과 적용 시에 1972년 독일연방의회의 공동결의[39]와 1973년, 1975년

---

39) 1972년 5월 17일 동방조약 즉, 모스크바조약(독일연방공화국과 사회주의소비에트공화국연방 간의 조약. Vertrag zwischen der Bundesrepublik

연방헌법재판소의 결정40)이 기준이 된다.

Deutschland und der Union der Sozialistischen Sowjetrepubliken. 1970. 8. 12)과 바르샤바 조약(독일연방공화국과 폴란드인민공화국 간의 상호관계 정상화 조약. Vertrag zwischen der Bundesrepublik Deutschland und der Volksrepublik Polen über die Grundlagen der Normalisierun ihrer gegenseitigen Beziehungen의 비준 동의 시에 서독 연방의회의 여야 공동 결의로, 이 조약이 현존 국경선에 대한 어떤 법적 기반도 아니며, 민족자결권에 영향을 주지 않고, 전체로서 독일에 대한 4강국의 권리와 책임에 영향을 주지 않는 잠정협정(Modus vivendi)이라는 것을 내용으로 하고 있다.

40) 1973년 결정에서 동서독 기본조약 조인 체결에 대하여 바이에른 주정부가 기본법상의 국가의 "재통일과제"를 위반하여 동독을 독일연방공화국과 대등한 주권국가로 인정하고 있다는 이유로 기본조약의 위헌심사를 청구한 데 대하여 헌법재판소는 합헌이라고 결정하고 이 조약은 국제법상의 조약이지만, 그 특수한 내용에 따르면 독일 내부 관계를 규율하는 조약이라고 정의하였다. 즉, 이 조약이 국제법상으로는 주권국가 간의 관계를 규율하지만 국내법상으로는 독일 국가 내부관계를 규율하는 조약이라는 것으로 말하자면 동독은 국제법상으로는 외국이지만 국내법상으로는 독일의 한 부분으로서 외국일 수 없는 특수관계라는 것이다.

1975년 오데르-나이쎄 선 동부의 영토에 관하여 헌법재판소는 다음과 같은 결정을 내렸다. 이 지역은 1937년 12월 31일을 기준으로 하는 다른 독일제국 지역과 마찬가지로 전후 승전국에 의해서 합병된 것이 아니다... 포츠담 회담에서 ... 영국, 소련과 미국은 오데르-나이쎄 동부 지역에 대해 기타 독일제국 지역에 주둔하는 점령군과는 명백히 구별되는 특수 규정을 수락하기로 합의했다. 1945년 8월 2일자 "베를린에서의 3강국 협정(포츠담 합의)" VI장과 IX장에 따라 독일 동부 지역은 "영토 관련 문제는 평화협정 체결 시 최종적으로 결정한다는 유보 하에" 일부는 소련의, 다른 일부는 폴란드의 행정 하에 놓이게 되었다.

3강국은 독일 동부 지역을 소련과 폴란드에 최종적으로 넘기는데 동의한 베를린은 전체 독일의 수도이고, 국민적 과제이며 우리에게는 동유럽 진영의 긴장완화의 시험대다. 전체로서 독일에 대한 것과 마찬가지로 4강국의 권한과 책임이 계속되는 전체로서 베를린은 독일 국민의 민족의지의 표현이다. 자유 베를린은 독일연방공화국의 영토이며 자유 유럽의 일부다. 베를린 협정이 고려하고 있는 국제법적 유보는 이에 관계없이 유지된다. 연합국 3개국의 보호와의 협력 속에 자유 베를린의 생존을 보장하고 강화하는 것이 우리의 과제다. 자유 베를린과 독일연방공화국 간의 유대를 우리는 유지하고 더 발전시킬 것이다.[41]

이런 강령 노선은 1990년 통일 때까지 유지된다.

동독의 독일정책에 관해서는 다음의 "사실상"의 양국 체제 장에서 국가 창설 이후 베를린 장벽 붕괴까지 전체를 묶어서 논의할 것이다.

5. 분단시대의 동서독 교류

제한적이긴 하지만 분단시대에도 동서독 간의 교류는 계속되었다. 분단시대에 동서독 간의 인적교류는 방문과 이주로 나누어 볼 수 있다. 동독주민의 서독 방문은 1961년 8월 12일 베를린 장벽 설치 시

것이 아니다. 그럼에도 불구하고 소련과 폴란드는 전쟁 직후에 오데르-나이쎄 동부 지역의 완전한 합병조치를 취하게 되었다; 법무부, '동서독 교류협력 관련 판례집, (법무부, 2008), pp.3-45 및 pp.283-284 참조.

41) Grundsatzprogramm „Freiheit, Solidarität, Gerechtigkeit", www.kas.de

까지는 비교적 활발하였으나 장벽 설치 후 격감하였다. 1964년 9월 9일 동독이 서독 방문을 대폭 확대 허용하는 시행령을 발표하였는데, "연금수령자(정년 퇴직자, 산재연금수령자, 장애연금수령자)에 한하여 연간 4주간 서독의 친인척을 방문"할 수 있도록 하였다. 이때부터 매년 100만 명 이상이 연금수령자들이 서독의 친인척을 방문하였다. 이후 1972년 동서독 기본조약 발효로 꾸준히 증가하여 1980년에 150만 명, 1986년에 200만 명을 돌파하였다. 반면에 서독 주민의 동독 및 동베를린 방문은 분단시대에는 기록에 없다가 기본조약이 서명된 1970년 이후에 이루어졌다.

분단시대에는 동독에서 서독으로의 일방적 이주만 있었다고 보아야 할 것이다. 그것도 1962년 이전에는 불법적 이주만 있었다. 1961년 8월 베를린 장벽이 세워지기 전까지 대략 약 310만 명이 서독으로 이주하였다. 매년 12만 명 내지 33만 명이 서독으로 이주하였다. 1961년 8월 13일 베를린 장벽 설치 이후에는 목숨을 건 불법이주와 1962년 이후 동독 당국의 허가를 받은 합법적 이주로 나누어진다. 불법적 이주의 경우 1,000명 이상이 탈주 중 목숨을 잃었지만 매년 이주자 수는 1966년 이후 만 명 이하로 줄어들었다.[42] 반면에 합법적 이주는 1962년 4,624명에서 시작하여 점차 늘면서 대체로 만명 전후를 기록하였다. 특기할 만한 것은 정치범 석방을 위한 거래 (Häftlingfreikauf. Freikauf)를 통한 이주로 1963년 8명에서 시작하여 꾸준히 증가하다가 1970년대에 들어오면 매년 1,000명 이상으로 늘어났다.[43][44]

---

[42] 페터 가이, '1949-1989 독일연방공화국과 독일민주공화국의 경제교류', (프리드리히 에버트 재단 한국사무소, 2003), p.19

이렇듯이 동서독 간의 인적 교류가 단속적이었던 데 비하여 교역은 계속되었다. 1949년 동독 국가 창건 하루 뒤인 10월 8일 동서독 교역에 관한 프랑크푸르트 협정(Frankfurter Abkommen)이[45] 체결되었다.

---

43) 법무부, '동서독 교류협력 법제 연구', (법무부, 2008), pp.52-57 참조

44) 정치범 석방을 위한 거래(Häftlingfreikauf. Freikauf)는 동독의 정치범을 서독으로 자유롭게 이주시키기 위하여 서독정부가 외환이나 상품을 동독에 지급한 거래를 말한다. 서독은 아데나워 총리 집권 시기인 1963년부터 Freikauf를 특별사업으로 분류하여 동독과 비공식적으로 추진하였으며, 석방된 동독의 정치범들은 서독으로 건너와 서독 시민권자가 되었다. 처음에는 사안별로 시행되다가 점차 조직적인 형태를 띠게 되었다. 1963년부터 베를린장벽이 무너진 1989년까지 이 사업으로 총 34억4천만DM가 동독에 지급되었다. 이 사업 초기에는 평균적으로 1인당 약 40,000DM였으며, 고학력 일수록 금액은 커졌다. 콜 총리 시절인 1982년에 1인당 9만5천700DM이었고 가족재결합의 경우에는 100,000DM였다. 서독 정부가 인신매매에 직접 개입한다는 인상을 주지 않고 또한 외환을 동독에 직접 지급할 수 없었던 점을 감안하여 물자지원 실무는 슈투가르트에 소재한 독일 신교연합회(Evangelische Kirche in DFeutschland) 산하 사회구호복지기구인 Diakonie가 담당하였다; 손기웅, '동서독 간 정치범 석방거래(Freikauf)', (통일연구원, 2005), p.1 및 p.5 참조; 손기웅 외, '동서독 정치범 석방거래 및 정책적 시사점', (통일부, 2008).

45) 협상 촉진을 위하여 1951년 9월 20일 베를린 협정(Berliner Abkommen)으로 대체되었다. 이 협정은 매년 상품 목록만 협의하기로 한 항구적 조약 틀로 1960년 8월 16일 개정 후 동독 붕괴 시까지 효력을 유지하였다.

동서독 주민의 상호 방문 (단위: 천 명)

	동독 주민의 서독 방문			서독 주민의 동독, 동베를린 방문			
	연금 수령자	긴급 가사 방문	총계	서베를린 주민의 동독 방문	서베를린 주민의 동베를린 방문	서독(서베를린 이외)주민의 동독 또는 동베를린 방문	총계
1953	1516	-	1518	-	-	-	-
1957	2720	-	2720	-	-	-	-
1958	690	-	690	-	-	-	-
1961	675	-	675	-	-	-	-
1962	27	-	27	-	-	-	-
1963	50	-	50	-	-	-	-
1967	1072	-	1072	-	-	-	1424
1970	1048	-	1048	-	약1140	1254	2654
1972	1068	11	1079	3320	약1140	1540	6260
1975	1330	40	1370	3210	약1140	3124	7734
1980	1554	40	1594	2600	약1140	2746	6746
1981	1564	37	1601	1800	약1120	2100	5020
1982	1554	46	1600	1730	약1120	2218	5068
1983	1463	64	1527	1720	약1120	2219	5059
1984	1546	61	1607	1600	약1120	2499	5219
1985	1600	66	1666	1900	약1120	2600	5620
1986	1760	242	2002	1800	약1150	3790	6740

출처: 법무부, '동서독 교류협력 법제 연구', PP.53-54

동독이주민의 유입(1949-1990)

연 도	이 주 민			
	불법이주민의 수	합법이주민의 수	합법이주민 중 정치범 석방 거래	총 계
1949	129245	-		129245
1950	197788	-		197788
1951	165648	-		165648
1956	279189	-		279189
1961.8.12. 까지	155402	-		155402
1961.8.13. 부터	51624	-		51624
1963	12967	29665	8	42632
1966	8456	15675	400	24131
1971	5843	11565	1400	17408
1976	5110	10058	1490	15168
1981	4340	11093	1584	15433
1986	6196	19982	1536	26178
1987	7499	11459	1247	18958
1988	11893	27939	1083	39832
1989	241907	101947		343854
1990.6.30. 까지	-	-		238384

출처: 법무부, 앞의 책, pp.56-57.

아데나워 총리의 기민련은 서방 연합국 특히 미국 정부의 압력에 의해 체결하지 않을 수 없었다고 말한다.[46] 점령 기간 중 독일 전체를 하나의 경제권으로 유지해오던 서방, 특히 미국의 입장에서 독일연방공화국과 독일민주공화국이라는 분단국가 체제를 명실상부한 두 개의 주권국가 체제로 전환하여 독일문제를 해결하려는 의도가 아니었나라고 의심해볼 수 있는 대목이다.

이에 대하여 동독을 인정하지 않고 서독의 유일대표권을 강력하게 주장하던 가진 아데나워 총리의 서독 정부는 어떤 환경 하에서도 동독에게 협정을 국가 승인 수단으로 이용할 수 있는 기회를 줄 생각이 없었다. 또한 이 협정의 효력 범위에서 서베를린이 제외될 수도 있었다. 서베를린은 서독에 속하지 않아서 서독이 책임질 수 없기 때문이다. 이 모든 것을 감안하여 서부 마르크(DM-West) 통화지구와 동부 마르크(DM-OST) 통화지구 간의 협정으로 하기로 하였다.

이 협정에 대하여 동독의 사회주의통일당 정부는 전체 독일 국민을 위한 서독과의 경쟁에서, 궁극적으로는 자기 정권의 안정을 위하여 동서독 경제관계가 결정적 역할을 한다는 것이다. 한편으로 이는 동독에게 부족한 상품을 확보하여 생산부족을 피하며, 주민에 대한 공급 상황을 개선하며 이를 통하여 체제를 안정시킬 수 있는 외화 절약 방안을 열어준다는 것이었다.

동독은 국제법상 국가 승인과 관련하여 독일정책에서 경제관계가 가지는 결정적인 기능에 주목하였다. 조약에서 베를린협정-행정협정-을 외교상의 조약으로 변경하려고 노력하였다. 국제법상 조약은 정의상 국제법상 대등한 두 조약 당사자를 전제하고 있다. 이에 더하여 서명자 형식이 "통화지구"가 아니라 공식적인 국명인 "독일민주공화국"이기를 원했다. 협상에서 동독 외무부는 거듭해서 동서독 교역 위탁

---

46) www.kas.de.

유명한 동독 병사 콘라트 슈만(Hans Conrad Schumann)의 탈출
출처: Haus am Checkpoint Charlie 박물관

사업단(TSI)을 협상 상대로 인정하지 않고 정부 부처 수준의 협상을 요구했다. 더욱이 동독 측은 동서독 간의 사업(교통 및 통신 기반시설)을 다룰 정부 합동 기술위원회를 요구했다. 표현에서 동독은 무엇보다도 외국으로서 주권국가로 표현되는 것을 목표로 하였다. 특히 동독 기업대표가 예를 들면 서독에서의 산업전시회에 "독일민주공화국" 명칭으로 참여하도록 하였다-이는 성과가 있었다. 그러나 법률 형식 수준에서는 소기의 효과가 실현되지 않았다.47)

협상은 동독의 외무부 대표와 서독의 경제부 대표에 의해 진행되었다. 국가 승인 문제로 서독 정부가 동독 정부와 직접 협상을 원치 않았기 때문에, 서독 정부는 동서독 교역 위탁사업단(Treuhandstelle für den

---

47) "Handel als Wegbereiter der Entspannungspolitik", www.bpb.de

Interzonenhandel. TSI)이란 기구를 만들었다. 형식상 독일상공회의소의 산하 기구로 동독과의 협상 중에 이의 대표는 서독 경제부의 지시를 받았다. 동서독 교역 위탁사업단(TSI)은 기능상 사회주의의 대외무역 전담 기구에 해당되었다. 그럼에도 불구하고 개별적인 연방 주 혹은 기업과 거래하려는 동독의 시도를 서독 경제부는 강력하게 막았다.

협정의 주된 내용은 거래할 상품 내역을 매년 합의하기로 한 것이었다. 지급은 독일 연방주 은행(Bank deutscher Länder)[48]과 독일연방은행(베를린) 계좌를 통해 집중적으로 수행되었다. 여기서는 "청산단위"(Verrechnungseinheit. VE)가 지급수단으로 정의되었다. 1 청산단위는 수학적으로는 1 서독 마르크와 1 동독 마르크에 해당되었다. 그러나 합의된 목록 상의 상품 가격이 서독 마르크 환율에 기초하였기 때문에 1 청산단위(VE)는 사실상 1 서독 마르크의 가치와 같았다.

그리고 상품 구입과 공급의 격차가 커지는 것을 막기 위해 청산용 융자제도인 스윙(SWING. Verrechnungskredit)이라 불리는 일종의 대월제도(貸越制度)를 도입하였다. 이 제도는 동독만 이용했으며, 무이자로 이루어졌다. 스윙은 동서독 간의 대금결제의 수단 그 이상이었다. 서독은 이를 정치적 수단으로 사용할 수 있었고, 동독에게는 경제적으로 매우 유용한 제도였다. 서독은 이미 1951년 3천만 VE(청산단위) 규모의 대월을 승인했으며, 이는 1958년까지 단계적으로 2억 VE까지 늘어났다. 서독 정부는 1968년 12월부터 스윙제도를 "연동"시킴으로써 전년 동독 수출의 25%까지 대월이 가능했다. 그 결과, 그때까지 2억 VE였던 대월 한도가 이듬해에는 3억 6천만 VE로 늘어났고,

---

48) 점령기간 중인 1948년 3월 1일 프랑크푸르트 암 마인에 설립된 최초의 서독 중앙은행으로 독일 마르크DM를 발행하였다. 1957년 연방은행(Deutsche Bundesbank)으로 대체되었다.

1975년에는 7억 9천만 VE에 이르렀다. 그러자 1976년에는 다시 8억 5천만 VE로 대월 한도를 고정시키기로 했다.49)

그러나 그 해 말 동서독 간 교역이 서방의 사회주의 국가에 대한 금수조치에 포함되느냐 문제가 제기되었다. 객관적으로는 포함되어야 하지만, 서독 정부는 미국정부의 요청에 대하여 자기들의 입장을 고수하였다. 개념 정의상 금수조치는 대외무역에 해당하는 것이며 국내 교역인 동서독 간의 교역에는 적용될 수 없다는 것이었다. 서독 경제부는 당연히 금수조치 관점에서 동독으로의 물품 인도에 대한 엄격한 감시를 약속하였지만, 의도적으로 준수하지 않았다. 그리고 서독은 동독 상품에 대하여 통상 14%의 부가세를 부과하지 않아서 동독 상품의 서독 내에서의 경쟁력을 보장해주었다.

또한 서독은 관세 및 무역에 관한 일반조약(GATT)에 1951년에 가입하면서 그 가입의정서에 의하여 내국교역으로 인정받았다. 1957년 년 유럽경제공동체(EEC) 창설을 위한 로마조약 체결 시에도 동서독 교역과 관련된 부속합의서 체결로 동서독 교역에 관한 무관세 원칙을 보장받았다.

프랑크푸르트 협정 이후 동서독 간의 교역은 여러 가지 정치적 변수에도 불구하고 꾸준히 증가하였다. 1950년 4억3천만 VE가 1960년에 20억VE를 넘어서고 기본조약이 발효된 이듬해인 1973년에는 56억VE, 1980년 100억VE에 달했다. 서독은 동독의 대외교역에서 소련 다음으로 큰 시장으로 동독은 섬유, 의류, 유리 도자기 등 생산품의 3/4을 서독으로 반출하였으며, 화학 제품이나 철강 등도 50% 이상을 서독으로 공급하였다.50)

---

49) 페터 가이, 앞의 책, P.8.

1960년 9월 동독이 서베를린의 실향민 단체가 조직한 "고향의 날"을 이유로 지구 경계를 몇 일 동안 4폐쇄한 후, 서독 정부는 에어하르트 경제부장관의 뜻에 반하여 프랑크푸르트 협정 후속 협정인 베를린 협정을 1961년 1월 1일부로 폐지한다고 결정하였다. 경제계를 비롯한 대내외의 비판으로 강경론자인 아데나워 총리와 브렌타노(Heinrich von Brentano) 외무장관은 2주일 후에 다른 쪽에 새로운 대화를 제의하지 않을 수 없었다. 1961년 1월 1일부터 동서독 교역은 평소처럼 계속되었다. 이 소동과 1961년 8월 13일 베를린 장벽 설치 후 1963년까지 동서독 교역이 일시적으로 주춤하였지만 이내 이전 수준 이상으로 회복되었다.

이외에 우편, 통신, 언론, 문화예술, 스포츠 등 여러 분야의 교류는 분단시대에도 끊임없이 진행되었다. 서독은 동서독간 우편·통신을 내국 통신으로 해석하고 통신의 자유 보장 차원에서 아무런 제한을 두지 아니하였다. 동서독 기본조약에 대한 연방헌법재판소 결정에서도 이를 분명히 하였다. 즉 기본조약에 따라 기본조약 제7조 제5호에 관한 부속의정서 추후 체결될 동서독간 통신에 관한 합의에서 서독이나 동독 내의 독일인들에게 통신의 비밀보장(기본법 제10조)의 축소나 완화, 또는 의사와 정보의 자유로운 교환에 대한 기본법 제5조에서 예정하지 않고 있는 제한을 하여서는 안 된다고 결정 이유를 제시하였던 것이다.[51]

우편 분야에서는 1970년 4월 29일 "서독과 동독 간의 우편 및 전

---

50) 정형곤, "동서독간 경협 활성화 지원 정책과 시사점", '통일경제 2001. 7/8', (현대경제연구소, 2001), p.24.

51) 법무부, '동서독 교류협력 관련 판례집', p.41 참조

화 교류에서 상호 수행된 활동의 계산과 청산에 관한 합의문"이 작성되었다. 이 합의에서는 서독이 1967년부터 1970년까지 연간 3,000만 마르크(Ausgleichszahlungen. 보상금)를 동독에 지급하기로 하였다. 동서독간 전화 회선은 1970년까지 34회선이었으며 모두 수동식 교환 방식이었으나, 신동방정책 추진과 더불어 개선되어 갔다.

동서독간 상품 교역 (단위: 100만 VE)

연 도	서독 → 동독	동독 → 서독	합 계	무역수지
1949	210	220	430	-10
1950	330	415	745	-85
1952	178	220	399	-42
1954	454	540	904	4
1957	846	817	1,353	46
1960	960	1,122	2,082	-162
1962	853	914	1,767	-61
1966	1,625	1,343	2,970	280
1970	2,415	1,996	4,411	420
1974	3,671	3,252	6,923	413
1978	4,595	3,900	8,475	675
1981	5,575	6,051	11,626	-476
1985	7,903	7,636	15,539	267
1987	7,367	6,646	14,014	720
1989	8,104	7,205	15,309	899

출처: 페터 가이, 앞의 책, p.10 및 법무부, 앞의 책, p.97.

서독은 동서독간 언론 교류를 내국 교류로 보고 아무런 제한조치 없이 언론의 자유를 보장하였다. 동독 언론인들은 기본조약 체결 전인 1950년대부터 서독 내에서 활동이 가능하였다. 반면에 동독은 기본조약 발효 전까지 서독 기자의 동독 주재를 불허하고 필요한 경우에 이들을 초청하였다.

스포츠 분야에서 1964년 도쿄 올림픽까지는 동서독 단일팀을 구성하여 참가하였으나, 1968년 멕시코 올림픽에는 동서독은 각 독자팀으로 출전하였다. 더 나아가 서독은 1969년 서독 내에 실시되는 국제 체육행사에 동독의 국기 게양과 국가 연주를 허용하였으며, 1972년 뮌헨 올림픽에 동독의 개별 참가를 허용하였다.[52]

아무튼 서독은 독일연방공화국 수립과 함께 시작된 분단의 시대를 마감하고 "사실상" 두 개의 국가 체제 시대로 전환하게 된다. 기존의 각종 교류는 양과 질에서 확대되고 강화되게 된다.

---

52) 법무부, '동서독 교류협력 법제 연구', pp.64-70.

제4장 "사실상" 양국 체제 시대

1. 브란트 정부의 출범과 신동방정책

1) 사민당의 동방정책 변화

앞에서 언급하였듯이 냉전이 고착화되면서 동서진영의 대결이 각 진영 내의 경제에 압박에 더하여 피로감을 주게 되고, 쿠바 미사일 위기로 대결이 비현실적임이 드러났다. 각 진영은 내부 관리로 눈을 돌리면서 점차 현상 인정을 전제로 한 동서 해빙의 움직임이 있게 되었다.

이런 흐름 속에 등장한 서독의 에어하르트 총리 정부는 과도기적 역할을 수행하지 못하고 경제위기를 계기로 단명하게 끝났다. 에어하르트 정부에 이은 키징거 정부는 빌리 브란트의 사민당과 대연정을 통하여 경제위기를 극복하면서 과도기적 역할을 수행하게 된다. 키징거 총리는 동유럽 진영과의 화해를 제안하면서도 이와 상충되는 재통일 명제에 기초하여 동독의 국가적 실체를 부인하는 서독의 유일대표권을 주장하였다.

한편 이미 1963년 측근인 에곤 바르가 "접촉을 통한 변화" 강연을 통하여 동유럽과 동독의 현실 인정을 바탕으로 한 사민당 브란트의 신동방정책의 현실적인 의미와 그 방향을 밝혀주었다.

사민당 당기: 자유, 정의, 우애-뭉치면 강해진다
출처: 사민당(www.spd.de)

브란트 정부의 신동방정책에 앞서서 사민당의 동방정책과 독일정책의 변화와 민족 문제에 대한 태도를 살펴볼 필요가 있다.

사민당의 전신인 "독일노동자협회"(ADAV.1863년)와 "사회민주노동자당"(SDAP. 1869년)이 창당되었을 당시는 독일이 아직 통일 전으로 민족주의의 열기 속에서 독일 통일운동이 달아오르던 시기였다. 당시 페르디난트 라살레(Ferdinand Lasalle)가 이끄는 독일노동자협회는 통일에 관하여 오스트리아를 제외한 프로이센 중심의 소독일주의를 지지하고 있었고, 베벨(August Bebel)과 리프크네히트(Wilhelm Liebknecht)가 주도하던 사회민주노동자당은 오스트리아를 포함한 통일 노선인 대독일주의를 지지하고 있었다.

1871년 프랑스와 전쟁에서 승리한 후 프로이센 국왕을 황제로 하는 독일제국 선포 후 그리고 1875년 고타에서 두 정당이 사회주의노동자당(SAP)으로 통합되면서 독일민족 개념은 정치적으로 정리되었다는 것은 앞에서 언급한 그대로다. 그러나 마르크스주의에 기초한 노동운동을 기반으로 하고 프롤레타리아 국제연대를 기본으로 하는 인터내셔널을 주도하면서 세계평화를 주창하고 있던 독일 사민당에게 민족문제는 극복 대상이었다.

사라예보에서 오스트리아 황태자가 세르비아 민족주의자에 의해 피살된 것이 1차 대전의 직접적 원인이 되었듯이 민족문제는 1차 대전 전후의 유럽 평화와 안정을 흔드는 제일 큰 요인이었다. 더구나 앞에서 살펴보았듯이 1860년대 이후 중부유럽을 무대로 한 전쟁은 모두 독일민족 문제와 관련된 전쟁이었다. 이런 역사적 경험에서 사민당은 1925년 하이델베르크 당대회에서 채택한 강령에서 민족문제를 극복하고 유럽 대륙의 이익연대를 얻기 위하여 유럽합중국(Vereinigten Staaten von Europa) 창설 지지를 선언하였다. 그러나 이런 선언이 허구의 민족주의를 내세운 민족사회주의(나치)의 발흥이나 2차 대전을 막아내지는 못하였다.

2차 대전 후 재건된 사민당은 마르크스주의를 견지하면서도 쿠르트 슈마허의 지도 하에 강력한 반공산주의를 내세웠다. 그러나 1954년 슈마허 사후 사민당 내에서는 중립화 통일방안을 주장하는 중립화 평화주의자들의 목소리가 커졌다. 중부 유럽에 비무장 평화지대 설치 제안을 내용으로 하는 1951년에서 1952년까지 4차례에 걸친 스탈린의 평화노트와 1953년 스탈린 사후 내부 권력투쟁에 필요한 시간을 벌기 위한 소

쿠르트 슈마허(Kurt Schmacher)
출처: 프리드리히 에버트 재단(www.fes.de)

련의 평화 공세는 이들의 주장에 힘을 실어주는 듯했다.1) 더욱이 1955년 중립화를 전제로 4강국에 의한 오스트리아 점령이 종료되고 오스트리아의 주권이 회복되자, 이는 서독의 중립화 통일방안을 주장하는 사람들을 고무하였다. 이런 분위기 속에서 1958년 사민당은 서독 연방군의 핵 무장 저지와 서독 내 미군 핵무기 철수를 목표로 한 반핵투쟁에 나섰다.2)

1959년 마르크스주의를 청산한 고데스베르크 강령이 채택되던 해인 1959년 3월 사민당은 헤르베르트 베너(Herbert Wehner)가 중심이 되어 작성한 사민당의 독일 통일방안(Deutschlandplan)을 발표하였다. 이는 중부 유럽에 미국과 소련이 보장하는 비무장, 비핵지대 설치를 전제로 전독일회의(Die gesamtdeutsche Konferenz)-전독일 의회평의회 (gesamtdeutscher parlamentarischer Rat)-제헌의회(verfassunggebenden Nationalversammlung)에 의한 전체 독일의 헌법 제정과 이 헌법에 따른 통일 독일 정부 구성이라는 3단계 통일 방안을 그 내용으로 하고 있었다. 말하자면 중립화를 전제로 국가연합(Konföderation)을 거치는 통일방안이었다.3)

그런데 소련은 평화 공세를 펴는 한편으로 1956년 헝가리와 폴란드의 시민 봉기에 개입하여 무력으로 진압하였으며, 권력투쟁 끝에

---

1) 스탈린의 평화노트와 소련의 평화공세에 관해서는 전종덕/김정로, 앞의 책, p.101 및 pp.123-123 참조.
2) 1958년 서독 연방의회는 서독 내에 미군의 핵무기 배치 동의를 결의하였다. 이 즈음인 1958년 4월 함부르크에서 15만명이 참가한 반핵시위가 있었다.
3) 독일통일방안(Deutschlandplan) 내용에 관해서는 Der Spiegel 16/1959 (1959. 4. 5) 참조.

권력을 장악한 소련의 후르쇼프가 1958년 11월 다음과 같은 내용의 베를린 최후통첩을 발표하였다.

서베를린과 동베를린을 통합하여 동독에 귀속시킨다. 서베를린 시민의 재산권과 자유를 존중하기 위하여 베를린을 자치권을 가진 자유도시로 만들며, 동서독 모두 이 자유도시에 대해 개입하지 않는다. 소련은 향후 6개월간 서방 점령국 3국의 서베를린-서독 지역 간의 군사적 수송을 현 상태로 둘 것이다. 이 기간 중 모든 당사자들이 베를린 문제 해결을 위해 노력해야 한다. 성과가 없다면 소련과 동독이 협약을 통해 준비된 조치를 취할 것이다.[4]

이 문제를 해결하기 위하여 1958년 4강국과 동서독이 옵저버로 참석한 제네바 외무장관 회담이 열렸지만 성과를 만들어내지 못했다. 사실 이는 후르쇼프가 권력을 장악하면서 내놓은 소련의 서방 시험 정책이었다. 이런 위기 고조 속에 사민당이 내놓은 정책안이 바로 앞에서 언급한 비핵지대 설치 법안과 연계된 1959년 3월의 독일통일 방안이었다. 그러나 동서 양진영 간의 접촉이 성과 없이 끝나고 베를린 위기가 고조되어 1961년 소련과 동독은 베를린 장벽을 세워 베를린 봉쇄에 나섰던 것이다. 이는 결과적으로 사민당으로 하여금 중립화 통일방안이 허망한 몽상이었음을 알려준 최후통첩이었다. 그리고 베너, 헬무트 슈미트(Helmut Schmidt)와 함께 사민당의 3두 마차 중 한 사람으로 콘라드 아데나워의 노선인 "대서양주의자", "힘의 우위 정책"과 서독의 서방 통합 지지자이며 사민당의 떠오르는 스타 빌리 브란트는 사민당의 독일계획을 거부했다.

---

4) "Note from the Soviet Foreign Ministry to the American Ambassador at Moscow (Thompson), Regarding Berlin, November 27, 1958", 'Document on Germany 1944-59', digicoll.library.wisc.edu.

이런 사정 속에 그 해 11월 사민당은 집권을 목표로 마르크스주의를 청산하고 경제정책에서 계획경제 대신 사회적 시장경제를 받아들인 고데스베르크 강령을 채택하였다.5) 결국 베너는 1960년 6월 30일 연방의회에서 독일정책을 폐기하고 사민당이 적극적으로 서방통합을 추진하며 동방정책에서 기민련과 공조하겠다고 선언하였다.

1960년 11월 하노버 당대회에서 총리후보로 선출된 브란트 베를린 시장은 이보다 더 나갔다. 그는 서독군의 핵무장에 반대하지만 1958년의 반핵시위와 같은 "반핵투쟁"식 접근방식에도 반대한다고 자기 입장을 밝혔다. 당시 아데나워 정부의 외교정책을 수용하겠다는 뜻을 표명하였다. 그리고 서독은 나토의 보호를 필요로 하며 회원국으로서 의무를 다하겠다고 다짐하였다. 베너는 이 당대회에서 나토가 유럽평화의 보증인임을 인정하고 자유선거가 독일통일의 첫걸음임을 수용한다고 밝혔다.

그러나 1953년 런던 채무회의와 아데나워의 유일대표권 주장 시 서방 3강국이 인정한 독일 국가의 계속성에 관한 사민당의 입장은 분명하지 않았다. 이는 동독의 국가성 인정과 유일대표권, 국적법, 폴란드 체코와의 독일 동부 국경 등 현실적 문제와 특히 유럽 중부에 강국 독일의 등장으로 인한 유럽평화 문제와 직결되는 문제였다. 이런 맥락에서 사민당은 재통일(Wiedervereinigung)이란 용어를 사용하지 않고 변함없이 통합(Einheit)이란 용어를 사용하였다. 재통일이란 1937

---

5) 고데스베르크 강령에서 사민당은 서독의 기본법 준수와 "가능한 만큼의 경쟁, 필요한 만큼의 계획"이라는 명제 하에 사회적 시장경제 수용을 선언했다. 고데스베르크 강령에 관해서는 전종덕/김정로, 앞의 책, pp.117-120 및 전종전/김정로 편역, '독일사회민주당 강령집'(백산서당, 2018), pp.57-77 참조.

년 이전 상태로의 회복을 의미하는 것이다. 이는 앞에서 아데나워의 발언 등에서도 확인할 수 있다. 그는 소련과의 외교관계 정상화에서도 이는 잠정적이라고 밝혔다.

사민당의 이런 입장은 동서독 기본조약 체결 이후에도 변함없이 유지된다. 앞에서도 언급하였듯이 1989년 베를린 장벽이 붕괴된 이후 통일을 불과 몇 달 앞두고 채택된 베를린 선언이나 베를린 강령에서 특히 민족문제는 전체로서 유럽의 평화질서 속에서 극복되어야 한다는 입장을 고수하였다. 그리고 국경과 영토 문제에 대해서는 점령 4강국이 최종결정권을 가지고 있다는 것을 거듭 확인하면서 피해갔다.

이런 불분명한 입장은 모스크바 조약, 바르샤바 조약 등 동방조약과 동서독 기본조약 체결 시에 현실적인 문제로 부각된다.

2) 빌리 브란트의 신동방정책 준비

1961년 8월 13일 동독이 베를린 장벽을 설치하여 서베를린을 고립시키면서 베를린 위기가 고조되던 때에 빌리 브란트는 서베를린 시장이었다. 그는 동독 정권의 행위를 베를린에서 4강국의 지위와 1949년의 4강국 협정 위반으로 규정하였다. 그런 한편으로 2년 뒤에 동독과 베를린통행협정(Passierscheinabkommen)을 체결하여 1963년 크리스마스 때 서베를린 주민이 동베를린의 친지를 방문할 수 있게 하였다. 이 18일 동안 120만 명이 동독을 방문하였다.

당시 브란트와 그의 참모 에곤 바르는 동독 당국을 무시하기보다는 이들과 협상하는 정책을 개발하였다. 장벽에 도전하는 것이 아니라 장벽에 구멍을 내는 전략이었다. 그 결과 이 협정을 끌어낼 수 있었던 것이다.

그런데 1963년 12월 17일 동독과 서베를린 당국이 서명한 이 협정은 분단국가 시대 처음으로 공식문서에 의한 협정으로 독일민주공화국(Deutschen Demokratschen Republik)이란 정식 국명을 사용하고 베를린을 독일민주공화국의 수도(Berlin/Hauptstadt der DDR)로 표기하였다. 물론 이 협정은 1963년 12월 18일부터 1964년 1월 5일까지의 한시적인 것이었지만 1966년까지 3차례 협정 체결이 더 있었으며 1972년 4강국에 의한 통행협정 체결로 상호방문이 일반화될 때까지 합법적인 통행을 보장하던 문서였다.

베를린 장벽이라는 현실에 대한 브란트의 이런 태도는 아직은 수면 하에 있던 그의 신동방정책의 표현이었다. 통행협정 체결 전 바이에른 주 슈타른베르크 호수 가의 투칭의 개신교 아카데미(Evangelische Akademie Tutzing)에서 그의 참모 에곤 바르는 "접촉을 통한 변화"라는 제목의 강연을 통해 신동방정책의 신호탄을 올렸다. 바르는 그의 발제 전에 있었던 브란트의 연설 중 좀 막연하게 말한 부분에 대하여 보충하는 형식으로 강연을 하였다. 이 강연의 요지는 다음과 같다.

통일정책을 가능한 한 선입관에 사로잡히지 않고 새롭게 두루 생각해야 할 때가 되었다. 새로운 통일정책은 베를린 문제가 따로 해결될 수 없을 뿐만 아니라 독일문제가 동서 대립의 일부라는 것에서 출발해야 한다. 소련이 잘 무장된 20 내지 22개 사단으로 보호하고 있는 한 동독 정권은 무너지지 않는다. 따라서 통일의 조건은 소련과 함께 할 때만 창출될 수 있다. 이의 인식이 "분노할 정도로 불편하고 우리의 정서에 반하지만", 이것이 논리적이다. 동시에 이는 소련의 동의 하에 '지구'(Zone)를 변형시켜야 한다.6)

이런 의미에서 통일은 외교 정책 문제로 내독부(Bundesminister für innerdeutsche Beziehungen)가 아닌 외무부가 통일 문제를 담당하고 있다는 건 현실적인 상황과 일치하는 것이다. 그렇다고 해서 동독 인정을 의미하는 것은 아니다.

미국의 평화전략은 공산주의 지배 제거가 아니라 변화다. 즉, 현상을 유지함으로써 궁극적으로 현상 극복에 기여한다는 것이다. 우리 세계가 더 좋다는 사실에 대한 믿음에서 지금까지의 동독 해방 관념으로의 복귀를 생각할 수 있게 하였다.

베를린 장벽 설치 현장을 보고 있는 빌리 브란트 서베를린 시장(1961. 8. 13)
출처: Bildarchiv Preußischer Kulturbesitz/Herbert Fiebig

평화전략을 독일에 적용할 때 첫째 결론은 모두 아니면 무(無)라는 정치를 버리는 것이다. '자유선거 아니면 무', '전체 독일의 자결권 아니면 아니요', '선거 아니면 거부', 이런 모든 것은 비현실적이고 평화전략에서 아무런 쓸모가 없다. 오늘날에 분명한 것은 "통일이란 어느 역

---

6) 여기서 지구(Zone)란 소련 점령지구 즉 동독을 말한다.

사적인 회담에서 역사적인 어느 날 어느 한 역사적인 결의로 한꺼 번에 완성되는 한 번의 행위가 아니라 수많은 발걸음과 수많은 단계를 수반하는 과정이다."다른 쪽의 이익도 역시 인정하고 반영해야 한다는 케네디의 말이 옳다면 소련은 분명 동독이 서구의 역량 강화를 위하여 사용될 수 있도록 빼앗기는 걸 가만두고 볼 수 없다. 동독은 소련의 동의 아래 형상을 바꿔 나가야 한다. 소련의 동의를 얻을 수 있게 된다면 우리는 통일을 향한 큰 걸음을 내디뎠 었다고 할 수 있을 것이다.

우리는 베를린 장벽이 약함의 표시라고 말했다. 그래서 이는 공산정권의 두려움과 자기보전의 표시라고 말할 수 있다. 문제는 정권에 대한 이런 정당한 배려를 통하여 경계선과 장벽이 느슨해질 가능성이 있느냐 여부다. 이는 '접촉을 통한 변화'(Wandel durch Annäherung)라고 간단하게 말할 수 있는 정책이다.[7]

독일문제 즉 독일 통일 문제는 동서진영 대립의 일부로 이 대립에서 떼어내서 해결될 수 있는 문제가 아니라는 것이다. 전체로서 독일과 베를린에 대한 최종결정권을 보유하고 있는 4강국의 하나인 소련이 동독에 대규모 군대를 주둔시키고 있는 현실에서 소련이 승인하지 않는 한 독일 통일은 불가능하다. 현상 인정의 바탕 위에서 상대의 변화도 유도해 나가야 한다는 것이다.

그리고 에곤 바르는 미국 케네디 대통령의 평화정책을 언급하고 있다. 바르는 강연에서 미국의 평화전략을 언급하고 있다. 에곤 바르의 강연이 있기 불과 3주일 전 6월 26일 케네디 미국 대통령이 베를린

---

[7] Egon Bahr, "Wandel durch Annäherung ", www.fes.de; 전종덕/김정로, 앞의 책, pp.134-137 참조.

명예시민증을 받은 베를린 자유대학 학생들과 교수들 앞에서 연설을 했다. 이제 베를린 시민과 독일 정치인은 현실에 주목해야 한다는 취지의 연설이었다. 그는 가정이나 소망이 아니라 현실적으로 문제를 해결하도록 해야 한다고 역설하였다. 동서 베를린과 동서독의 평화적 재통일은 급속히 이루어지지

접촉을 통한 변화(1963. 7. 15): 에곤 바르(Egon Bahr)
출처: 프리드리히 에버트 재단(www.fes.de)

도 않을 것이고 쉽지도 않을 것이다. 우리는 상대가 자신의 진정한 이익이 어디에 있는가에 대해 더 잘 이해하고 알 수 있도록 하는 방향으로 인도해 나가야 할 것이다. 장기적으로 서방의 강한 힘(Stärke)이 현 상황, 즉 철조망으로 조성된 인위적인 경계에 개의치 않고 독일인들의 자유로운 상호왕래가 가능하게 돼 독일민족과 독일국민이 명실 공히 하나가 되는 상태가 반드시 관철되고 말 것이라는 것이었다.8) 베를린 통행협정은 이런 노선의 확인이었고 케네디의 평화전략에 대한 화답이기도 하였던 셈이다.

당시 브란트는 장벽 통과를 가능하게 한 이런 최초의 "작은 걸음"을 통해서 미국 정부의 지지를 받았다. 미국 정부는 일반적으로 서독에게 더 유연할 것을 조언하였다. 반면에 루트비히 에어하르트 총리

---

8) 앞의 책, pp.136-137. 연설문 전문에 관해서는 케네디대통령도서관 (www.jfklibrary.org) 참조.

와 기민련/기사연 측은 이런 시험적인 "동독 탈(脫)고립화 노력에 회의적으로 대응하였다. 이들은 앞으로 동독 정부에 더 많은 양보를 우려했기 때문이다.9)

재정정책을 둘러싸고 자민당과 불화로 기민련/기사연-자민당 연정이 붕괴하면서 사민당의 정부 참여 길이 열렸다. 고데스베르크 강령 채택으로 마르크스주의를 청산하고 미국의 평화정책에 호응하는 브란트를 당수로 하는 사민당의 연정 참여는 문제가 없었다. 당내에 일부 반대가 있었고 당 밖의 비판적 지식인의 반대가 거셌지만,10) 연정 협상을 주도한 베너 등은 연정 참여가 사민당 단독 집권으로 가기 위한 안전한 과정으로 보았다.

키징거를 총리로 하는 사민당과의 대연정11)에서 부총리 겸 외무장관인 브란트는 본격적 가동에 앞서서 신동방정책 이행 조건을 조성하면서 시험 가동하게 된다.

기민련/기사연의 키징거 총리 역시 새로운 시대의 흐름에 맞는 동

---

9) 독일 연방의회, 앞의 책, P.120.

10) 이게 무슨 민주주의냐는 반응이었다. 연방하원 재적의원 518명 중 468명이 여당이고 50석의 자민당만이 야당인 의회에서 어떤 민주주의를 기대할 수 있느냐는 것이었다. 좌파 언론은 이를 "민주주의 원칙을 저버리는 야합"이라 비판하였다. 분노한 학생들과 청년 당원들이 "동지들에 대한 배반과 기만 사민 연합정권 "에 대해 항의하여 본에 있는 사민당 당사를 습격하였고, 경찰과 군인이 배치되어 사민당 당사를 보호하는 사태까지 연출되었다.

11) 헤르베르트 베너가 전독부 장관, 고데스베르크 강령에 계획경제를 청산하고 '가능한 한 시장, 필요한 만큼의 계획(so viel Markt wie möglich, so viel Planung wie nötig)'이라는 명제로 사회적 시장경제를 채택하는 논리를 마련한 칼 쉴러(Karl Schiller)가 경제부장관에 취임하였다.

방정책 변화를 모색하고 있었다. 1966년 12월 13일 그는 총리 취임사에서 자신이 1955년 모스크바를 방문하여 소련과의 외교관계 수립을 강력하게 주장하였던 사람이라는 것을 상기시키면서 소련과의 관계에 관해 말했다. 소련에게 독일 통일 문제는 문제가 될 것임을 알고 있으며 이의 해결이 소련에게 어려워 보일 것이다. 정치적 통찰력과 모든 관련 당사자를 이해하려는 긴 안목에서의 의지에 의해 이런 어려움은 극복될 수 있다. 이것이 키징거 총리의 신념이며, 서독 정부는 이 신념에 기초해서 움직일 것이다. 그리고 국경 문제를 언급하면서 폴란드와의 화해에 대한 강한 희망을 표명하였다. 그리고 환경이 허락한다면 동유럽 국가와 외교관계를 수립하겠다고 하여 기민련/기사연이 종래까지 고수해온 할슈타인 원칙을 바꿀 수도 있다는 의중을 보였다. 동독과의 관계에 관해서는 평화적 합의에 의하여 문제를 해결하겠다는 것이 진정으로 서독이 원하는 것이라고 밝혔다. 동서독의 접촉이 필요하지만 이는 동독의 승인이 아니라고 하면서 그는 동독을 여전히 동독에 대한 서독의 공식적 지칭인 '독일의 다른 부분'(anderer Teil Deutschlands)으로 불렀다.12) 이것이 키징거 총리의 전향적 입장이자 한계였다.

그러나 독일을 둘러싼 국제적 환경의 변화는 서독의 동방정책의 변화를 요구하고 있었다. 블록화의 대체적인 그림이 그려지고 미국에 이어 핵무기를 보유한 소련과 미국이 1960년대에 들어서면서 서로의 영향권을 인정한 바탕에서 즉, 현상유지를 전제로 한 세력 균형을 바탕으로 한 공존, 말하자면 동서화해(데탕트)의 움직임을 본격화

---

12) "Die Regierungserklärung von Kurt Georg Kiesinger", 콘라드 아데나워 재단(www.kas.de) 및 전종덕/김정로 앞의 책, p.153.

하면서 독일문제가 장애로 등장하였다. 유럽 전체의 안전보장 문제와 독일문제는 떼어놓을 수 없는 것이었다. 특히 유럽에서 다자간 데탕트가 추진되기 위해서는 독일 재통일이 실현되든가 두 개의 독일 국가 존재라는 현실이 받아들여지든지 결론이 내려져야 했다. 그리고 소련의 유럽안보협력회의 제의 등은 동독을 주권국가로 인정하는 것을 전제로 한 것이었다. 브란트의 사민당은 "접촉을 통한 변화"에서 이야기하였듯이 소련의 동의와 협력이 없으면 가까운 장래에 독일 통일은 실현될 가능성이 극히 적다는 결론 하에 동독의 국가적 실체를 인정하는 입장에서 신동방정책의 틀을 짜고 이를 실현하고자 하였다.

브란트는 외무장관 자격으로 동독을 독일민주공화국이라는 정식 국명으로 호칭하였다. 그리고 소련의 유럽에서 다자간 안보협력 회의 제안에 대한 대응하여 1968년 6월 24-25일에 아이슬란드의 레이캬비크에서 열린 나토 외무장관회의 공동성명, 일명 레이캬비크 시그널(Reykjavik Signal)인 "상호 그리고 균형 있는 군비감축 선언"(Declaration on Mutual and Balanced Force Reduction)을 승인하면서 브란트 외무장관은 "독일의 다른 부분"을 어떤 단계에서 참여시켜야 한다는 것을 인정하고 "상호 그리고 균형 있는 병력 감축 선언"을 수락한다고 말했다. 이 공동성명은 회원국이 동·서 관계 개선에 적극적인 역할을 하여야 한다고 선언하였다. 또한 회원국 외무장관은 동맹 테두리 안에서 유럽 내에서 정당하고 안정된 질서를 성취하고, 독일의 분단을 극복하며 유럽의 안전을 향상시키기 위한 적절한 정책의 집중적인 검토가 커다란 가치를 지니며 계속되어야 한다는 결론을 내리면서도 독일민주공화국을 승인하지 않는다는 것을 명시하였다. 소련의 다자간 안보협력 제의에 응하겠다는 입장에서 장기적으로 관계개선 확

대 전망이 긍정적이지만 일반적인 데탕트로의 급진전에 대한 가능성이 과대 평가되어서는 안된다고 밝혔다.13)

여기에 1965년 5월 중립국인 핀란드의 케코넨 대통령이 유럽안보협력회의와 모든 예비회담을 주관할 의지가 있다는 제의를 하였고 이에 대하여 브란트는 긍정적인 입장을 표명하였다. 소련이 제안을 계속해온 유럽안보협력회의는 동독의 대등한 참여를 전제로 한 것이었다. 대등한 참여란 1955년 소련과 동독 간의 조약에서 밝힌 대로 주권국가로서 동독의 참여인 것이다.

브란트의 새로운 동방정책과 관련하여 이런 사전 조건 조성 작업이 대체로 정리되는 시점인 1969년 브란트 총리의 사민당-자민당 연립정부가 출범하여 신동방정책 실현에 나섰다.

3) 신동방정책

1969년 9월 28일 총선에서 기민련/기사연은 지난 총선보다 2.23% 보다 줄어든 46.6%를 득표하였고 사민당은 3.9% 증가한 44.0%를 득표하였다. 자민당은 3.1%나 줄어든 4.8%를 득표하였다. 앞에서 언급하였듯이 자민당은 1967년 숄베르 정책보고서를 통하여 동방정책 노선이 사민당의 정책에 접근하였고 대연정 기간 동안 연정을 위한 접촉한 결과 비교적 수월하게 사민당-자민당 연정에 합의하면서 브란트 총리의 연립정부가 탄생하게 되었다.

---

13) 나토 홈페이지(www.nato.int)

사민당 1969년 총선 포스터(우리는 현대적인 독일을 만든다)
출처: www.fes.de

1969년 10월 28일 브란트는 총리는 연방의회에서 가진 취임 연설을 통해서 신동방정책의 개시를 알렸다. 그는 2차 대전과 히틀러 정권으로 인하여 야기된 문제는 유럽 평화질서 내에서만 해결될 수 있다. 그리고 독일인도 자결권을 가지고 있다는 것이 부인될 수 없다. 앞으로의 정치적 과제를 양 독 간의 긴장을 해소하여 민족의 일체성을 유지하는 것이다. 독일인은 언어와 그리고 영욕의 역사로 이어져 있을 뿐만 아니라 모두의 고향이다. 그래서 독일과 유럽에 대한 공동의 과제를 가지고 있으며 책임을 공유하고 있는 것이다. 이어서 그는 "다른 쪽 독일" 등의 표현 대신 동독의 정식 국호인 "독일민주공화국"(Deutsche Demokratische Republik: DDR)이란 칭호를 사용하여 독일연방공화국과 독일민주공화국이 수립된 지 20년이 지난 지금 신정부는 독일민족의 또 다른 분열을 막고 상호 협력을 추구할 것이라고 말했다.

그리고 브란트 총리는 신정부는 1966년 12월 당시의 키징거 총리와 정부가 발의한 정책을 계승하여 다시 협상할 것을 "독일민주공화국" 각료회의에 제안하였다. 정부 수준의 협상을 통하여 조약에 의해 합의된 협력으로 발전할 수 있다. 그렇지만 서독 정부에 의한 "독일민주공화국"의 국제법상 승인은 고려될 수 없고 독일에 "두 개의 국가"(zwei Staaten in Deutschland)가 존재한다 할지라도 양 국의 관계는 서로 외국이 아닌 특수한 관계다. 말하자면, "1민족 2국가"론을 밝히고 있는 것이다. 연설 중 이 부분에서 기민련/기사연 의원 쪽은 소란스러웠다. 2개의 국가를 받아들이기 어렵다는 반응이었다. 당시 동독은 "1민족 2체제 2국가론"을 주장하고 있었으며 1968년 개정 헌법에서 이를 명시하고 있었다. 즉, 동독은 자신을 "독일민족의 사회주의국가"(sozialistischer Staat deutscher Nation)로 규정하고 있었다. 반면에 지금까지 보수 정권 하에서 서독은 말하자면 1민족 1국가론을 고집하고 있었던 것이다.

그러나 사민당은 동독의 국가 승인 문제에 관해서는 여전히 유보적인 태도를 취했다. 즉, 선거강령에서 "독일사회주의통일당(SED)과 독일민주공화국(DDR)의 지도부가 독일 관계의 정상화에 관한 구체적인 행동을 아직 한 번도 시도하지 않은 사실과 관련하여, 독일민주공화국(DDR)정부의 승인 요구는 동서독 관계의 규범화에 건설적인 기여도 할 수 없을 것"이라는 것이다. 그면서도 "서로 외국이 아닌 독일 양 부분의 규범적인 교류를 보장하는 포괄적 협정 추구"를 정책으로 내세우고 있다.

이어서 브란트 총리는 전임 총리의 정책에 따라 '독일민주공화국'에 무력 사용이나 이의 위협을 포기하는 구속력 있는 협정을 체결할 의지가 있음을 선언하고, 4강국의 특별한 책임 하에 있는 베를린의 상황을 개선하기 위하여 미국, 영국, 프랑스가 소련과 협의를 계속해 줄 것을 요청하였다. 그리고 베를린의 특별한 지위는 유지되어야 한다고

했다. 즉, 4강국의 특권을 인정한다는 내용이기도 하다.

신정부는 무력의 사용이나 사용 위협을 상호 포기하는 구속력 있는 협정 체결을 위하여 노력할 것이다. 이는 '독일민주공화국'에도 해당된다. 국경을 맞대고 있는 체코슬로바키아와는 과거를 넘어서 협정을 체결할 준비가 되어 있다. 그리고 무력포기 정책에는 각국의 영토권 존중이 포함되어 있다. 예민한 영토 문제에서 현상을 유지하겠다는 입장을 밝힌 것이다.[14]

그러면서 브란트 총리는 과거 정부와 마찬가지로 서독의 안보를 나토의 틀 내에서 그리고 미국과의 유대 속에서 추구할 것임을 확인하였다. 나토의 결속은 유럽에서 긴장완화의 전제조건이며, 신정부가 고려하고 있는 두 방향의 안보정책은 동시에 그리고 대등한 군비축소와 군비통제의 지속적 노력이나 충분한 독일연방공화국 안전보장이다. 서독은 안보정책이 균형과 평화유지라고 이해하고 있다고 말했다.

신정부 출범 후 불과 2달 만인 1970년 1월에 브란트 정부는 새로운 동방정책 실천에 나섰다. 서독과 소련, 동독, 폴란드 및 체코슬로바키아와의 협상을 동시에 진행하였다. 그리고 이는 미국과 소련 간의 전략무기통제협정 추진, 4강국의 서베를린 협상 등이 전체적인 유럽의 데탕트 구조 속에서 한 패키지로 추진되었다.

우선 새로운 동방정책에서 체결되는 모든 조약의 서론이 되는 소련과의 협상에 들어갔다. 소련과 대화의 첫 성과는 1970년 1월 소련과 서독 업계 간의 가스공급협정이었다. 1970년 1월 에곤 바르가 소련 상대와 협상에 들어갔다. 이 결과 2월에 서방 3강국이 베를린에 관한

---

14) 브란트 총리의 취임연설(Regierungserklärung) 내용 관해서는 프리드리히 에버트 재단(www.fes.de) 및 전종덕/김정로, 앞의 책, pp.170-171, pp.183-185 참조.

소련의 4자 회담 제안을 받아들인다는 것이 발표되었다. 이 무렵인 1970년 3월 7일 브란트 총리가 분단 후 처음으로 동독 지역인 에어푸르트를 방문하여 동독의 슈토프 각료회의 의장과 회담을 가지는 신동방정책의 상징이 되는 이벤트가 하나 있었다.

1970년 5월 바르는 그로미코(Andrei Andreyevich Gromyko)와의 그동안의 회담을 통하여 서독과 소련간 조약(모스크바조약) 초안을 마련하였다. 7월 들어서 셸 외무장관과 그로미코 장관 간에 마지막 협상이 있었다. 역시 쌍방 간에 이견이 있었다. 서독은 독일 통일 문제, 서베를린 통행 자유 보장에 대한 소련의 확답을 받으려고 하였고, 소련은 동독과 폴란드의 현 국경선인 오데르-나이쎄 선을 포함한 동유럽국경선 인정과 서독의 동독 승인을 서독으로부터 확답 받고자 했다. 대체로 이 점은 타결을 보게 된다.

그리고 8월 6일 서독 정부는 다음 내용의 "독일 통일에 관한 서한"을 보냈다. "…독일연방공화국은 이 조약이 독일 국민의 자유로운 자결권 행사에 의해 통일을 다시 달성하여 유럽의 평화를 달성하려는 독일연방공화국의 정치적 목표와 모순되지 않는다는 것을 선언한다."15) 그리고 서한은 조약에 첨부되었다. 말하자면 서독은 이 조약에도 불구하고 통일 정책을 계속 추구하겠다는 것이다. 이 서한이 조약 부속 문서로 첨부되었다는 것은 국내에서 분단 현실을 인정하고 통일 목표를 포기했다는 비난 방패용으로 활용된다. 이 서한을 소련이 받아들였다는 것이다. 원래 그런 목적의 서한이었을 것이다.

---

15) "독일통일에 관한 서신"(Brief zur deutschen Einheit), '독일정책 10년'(Zehn Jahre Deutschlandpolitik), (독일 내독부(Bundesministerium für innerdeutsche Beziehungen), 1980)

모스크바 조약 서명(1970. 8. 12): 알렉세이 코시긴 소련 각료회의 의장, 아드레이 그로미코 소련 외무장관, 빌리 브란트 서독 총리
출처: www.bild.bundesarchiv.de

아무튼 이런 과정을 거쳐 그 해 8월 12일 모스크바의 크레믈린 궁에서 "독일연방공화국과 사회주의소베에트공화국연방 간의 조약"(Vertrag zwischen der Bundesrepublik Deutschland und der Union der Sozialistischen Sowjetrepubliken. 모스크바조약)에 브란트 서독 총리와 코시긴(Aleksey Kosigin) 소련 각료회의 의장이 서명하고 셸 서독 외무장관과 그로미코(Andrei Gromyko) 소련 외무장관이 부서했다.

모스크바조약은 전문과 5개 조항의 짧은 조약이지만 브란트 정부의 신동방정책과 소련이 요구해오던 내용의 기본을 모두 수용하고 있었다. 즉, 국제평화와 화해 도모가 목적임을 밝히고, 모든 유럽 국가와 정치적 관계를 발전시키며 현 상황에서 진전시키기로 한다고 1조에 규정하고 있다. 서독은 현상 유지를 바탕으로 유럽 모든 국가와 관계를 수립하겠다는 것에 동의한 것이다. 그리고 2조에서 무력 위협 및 무력사용 포기를 규정하고 있다. 3조에서는 유럽 모든 국가의 영토 보전을 존중하고, 현재는 물론 장래에도 영토 주장을 하지 않을 것이며,

폴란드의 서부 국경이며 동서독 간의 국경인 오데르-나이쎄 선을 포함 모든 유럽의 현 국경선의 불가침 선언에 합의하였다. 동독 국가승인 문제는 명시적으로 표현하고 있지 않지만 그 동안 소련이 요구해 온 무력사용 포기, 2차 대전 후에 형성된 동유럽의 현 국경선 인정 등을 거의 모두 수용하였다.16) 현재의 상황을 모두 인정한 것이다. 결론적으로 모스크바조약은 서독과 소련, 양국 간의 조약에 그친 것이 아니고 새로운 동방정책을 여는 큰 대문이다. 이는 에곤 바르의 노트(10-Punkte-Absichtserklärung)라는 이름으로 일부 알려졌지만 공식적인 조약 공개에 앞서서 그로미코와 바르 간의 협상에서 합의된 것으로 양자 간에 비밀로 유지된 내용을 보면 알 수 있다. 1970년 5월 20일자의 10개 항의 노트의 중요 내용은 다음과 같다:

서독과 소련은 현행 국경선을 건드리지 않는 경우에만 유럽의 평화가 유지된다는 데 합의하고, 현 국경선 내의 유럽의 모든 국가의 영토권을 완전히 존중하기로 한다. 현재나 장래에 영유권을 주장하지 않기로 선언하고 폴란드인민공화국의 서부 국경이며 독일연방공화국과 독일민주공화국 간의 국경인 오데르-나이쎄 선을 포함한 유럽 모든 국가의 국경이 현재 및 장래에 불가침이라고 본다.

서독과 소련 간에 체결될 조약은 서독과 다른 사회주의 국가 특히, 독일민주공화국, 폴란드인민공화국, 체코슬로바키아사회주의공화국과 체결될 조약과 '통일적 전체'(einheitliches Ganzes)가 되는 것을 합의한 것이었다. 말하자면 패키지였다.

서독은 독일민주공화국과 조약을 체결할 용의가 있음을 선언하고,

---

16) "Vertrag zwischen der Bundesrepublik Deutschland und der Union der Sozialistischen Sowjetrepubliken"["Moskauer Vertrag"]; www.document-archiv.de.

이 관계는 완전한 평등, 비차별, 각자의 국경 내의 권한에 영향을 주는 문제에 관하여 양국의 독립 존중을 기초로 할 것이다. 체코슬로바키아와의 협상에서는 1938년 뮌헨협정의 무효와 관련된 문제를 상호 받아들일 수 있는 방법으로 해결되어야 한다는 것을 서독과 소련은 합의한다. 그리고 소련이 제안한 유럽안보회의 계획을 양국이 환영한다.[17]

서독은 독일 통일 문제, 서베를린 통행 자유 보장에 대한 소련의 확답을 받으려고 하였고, 소련은 동독과 폴란드의 현 국경선인 오데르-나이쎄 선을 포함한 동유럽국경선 인정과 서독의 동독 국가승인 즉 현상 유지를 서독으로부터 확답 받고자 했다. 이 노트 내용에 따르면 이 요구는 타협을 보아 새로운 동방정책의 기본에 합의한 것이다. 이제 새로운 동방정책의 빗장은 벗겨졌다. 다른 모든 협상은 탄력을 받게 되었다. 베를린 4강국 회담과 미국과 소련 간의 전략무기제한 협상도 이 흐름에 따라 순조롭게 진행되었다.

그리고 미국은 서독과 소련 간의 조약 체결에 관한 서독정부의 서신에 대한 1970년 8월 7일자 각서를 통하여 이 조약이 전체로서 독일과 베를린에 관한 4강국의 권리와 책임이 이 조약을 포함하여 양국간의 어떤 쌍무조약에 의해서도 영향 받지 않는다는 것을 전제로 서독과 소련 간의 조약의 내용을 전폭적으로 인정한다고 밝혔다.[18]

소련과 무력포기와 동유럽의 현행 국경선 인정에 합의함으로써 폴란드와 체코슬로바키아와 독일연방공화국 간의 협상은 별 무리 없이

---

[17] 1970년 5월 20일 빌트(Das Bild)는 소위 "바르 문건" 보도로 발행인 등이 공공비밀 및 비밀유지 의무 위반 협의로 본 지방법원에 기소되었다.

[18] 최창동, 앞의 책, p.77.

진행되었다.

폴란드와의 조약은 전문에서 "2차 대전 전쟁의 첫 희생자는 폴란드이며 전쟁은 유럽인에게 엄청난 고통을 가져다주었다"고 한 뒤 독일과 폴란드의 초미의 관심사인 국경 문제에 관해서 "현재의 경계선 내에서 유럽의 모든 국가의 국경의 불가침성, 영토의 완전성 및 주권 존중을 인식하고서"라고 선언하고 제1조 1항에서 1945년 8월 2일 포츠담 협정 IX장에 따른 현행 경계선이 폴란드인민공화국의 서쪽 국경선임을 확인하고, 2항에서 현 국경선에 대한 현재 및 장래의 불가침성을 확인하면서 3항에서 영토권을 제기하지 않을 것임을 언명하였다. 소련과의 조약과 마찬가지로 5개조항의 짧은 조약에서 폴란드와 관계에서 핵심인 독일 동부 즉 폴란드의 서부 국경선 즉 오데르-나이쎄 선 인정을 전문과 본문에서 거듭 확인하였던 것이다.[19]

폴란드와 조약 서명은 1970년 12월 7일 폴란드의 바르샤바에서 있었다. 이 때 세계를 깜짝 놀라게 한 사건이 있었다. 브란트의 새로운 동방정책의 예정에 없던 또 다른 이벤트였다. 바로 바르샤바의 과거 유대인 강제거주지에서 봉기기념탑[20] 앞에서 브란트 총리가 무릎

---

19) "Vertrag zwischen der Bundesrepublik Deutschland und der Volksrepublik Polen über die Grundlagen der Normalisierun ihrer gegenseitigen Beziehungen", www.documentarchiv.de. 조약의 상대는 과거의 폴란드가 아닌 현재의 폴란드인민공화국이다. 현 국경선이란 과거 폴란드의 국경선이 아닌 현 폴란드인민공화국의 국경선이란 의미다. 협상 당시에 또 하나의 문제는 과거 독일제국의 동부 내에 거주하는 독일제국의 동부 영토로부터 독일인 내지는 독일계 주민의 재정착에 관한 것이었다. 1975년 비로소 만족스런 타결을 보았다. 서독이 폴란드에 10억 마르크의 차관을 제공한 후 이들은 약 125,000명이 떠날 수 있었다.

20) 바르샤바 게토 봉기는 1943년 4월 19일 독일군과 경찰이 남은 거주자를

을 꿇은 사건(Kniefall in Warschau)이었다. 이를 독일 사민당은 이렇게 적고 있다. "흐린 날씨였다. 브란트 총리가 바르샤바 봉기 희생자 기념 제단에 도착하였다. 텔레비전 카메라가 모든 걸음을 따라갔다. 브란트 총리가 꽃다발을 올렸다. 그리고는 총리가 갑자기 무릎을 꿇었다 – 갑작스런 행동으로 바로 옆의 수행자들도

바르샤바에서 유대인 봉기기념탑 앞에서 무릎 꿇은 브란트(Kniefall in in Warschau. 1970. 12. 7)
출처: 독일 사민당(www.150-jahre-spd.de)

예상하지 못하던 일이었다. 나중에 브란트 총리는 측근인 에곤 바르에게 꽃다발로는 충분하지 못하다고 느꼈다고 말했다." 브란트 총리가 우중충한 날씨 속에 무릎을 꿇고 있는 이 흑백 사진은 전 세계를 감동시켰다.21)

추방하기 위하여 게토에 진입한 후 시작되었다. 1943년 5월 16일까지 독일은 봉기를 진압하였다. 이 기간 중에 56,000여 명의 유대인들이 체포되었고 약 7천명이 살해되었다. 이외에 7천 명 정도의 바르샤바 유대인들이 트레블린카 죽음의 수용소로 이송되어 대부분이 도착 즉시 가스실에서 살해되었다; 미국 홀로코스트 기념박물관(United States Holocaust Memorial Museum. www.ushmm.org)

21) 사민당 150주년 기념 홈페이지(www.150 jahre spd.de)

체코슬로바키아와 협상은 1970년 10월에 협상이 시작되었지만 브란트 총리 불신임 문제 등 다른 급박한 사안에 밀려서 1973년 2월에 들어서서 본격적인 협상에 들어가서 1973년 12월 11일에 정식으로 조인되었다. 서독과 체코 간의 관계 정상화의 핵심 역시 영토와 국경에 관한 것이었다. 1938년 9월 28일 히틀러의 무력시위 하에 주데텐 할양을 내용으로 한 뮌헨협정(Münchener Abkommen)[22] 무효화와 영토 보전 및 국경선에 대한 확약이었다. 프라하조약 역시 6개조의 짧은 조약이었지만 그 동안 체코슬로바키아가 요구해온 내용을 서독이 모두 수용하고 이를 명문화한 것이다. 먼저 전문에서 "뮌헨협정은 1938년 9월 29일 나치 정권의 협박 하에 강요된 것으로 인식"한다고 선언하고 1조에서 뮌헨조약을 무효라고 간주한다고 규정하였으며, 3조에서 모스크바조약, 바르샤바조약과 마찬가지로 무력 사용 위협이나 무력 사용 포기를 규정하고, 4조에서 국경의 불가침성, 무조건적인 영토적 완전성 존중과 현재 및 장래에 영토권 주장을 하지 않겠다는 것을 명백히 한다고 규정하고 있다. 그리고 서독 국내에서 논란이 되었던 뮌헨협정 무효에 따라 점령 기간 중의 독일인들의 법률행위 무효를

---

[22] 1939년 9월 히틀러는 '생활공간'(Lebensraum)을 요구하면서 체코슬로바키아 국경에 병력을 배치하였다(뮌헨 위기). 이탈리아와 영국이 중재하여 전쟁은 막았다. 9월 29일 뮌헨에서 히틀러, 이탈리아의 무솔리니, 영국의 네빌 체임벌린(Arthur Neville Chamberlain) 총리, 프랑스의 에두아르 달라디에(Édouard Daladier) 총리가 만나 체코슬로바키아에게 강요하여 독일계 주민이 거주하는 주데텐을 독일에게 할양하는 조약을 체결하도록 하였다. 체임벌린은 평화가 구출되었다고 선언하였고 많은 유럽 사람들이 감격했다(뮌헨 평화). 그러나 6개월 뒤인 1939년 3월 15일 독일군이 프라하에 입성하였다.

주장하는 체코슬로바키아의 요구에 대한 타협을 보아 프라하 조약 2조에서는 독일 점령 기간인 1938년 9월 30일-1945년 5월 9일 기간 중의 주데텐 지역에서의 독일 국적의 자연인과 법인의 법률 행위에 영향을 주지 않는다고 규정하여 이 기간 중 독일 법률에 의한 행위가 유효하다는 것을 규정하여 각종 혼란을 막았다.[23]

새로운 동방정책의 기본이 되는 모스크바 조약을 비롯하여 바르샤바 조약, 프라하 조약이 마무리되면서 이제 동서독 관계에 관한 협상만 남았다.

4) 동서독 기본조약

브란트 총리 정부의 본격적인 신동방정책 개시에 앞서서 1969년 12월 동독의 울브리히트 국가평의회 의장이 서독의 하이네만 대통령에게 "평화공존 원칙에 따라" "두 개의 독일 국가 간의 선린관계 형성과 평화공존"은 "일반적으로 수용되는 국제법 규범에 기초"한 관계 수립이 필요하다는 서신과 함께 "외교관계를 기본으로 한 기본 관계 수립"을 위한 조약 초안을 보내왔다. 이에 대하여 하이네만 대통령은 상호 무력 사용 포기와 인도주의적 원조를 위한 협상을 하자고 제의하면서 에곤 바르를 대표로 지명하였다.

1970년 2월 브란트 총리의 동독 방문과 빌리 슈토프(Willi Stoph) 동

---

[23] "Vertrag über die gegenseitigen Beziehungen zwischen der Bundesrepublik Deutschland und der Tschechoslowakischen Sozialistischen Republk", www.documentarchiv.de

독 총리의 서독 방문은 이에 따른 답방 형식의 것이었다. 브란트 총리의 동독 방문에 대하여 울브리히트는 서베를린을 경유하지 말고 오라고 요청하였다. 서베를린은 서독의 영토가 아니며, 베를린은 동독의 수도라는 것이다. 초청장은 에곤 바르가 소련과의 협상을 위하여 모스크바를 방문하

동독 에어푸르트를 방문한 브란트를 환호를 보내는 동독 시민(1970. 3. 17)
출처: Bundesarchiv(www.bild.de)

고 베를린에 관한 4강국의 회담이 시작된 직후였다. 1970년 3월 19일 브란트 총리의 동독 에어푸르트 방문은 새로운 동방정책 최초의 이벤트였다. 당시 브란트 총리 숙소 주변에서 많은 동독 주민들이 빌리를 환호하였다.

에어푸르트는 1891년 당대회에서 사회주의노동자당이 사회민주당으로 당명을 바꾸고 에어푸르트 강령을 채택한 사민당의 역사적인 장소였다. 그리고 나치 치하에서 독일 진보 진영 인사들이 처형되거나 수감되어 고통을 겪은 부헨발트 수용소가 있는 곳이다. 여기서 브란트의 빌리 슈토프 동독 총리와 2차례 회담을 가졌다. 동독은 이 회담을 두 개의 독일 국가 간의 공식 회담이라는 입장에서 슈토프는 외무장관을 대동하고 회담에 임했다. 반면에 서독은 독일 국가 내부의 문제라는 입장에서 내독부 장관이 함께 참석하였다.

회담에서 슈토프는 분단 이후 서독이 동독을 가난하게 하여 그 손

해가 1천억 마르크에 달한다고 주장하였다. 브란트 총리는 서독이 무력에 의한 통일 의사가 없다는 것을 강조하면서 동독의 주권에 위협을 가하는 행동은 하지 않겠다고 밝혔다.

서독 카셀에서 빌리 브란트와 동독의 빌리 슈토프의 만남을 반대하는 서독 시민(1970. 5. 21)
출처: bundesarchiv(www.bild.de)

이어서 5월 21일 서독의 카셀에서 2차 정상회담이 열렸다. 슈토프는 1871년 프로이센-프랑스 전쟁에서 항복한 나폴레옹 3세가 포로 생활을 한 슐로스호텔(Schlosshotel)에 머물면서 회담을 가졌다. 밖에서는 극좌파와 극우파의 시위가 있었다.

여기서 브란트 총리는 독일정책 20개 항을 제의하였고 슈토프는 동독에 대한 전면적인 국가 승인을 회담의 전제조건으로 내세웠다. 이처럼 카셀 회담은 쌍방의 입장만 제시한 것으로 끝났다. 그리고 슈토프의 주장은 1969년 12월 동독의 실권자인 울브리히트(Walter Ulbricht) 국가평의회 의장의 조약 초안 내용을 답습한 것이었다.

브란트 총리가 제시한 20개 항은 5월 20일 서독 각의에서 결정된 내용이었다. 이 내용은 다음과 같다; ① 독일연방공화국과 독일민주공화국은 독일 내의 두 개의 국가 간의 관계를 규율하는 조약을 체결한다; ② 조약은 헌법에 정한 형식으로 양 국 입법기관에 제출하여 동의를 받는다; ③ 양측은 인권, 평등, 평화공존을 기초로 관계를 정립한다; ④ 무력 사용 위협이나 무력 사용을 포기하고 양 측간의 모든 문제는 평화적인 수단으로 해결한다; ⑤ 양국의 국내적 주권을 존중한다; ⑥

어느 쪽도 상대를 대표하지 않는다; ⑦ 조약 당사자는 독일 영토 내에서 다시 전쟁이 일어나서는 안 된다는 것을 명백히 한다; ⑧ 양 국민의 평화공존을 파괴하는 일체 행위를 자제할 것을 약속한다; ⑨ 유럽의 안전보장을 위한 군축과 무기 통제를 위하여 모든 노력을 기울일 것을 재확인한다; ⑩ 같은 민족에 속한다는 것을 서로 인식한 독일인에 의한 조약이다; ⑪ 베를린과 전체로서 독일에 대하여 특별한 권리를 가지는 4강국 각각의 권리에는 영향을 주지 않는다; ⑫ 베를린과 독일에 관한 4강국의 합의는 존중될 것이며, 동시에 서베를린과 서독 간의 유대에도 적용된다. 베를린 상황을 정상화하려는 4강국의 노력을 지원하여야 한다; ⑬ 양 측의 법률 간의 충돌로 인한 국민의 불이익이 없도록 하고, 주권은 각자의 영역 내로 한정된다; ⑭ 이동을 확대하고 임시이주 목적 달성에 노력한다; ⑮ 이산가족 문제 해결이 모색될 것이다; ⑯ 경계선을 같이 하는 지방에서 발생하는 문제를 해결할 것이다; ⑰ 각 분야의 협력을 확대할 것이다; ⑱ 교역은 더 확대될 것이다; ⑲ 양측은 장관급 특명전권대사를 임명하고 상주대표부를 설치한다; ⑳ 국제기구 가입과 협력을 조절하기 필요한 대책을 강구한다.[24]

브란트 총리가 제시한 20개 항의 내용은 외교적 승인을 제외하고는 대부분 동독이 주장해오던 것으로 이후의 협상을 통하여 기본조약에 수용된다. 그러나 카셀 회담은 별 진전 없이 끝났다. 이후 동독 내부 사정 등으로 10월까지는 소강상태에 빠졌다. 그 사이에 서독과 소련 간의 모스크바조약은 서명까지 이루어졌다.

---

[24] "20 Punkte zur Deutschlandpolitik", 'Ost-und Deutschlandpolitik', (www.fes.de, 1970)

문제는 울브리히트를 비롯한 동독의 기존 집권 세력이었다. 동서독 기본조약을 둘러싸고 서독에서도 1972년 가을 냉전시대의 기득권 세력인 보수 정치세력의 브란트 총리 불신임안 제출, 부결, 그리고 총선에서 사민당-자민당 연립 정부 세력 승리 등의 정치적 소용돌이가 있었듯이 동독 역시 공산주의 보수세력의 데탕트 거부 움직임이 있었다. 이들은 동독판 냉전 세력인 셈이다. 이들에게 동서공존이란 세력의 기반을 무너뜨리는 상황의 전개였다. 브란트 총리 집권 후의 신동방정책의 공세에 대하여 울브리히트 등은 재통일 주장을 반복하면서 국가연합 통일론을 되풀이하였다. 동서독 정상회담의 물꼬를 튼 울브리히트가 서독의 하이네만 대통령에게 보낸 외교관계를 기본으로 한 기본관계 수립 요구 서한은 바로 이런 맥락에서의 공세였던 것이다. 모스크바 조약의 급진전 등 이후의 사태 진전은 이들의 예상을 앞서 나가면서 이들이 장애물로 등장하였다. 일종의 독자노선 경향까지 보였다.

소련이 작용하였는지 급기야 동독 사회주의통일당(SED) 정치국은 1971년 1월 21일 소련공산당 서기장 브레즈네프 앞으로 발터 울브리히트 퇴진을 지원해달라는 서신을 보냈다. 이들은 경제와 대외정책에서의 그의 과오를 지적하면서 그의 사퇴가 필요하다고 주장하였다.

1970년 중반 이후 울브리히트는 동독의 실제 상황과 맞지 않는 문제를 끊임없이 제기하여 왔으며, 정치국은 국내 문제와 복잡한 대외정책 문제가 당의 완전한 주의와 힘을 요구하고 있는 시점에서 당의 정치적, 조직적 지도력의 약화를 우려하고 있다는 것이었다. 그런데도 울브리히트는 정치국에게 초미의 과제 해결이라는 구체적 작업을 방해하는 토론 참여를 지속적으로 강요하여 왔다. 정치국은 1970년 9월 8일 모스크바에서 이루어진 협약을 완전하고도 지속적으로 이행하려는 노력을 기울여왔다. 이에 따라 독일민주공화국의 상황을 안정시키기 위하여 1970년 9월 8일 이미 근본적인 결정을 내렸다. 그러나 울브리히트는 정치국 외부에서 많은 대중들 앞에서 이 결정을 반대하는 발언을 거듭하여 왔다. 제14차 중앙위원회(1970년 12월 9-11일)의 국내 발전과 이에 따른 목표 평가 승인 폐막사에서 울브리히트는 당의 노선과 다른 논조의 발언을 하여 정치국은 이의 공개를 막았다. 이런 일이 반복되고 있다고 주장하였다.

특히 그는 독일연방공화국에 대한 당의 정책에 관하여 독자적인 노선을 추구하고 있다. 이는 소련 공산당과 동독 사회주의통일당 간에 조율된 행동의 신뢰 있는 행보 및 독일연방공화국과의 합의 사항을 끊임없이 방해하는 행위다. 이런 의견의 차이는 서방에도 알려졌다. 이는 78세라는 인간적, 신체적 문제이기도 하다.

자신의 무오류성에 대한 감정에 이끌린 발터 울브리히트가 사회주의 우방공동체 내 다른 정당이 제시하지 못하는 미래의 10년에 대한 정치적으로 다른 예측들을 2000년까지 내놓겠다는 경향을 점점 더 드러내 놓고 있다 울브리히트가 자신을 마르크스, 엥겔스, 그리고 레닌과 동렬에 서고 싶어 한다는 것이 분명해지고 있고 여러 분야에서 마르크스-레닌주의의 '창조적 발전'을 자신의 최대 과업으로 보고 있다.

많은 노력을 기울여왔지만, 이 문제 해결에는 빠른 시일 내에 사회주의통일당 제1서기 직과 동독 국가평의회 의장직을 분리하고 울브리히트를 국가평의회 의장직으로 제한시키는 것이 포함될 수 있다는 의견에 도달했다는 것이다. 그리고 국가평의회의 인위적으로 확대된 권위를 제한하여 정치국 통제 하에 두는 것이 바람직할 것이다. 공식적 의료 의견은 울브리히트가 하루에 4시간 만 업무를 보고 수, 토, 일요일에는 쉬어야 한다는 것이다.

가장 시급하고도 동독 사회주의통일당 정치국에 최대한 도움을 줄 수 있는 것은 브레즈네프가 수일 내에 울브리히트와 대화를 가져서 그가 사회주의통일당 중앙위원회에 본인의 사임을 요청하는 것이다. 그리고 이 서신에는 호네커를 비롯한 정치국원들의 연명 서명이 첨부되었다.25)

발터 울브리히트와 에리히 호네커- 호네커는 울브리히트 이후 1971년 권력을 장악하여 동독 시민의 민주화 열기가 고조되던 1989년 10월 18일 속죄양으로 정치국에 의해 실각한다.
출처: germanhistorydocs.ghi-dc.org

신 동방정책과 관련하여 모스크바조약의 합의 사항 이행이나 동서독 협상 진전에 울브라이트가 장애물이 되고 있으니 그의 사임에 협력해주고 그를 국가평의회 의장직으로 국한시키고 그 권한도 축소할 뿐만 아니라 정치국 산하에 두도록 해달라는 것이다.26)

결국 울브리히트는 1971년 5월 3일 건강을 이유로 제1서기직을 사임하였다. 이 무렵 소련의 그로미코 외무장관은 에곤 바르에게 폴란드와 동독과의 협상이 늦어지는 데 대해서 너무 걱정하지 말라는 언질을 주었다. 울브리히트 사임도 동서독 교섭이 교착 상태에 빠지면서 이를 해결하기 위한 과정의 일환으로 소련과의 긴밀한 협력 하에 이루어진 것이다.27) 그리고 바르샤바조약 조인은 1970년 12월 7일에

---

25) 서신 원문; germanhistorydocs.ghi dc.org

26) 전종덕/김정로, 앞의 책, pp.201-203

27) 연방의회. '연방의회 통일 관련 조사위원회 보고서'(Bericht der

있었다.

　동독 수뇌부 문제에 대한 소련의 협력(?)이 있었듯이 유럽 데탕트 전제로서 동서독의 현상유지에 관한 규범체계 구축에 4강국은 이해를 같이 하였다. 그 연장선상에서 4강국은 동서독 간의 긴장의 뇌관으로서 베를린에 관한 협의에 적극적으로 나섰다. 서독의 셸 외무장관이 베를린의 상황 개선에 대한 합의가 이루어지지 않으면 모스크바조약의 비준이 어려울 것이라고 언명하였듯이 베를린 문제에 대한 4강국의 합의는 4강국의 베를린 협의는 신동방정책 실현의 중요한 전제조건이었다.

　1970년 겨울 4강국 대사들은 베를린에서 협의를 계속하여 1971년 봄에 기본적인 사항은 타결을 보았다. 베를린에 관한 4강국의 합의는 3단계로 구성되어 있었다. 첫째, 통신과 출입에 관한 4강국의 합의, 둘째, 독일 내부 즉 동서독의 합의, 셋째, 합의 사항 전체를 발효시키는 최종의정서로 구성되어 있었다. 1971년 9월 3일 베를린에 관한 4강국 협정(Four Power Agreement on Berlin, Quadripartite Agreement on Berlin)이 서명되었다. 이는 1949년 베를린 봉쇄 이후 4강국이 베를린에 관해 처음으로 합의한 것으로, 전문에서 "4강국의 권한과 책임 및 전시와 전후의 4강국의 협정과 결정에 기초하여"라고 명시하고 제1장 총칙 3조에서 4강국의 권한과 책임이 여전히 유효하다고 규정하여 전체로서 독일과 베를린에 대한 4강국의 최종결정권을 다시 한 번 확인한 바탕에서 협정을 체결한 것이다.[28]

　Enquete-Kommission „Aufarbeitung von Geschichte und Folgen der SED-Diktatur in Deutschland"), (Deutscher Bundestag, 1994), p.127.

28) "Quadripartite Agreement on Berlin(Berlin, September 3, 1971)", www.cvce.eu.

소련이 처음으로 서베를린의 경제와 정치적 생존에 필수적인 3가지를 인정하였다. 방해받지 않는 출입과 입국, 그리고 통신에 관하여 합의를 보았다. 그러나 4강국의 협정에서 동독이 정식 국호(독일민주공화국: German Democratic Republic)가 사용되었다는 점과 동독 영토를 지나 서베를린 통행에 관하여 소련이 동독과 협의하여 3개국에게 통보해줄 것으로 합의하여 동베를린이 동독의 수도임을 묵시적으로 인정하고 있다는 점(부록 I/III), 그리고 서독과 서베를린의 유대를 인정받은 대신 소련과 동독이 요구해온 서베를린에서 서독 대통령 선거나 공식적 행위(constitutional or official acts)를 하지 않기로 양보한 것(부록 II)은 후에 분단을 영구화한 것이며 지나치게 양보했다는 논란의 근거가 된다. 이 협정이 장벽을 철거시키지도 못했고, 서베를린이 서독의 일부가 아니라는 것을 명시적으로 재확인하고(부록 II/IV), 재통합에 관한 아무런 합의도 없이 소련 관할 지역을 동독에 편입시켰을 뿐이었다.

4강국이 긴장 완화를 위하여 노력을 기울이고 이 지역에서 무력 사용 위협이나 무력 사용이 있어서는 안 되며 분쟁은 평화적 수단에 의해서만 해결되어야 한다고 합의하였지만, 베를린의 안전은 소련이 보장할 때만 가능한 것이었다. 모스크바조약과 함께 베를린 협정은 크게는 현상인정에 의한 유럽의 평화공존, 좁게는 분단 현실을 인정한 바탕에서 동서독의 평화공존의 첫 번째 관문인 셈이다. 이는 통행과 통행에 관한 세부 사항은 동서독 간의 합의에 맡기고 그 합의에 따라 최종의정서 조인 시에 4강국 협정이 발효한다고 명시하여 동서독 간의 협상을 예정하고 있다는 점에서 확인할 수 있다.

이어서 9월 16-18일 사흘 간 브란트 총리는 바르를 대동하고 얄타 근처의 휴양지 오레안다(Oreanda)에서 브레즈네프와 비밀 회동을 하였다. 브레즈네프의 제의에 의한 것이었다. 당시 양자 간 관계 발전,

모스크바 조약 비준, 4강국의 베를린 협정, 경제교류 및 유럽안보협력회의 관련 논의가 있었다. 동방정책과 관련하여 광범위한 논의가 있었던 것으로 보인다. 그러나 표면상 논의의 중심은 중부 유럽에서의 병력 감축에 관련된 것이었다. 당시 소련의 주된 관심이 군축을 포함한 긴장완화에 있었음을 말해 주고 있다. 브란트는 서독이 관계 정상화와 교역확대를 원하고 있음을 분명히 하였다. 서독의 목표는 정치적 관계 개선과 대결구도의 폐기 및 그 결과로 군축이었다. 귀국 길에 브란트는 미국, 영국, 프랑스 대통령과 총리에게 브레즈네프가 긴장완화 확대를 원한다는 인상을 받았다고 알려주었다.[29]

모스크바조약 협상을 마치고 서명을 앞 둔 시점에서 에곤 바르는 "서독이 서방 동맹의 보호를 받지 못하고 미국, 영국, 프랑스의 승인 하에 협상하지 않았다면 소련과의 어려운 협상이 성과를 내지 못했을 것"이라고 말했다. 결국 미국과의 긴밀한 협의 속에 신동방정책이 추진되고 있음을 말하고 있다.[30]

정확한 내용은 알려지지 않았지만, 4강국의 베를린 협정 체결 후속으로 5월의 카셀 양독 총리 회담 이후 소강상태에 빠진 동서독 양자 간의 협상에 관한 논의가 있었을 것으로 보인다. 귀국 후 브란트 총리는 소련이 제안한 유럽안보협력회의 지지 의사를 표명하였으며, 서독에 공산당 합법화 조치를 취했다.[31]

---

[29] Andreas Vogtmeier, 'Egon Bahr und die Deutsche Frage', J.H.W.Diez NAchfolger, 1996)

[30] 오레안다 회동에 에곤 바르도 브란트를 수행하였다. 이 회담 전 언론 인터뷰에서 4강국이 베를린 위기의 뇌관을 제거하겠다는 진지한 의도를 가지지 않았다면 베를린에 관한 4강국의 협정은 성사되지 못했을 것이라고 말했다; der Spiegel 36/1971(1971. 8. 30)

동서독 간 협상의 걸림돌이 되던 울브리히트 사임, 베를린에 관한 4강국 협정 타결과 동서독 협상 지원 약속에 대한 성의표시였을 것이다. 사실 동서독의 교섭은 그 해 10월로 접어들면서 속도가 더해졌다.

우선 베를린에 관한 4강국 협정 2장에 따라 동서독 양자 간의 부속협정이 체결되었다. 이 부속협정은 4강국 협정 이행을 위한 세부 사항을 정하는 것으로서 큰 문제는 없었다. 12월 17일/20일 서베를린 출입 및 서베를린에서 동독 출입 협정(Abkommen zwischen der Regierung der Deutschen Demokratischen Republik und der Regierung der Bundesrepublik Deutschland über den Transitverkehr von zivilen Personen und Gütern zwischen der Bundesrepublik Deutschland und Berlin (West). Transitabkommen)32)이라는 이름의 부속협정이 타결을 보았다. 이 협정은 서독의 정무장관 에곤 바르와 동독의 서독문제 담당 국무장관 (Staatssekretär für westdeutsche Fragen) 미하엘 콜(Michael Kohl) 양자33)

---

31) 서독 공산당(Kommunistische Partei Deutschlands: KPD)은 1951년 아데나워 총리 정부의 해산 심판 청구로 1956년 서독 헌법재판소의 결정에 의해 해산되었다가 1968년 재창당되었지만 아직 합법화되지 못했다. 브란트 총리와 브레즈네프 서기장의 회담 후 당명을 독일공산당(Deutsche Kommunistische Partei: DKP)으로 바꾸어 합법화되었다.

32) 전문에 관해서는 Abkommen zwischen der Regierung der Deutschen Demokratischen Republik und der Regierung der Bundesrepublik Deutschland über den Transitverkehr von zivilen Personen und Gütern zwischen der Bundesrepublik Deutschland und Berlin (West); 1000dok.digitale-sammlungen.de 참조.

33) 에곤 바르와 미하엘 콜은 1965년 베를린 통행협정, 1971년 베를린 통행협약을 협상하였고, 동서독 기본조약도 이 두 사람이 실질적인 협상 상대였으며 타결도 이 둘에 의한 것이었다. 미하엘 콜은 1973년 서독 주재 동독 대사 그리고 1974년 6월 20일부터는 동독 상임대표로 1978년 6월까지

가 협상하고 서명한 것으로서 동독과 서독 간 정부 수준의 최초 협정이었다. 그리고 이 협정에서 고립된 경계선 부근의 자투리땅은 교환에 의해 해결하기로 한 것에 따라 서베를린과 동독 당국은 교환에 합의하고 동독이 내준 땅이 더 넓다는 주장에 따라 400만 마르크를 지급함으로써 이 문제를 종결하였다.

양자 간의 부속협정의 효력 발생은 베를린에 관한 4강국 협정 3장의 최종 의정서에 정한 날에 발생하기로 한다는 합의 내용에 따라 1972년 6월 3일 미국, 소련, 영국, 프랑스 외무장관이 최종의정서에 서명함으로써 효력을 발하게 되었다.

그런데 4강국 협약 서명에 앞서서 모스크바조약과 바르샤바조약 비준 동의라는 국내 절차가 남아 있었다. 연방의회는 1972년 2월 23일부터 두 조약 비준 토의를 시작하였다. 그러나 이를 두고 서독 국내 정치가 소용돌이 속으로 치닫고 있었다.

야당인 기민련/기사연, 연립정부 파트너인 자유당의 민족주의적 보수파의 반대가 있었고 사민당 내부에서도 일부 동요가 있었다. 이들은 당내에서 혁명적인 사회개혁 사상을 가진 마르크스주의자와 급진좌파가 득세하고 있다고 생각하였다. 당시 모스크바조약과 바르샤바조약에 대하여 야당이 내세운 반대 논거는 대체로 다음의 4가지로 서독 기본법 위반이라는 것이다.

첫째, 이들 조약에서 국경에 관한 합의는 서독 기본법 상의 재통일 명제 위반이다. 둘째, 독일 동부 영토의 서독 기본법 적용을 배제하기 때문에 기본법 위반이다. 셋째, 폴란드의 서부 국경이 오데르-나이쎄라고 규정하고 있는데 이는 기본법 개정에 의해서만 가능한 영토 양

서독 본에 주재하였다.

도의 의미다. 넷째, 동부 영토에 거주하고 있는 독일인의 국적 선택권에 대한 합의가 없다. 기본법 16조를 위배되는 것으로 이에 의하면 독일인의 국적은 박탈될 수 없다.

이에 대하여 서독 정부는 기본법에 1937년 국경에 따른 재통합 규정이 없고, 평화조약이 없는 한 전체로서 독일에 대한 책임은 4강국이 보유하고 있으며, 따라서 서독은 서독 영토 밖의 국경과 영토에 관한 최종적인 결정을 할 수 없다는 입장이었다. 그리고 국적 문제에 관해서는 두 조약에 국적에 관한 내용이 없다는 것이었다.

야당은 그 때까지 민감한 동독의 국가적 실체 인정 문제까지는 거론하지 않고, 두 조약이 서독 기본법 상의 통일 의무, 영토 조항을 위반하고 있다는 논지의 비판 공세를 취했다. 이에 대하여 정부는 통일 의무에 대하여 국가는 통일을 위하여 독일인들이 자결권을 행사할 수 있는 조건을 만들 의무를 가지고 있으며, 국경과 영토 문제에 관해서는 점령 4강국이 최종결정권을 가지고 있다고 피해갔던 것이다.

4월 24일 야당은 브란트 총리를 불신임하고 라이너 바르첼(Rainer Barzel) 의원을 총리로 선출하겠다는 불신임동의안을 제출하였다. 서독 역사상 최초의 건설적 불신임동의안이었다. 의회 표결은 4월 27일에 실시되었다. 두 표 차이로 불신임동의안은 부결되었다.[34]

---

34) 사민당과의 연정에 반발한 자민당의 전 당수 멘데를 비롯한 3명의 의원이 탈당하여 기민련에 입당하였으며, 1972년 1월 슐레지엔 출신의 헤르베르트 후프카(Herbert Hupka) 의원이 사민당을 탈당하였다. 4월에 들어오면서 자민당의 크누트 폰 퀼만 슈툼(Knut von Kuelmann Stumm), 게하르트 킨바움(Gerhard Kinbaum) 두 의원이 당적은 보유하면서 불신임안에 찬성하겠다고 약속하고, 빌헬름 헬름즈(Wilhelm Helms) 의원도 기민련으로 당적을 옮기겠다고 발표하였다. 표결 전의 계산으로는 2표 차로 불신임동의안이 가결되는 것으로 예상되었다. 표결 결과로 야당의원 2명

이어서 브란트 총리는 모스크바 조약과 바르샤바 조약에 대하여 야당을 포함한 모든 정당의 동의를 얻고자 특별위원회를 구성하여 사민

이 반대표를 던진 것으로 추측되었다. 당시 사민당의 헤르베르트 베너 원내 대표의 야당의원 매수설, 동독 국가보위부 즉 슈타지 공작설 등 여러 가지 이야기가 있다. 기민련 소속의 율리우스 슈타이너 의원이 사민당 원내총무 칼 뷔난트 의원으로부터 매수되었다는 주장이 있긴 했지만, 이와 관련해 1973년 구성되었던 조사위원회에서 밝혀진 것은 없었다.

슈타지 공작설은 소련이나 동독 모두 사민당 정부와의 조약 체결을 바라고 있었던 까닭에 있음 직한 일이었다. 월간조선 2009년 9월호 2010년 1월호에 연재된 후베르투스 크나베(Hubertus Knabe. 독일연방정부 슈타지 문서 연구소 연구원)의 저서 "침투당한 공화국 - 서독 내 슈타지"(Die unterwanderte Republik. Stasi im Westen. Propyläen, Berlin, 1999. Taschenbuchausgabe)에 의하면 서독 의회 내에도 슈타지의 첩자들이 활동하고 있었다고 쓰고 있다. 이에 의하면 서독 연방검찰청이 당시 슈타지의 대외선전담당 책임자 책임자 마르쿠스 볼프(Markus Wolf. 그는 30년 이상 슈타지의 넘버 3 인물이었다)가 불신임 결의안에 반대표를 던지는 조건으로 기민당의 슈타이너(Julius Steiner) 의원에게 5만 마르크를 주기로 결정했다는 사실을 밝혀냈다는 것이다. 볼프는 자민당에 기민련으로 당적을 옮긴 자민당 전 당수 에리히 멘데 의원에게도 접근, 오래 전 국가안전부와의 모종의 관계를 들먹이며 불신임동의안에 반대표를 던지도록 압력을 가했다는데 실제로 멘데가 반대표를 던졌는지는 확인되지 않았다. 또한 1995년, 한 전직 소련 정보요원은 동독 주재 소련 KGB 책임자였던 이반 파데이킨 중장이 1972년 4월, 자기에게 100만 마르크의 매수 자금을 내놓으면서 이를 동방정책 입안자이자 브란트 총리의 최고 참모였던 에곤 바르에게 넘겨주도록 지시했지만 에곤 바르가 돈을 받지 않아 실패했다고 폭로했다. 그런데 표결 당시 매수 장본인으로 등장했던 비난트(Karl Wienand) 의원은 슈타지에 '슈트라이트'라는 이름의 비공식 정보 요원으로 등록되어 있었으며 통일 후 실제로 간첩죄가 인정되어 2년 6개월의 금고형에 100만 마르크가 넘는 벌금형을 선고받았다; 불신임 결의 동의안 표결에 관해서는 전종덕/김정로, 앞의 책, pp.206-209 참조.

당, 기민련/기사연, 자민당 공동선언문과 함께 두 조약 비준동의안 표결에 부쳤다.

동의안의 내용은 2항에 "이들 조약이 사실상 현존 국경선에서 출발하고 있으며, 일방적인 국경선을 배제하고 있다. 이들 조약은 독일의 평화조약에 의한 타결을 예상하지 않고 있으며, 현존 국경선에 대한 어떠한 법적 근거도 제공하지 않는다." 3항에서 "이들 조약이 양도할 수 없는 자결권에 영향을 주지 않는다. 유럽의 조건 하에서 평화적인 민족통합 회복을 추구하는 독일연방공화국의 정책이 독일문제 해결에 손상을 주지 않는 이들 조약과 상충하지 않는다. 자결권 실현 요구 시에 독일연방공화국은 어떠한 영토나 국경 변경 주장을 하지 않는다." 그리고 5항에서 "전체로서 독일과 베를린에 관한 4강국의 권한과 책임은 이들 조약에 의해 영향을 받지 않는다"라고 선언하여 4강국의 최종 결정권 유보를 재확인하고 있다. 9항에서 "독일연방공화국은 앞으로도 베를린의 생존과 주민의 안녕을 배려할 것이다"라고 하여 베를린에 관한 4강국의 협정에 서 규정하고 있는 서독과 서베를린의 유대를 재확인하였다.

모스크바 조약과 바르샤바 조약 비준동의안에 대하여 키징거 기민연/기사연의 원내대표는 이들 조약이 이들 조약은 현상유지 즉 유럽의 안보와 평화의 중심 문제에 대한 최종적이고 타당한 타결에 손상을 주지 않는 과도기적 규범 창출에 기여할 것이며, 독일의 평화조약에 의한 타결을 예상하지 않고 기존의 경계에 대한 어떠한 법적 근거로 제공하지 않으며, 조약이 독일 국민의 자결권을 손상할 수 있다는 이유에서 기권할 것이라고 발언하였다.

표결에서 모스크바 조약과 바르샤바 조약 비준동의안에 대해서는 키징거의 발언대로 참석의원 496명 중 기민련/기사연 의원 231명이

전략무기제한협정(SALT I)에 서명하는 닉슨 미국 대통령과 브레즈네프 소련 공산당 서기장(1972년 5월 26일 모스크바 크레믈린궁)
출처: 닉슨 대통령 도서관(www.nixonlibrary.gov)

기권한 가운데 찬성 238, 반대 17표로 의결되었고, 공동선언문은 찬성491로 의결되었다.[35]

이 두 조약 비준을 기점으로 동서독간은 물론이고 유럽 지역에서의 데탕트 흐름은 다시 궤도에 올랐다. 5월 26일 모스크바에서 닉슨 미국 대통령과 브레즈네프 소련 공산당 서기장 간에 미국과 소련 간의 전략무기제한협정(SALT I) 조인이 있었다.[36] 그리고 6월 3일에는 앞에서 언급한 베를린에 관한 4강국 협정이 발효되었다. 동서독 간의 조약 협상을 수면으로 올릴 수 있는 국제적 환경이 조성되고 모스크바 조약 비준으로 그 대문이 활짝 열린 것이다.

---

35) 연방의회에서의 토론과 의결 및 공동선언문에 대해서는 연방의회 의사록(Deutscher Bundestag - 6. Wahlperiode - 187. Sitzung. Bonn, Mittwoch, den 17. Mai 1972) 참조; 최창동, 앞의 책, p.81.

36) SALT I 내용에 관해서는 미국 국무부 홈페이지(www.state.gov) 참조

모스크바 조약과 바르샤바 조약 비준동의 표결 시 기권하고 총리실 예산을 부결시킨 야당을 앞에 두고 동서독 간 조약의 앞길이 험난할 것임은 충분히 예상할 수 있었다. 브란트 총리는 조약 협상을 계속하면서 승부수를 던졌다. 의회 해산과 조기 총선이었다. 9월 22일 브란트 총리는 총리 신임동의안을 국회에 제출하였다. 그리고 집권당은 각료로 입각한 의원들을 표결에 불참하도록 하여 이를 부결시켜 국회 해산의 길을 열었다. 총선은 11월 19일로 예정되었다.

이는 여론을 등에 업고 야당을 압박함은 물론이고 동독 정부에 대해서도 이 정부와의 협상을 서두를 것을 재촉한 것이었다. 국제적인 압박도 이에 더해졌다. 미국, 영국, 프랑스, 소련 정부 대표는 그 해 10월 23일에서 11월 5일까지 베를린 4강국 통제위원회 사무실에서 회합을 갖고 동서독이 유엔 가입 신청서 제출 시에 이를 지지하기로 합의했다고 선언하였다. 분위기 조성용인 동시에 양 측의 조약 합의 재촉용 성명이었다. 또한 앞에서 언급한 전략무기제한협정 서명을 위하여 모스크바를 방문했던 닉슨 미국 대통령은 미국이 유럽안보협력회의에 참석하겠다는 약속을 브레즈네프에게 하면서 동독도 대등한 자격으로 이 회의에 참가하게 해 달라는 브레즈네프의 요청도 받아들였다.

"독일연방공화국과 독일민주공화 간의 관계의 기본에 관한 조약"(동서독 기본조약. Vertrag über die Grundlagen der Beziehungen zwischen der Bundesrepublik Deutschland und der Deutschen Demokratischen Republik. Grundlagenvertrag)은 추가의정서와 함께 11월 8일 가조인되었다. 동독 정부와 서독 사민당-자민당 정부가 서독 총선을 의식하여 11월 19일 총선 전에 가조인하고 내용을 공개하여 총선을 통하여 유권자들로부터 심판을 받겠다는 의도였을 것이다.

이 때 공개된 조약은 전문과 본문 10개조 및 추가의정서로 구성되어 있으며 내용은 다음과 같다.

전 문

조약체결 양 당사자는 평화유지에 대한 자기들의 책임에 유의하여 유럽의 긴장완화와 안전보장에 기여하려는 노력에서, 현존하는 국경선을 기준으로 한 모든 유럽 국가의 국경불가침 및 그들의 영토보전과 주권의 존중이 평화를 위한 기본적인 전제조건이라는 의식을 가지고, 동독과 서독은 그 상호관계에서 무력에 의한 위협이나 무력사용을 그만 두어야 한다는 것을 인식하며, 민족 문제를 포함한 여러 가지 기본 문제들에 대하여 견해의 차이가 있음에도 불구하고 역사적인 현실에 입각하여 동서독 주민의 안녕을 위하여 독일연방공화국과 독일민주공화국 간의 협력을 위한 전제조건을 창출할 소망을 가지고 다음과 같이 합의한다.

제1조 독일연방공화국과 독일민주공화국은 대등한 권리에 기초하여 정상적인 선린관계를 발전시킨다.

제2조 독일연방공화국과 독일민주공화국은 유엔 헌장에 규정된 제반 목표와 원칙, 특히 모든 국가의 주권 평등, 독립, 자주, 영토보전의 존중, 인권보호 및 차별대우 금지 등을 지향한다.

제3조 유엔 헌장에 따라 독일민주공화국과 독일민주공화국은 상호 분쟁을 오로지 평화적인 수단을 통해 해결하며 무력위협과 무력사용을 포기한다. 쌍방은 현재 및 장래의 쌍방 간의 경계선의 불가침성을 확인하고 각기 영토보전을 무조건 존중할 것을 확약한다.

제4조 독일연방공화국과 독일민주공화국은 양국의 어느 일방이 상대방을 국제적으로 대표하거나 또는 자국의 명의로 상대방을 대

신하여 행동하지 않기로 한다.

제5조 독일연방공화국과 독일민주공화국은 유럽 국가와의 평화적 관계의 발전을 촉진시키며 유럽의 안전보장과 협력에 기여한다. 쌍방은 관련 국가의 안전보장을 저해하지 않고 유럽에서 병력 및 군비를 감축하려는 노력을 지지한다. 독일연방공화국과 독일민주공화국은 효과적인 국제통제 아래 전면적이고도 완전한 군비축소를 달성할 목적으로 세계의 안전보장에 기여하는 군비제한과 군비축소의 노력, 특히 핵무기와 기타 대량 살상무기 분야의 군비축소 노력을 지지한다.

제6조 독일연방공화국과 독일민주공화국은 각자의 통치권이 각자의 영토 내에서만 행사될 수 있다는 원칙에 따른다. 양국은 국내외 문제에서 상대방 국가의 독립과 자주성을 존중한다.

제7조 독일연방공화국과 독일민주공화국은 양국의 관계 정상화 과정에서 현실적이고 인도적 문제들을 타결할 용의가 있음을 밝힌다. 양국은 이 조약의 원칙에 입각하여 상호 이익을 도모하기 위하여 경제, 학문, 기술, 통행, 법률, 우편, 전화, 보건, 문화, 스포츠, 환경보호 및 기타 분야에서 협력을 발전시키고 촉진시키는 협정을 체결하기로 한다. 이에 대한 세부사항은 추가의정서에서 정한다.

제8조 독일연방공화국과 독일민주공화국은 상주 대표부를 교환한다. 대표부는 각기 상대방의 정부 소재지에 설치하기로 한다. 대표부 설치에 관계되는 실제적인 문제는 따로 정한다.

제9조 독일연방공화국과 독일민주공화국은 과거 양국이 각기 체결한 조약 또는 양국에 관계되는 쌍무조약 및 다자간의 조약은 이 조약에 의해 영향을 받지 않는다는 데 합의하였다.

제10조 이 조약은 비준 절차를 거쳐야 하며 비준각서를 교환한

다음 날 효력을 발생한다.
　위의 내용들을 확인하기 위하여 조약체결 쌍방의 전권대표는 이 조약문에 서명한다.37)

　10개 조 모두 "독일연방공화국(Buderepublik Deutschland)과 독일민주공화국(Deutsche Demokratische Republik)은…"이라고 양국의 정식 국호를 사용하고 있으며, 주권 존중과 영토 보전 존중을 통하여 서독은 동독의 국가적 실체를 인정하고 있다. 소련이나 동독이 주장해온 동독의 외교적 승인을 수용한 것이다. 영토 보전과 함께 현존 경계선의 불가침성과 현재 및 장래에 국경선의 존중 내용은 모스크바조약 및 바르샤바조약 내용과 일치하는 것으로서 분단 현실 인정에서 한 걸음 더 나가서 동독에 대한 사실상 국가 승인이다. 다만 울브리히트의 초안에서는 양국이 외교관계에서 베를린과 본에 각기 대사관을 둔다고 한 것에 비하여 상주 대표부를 둔다고 규정하여 국가 간의 외교관계 수립은 피한 것으로 보인다. 그렇지만, 10조에 이 조약은 비준을 거쳐야 하며 비준각서를 교환한 날로부터 효력을 발생한다고 규정하여 주권 국가 간의 정식 조약임을 보여주고 있다. 실제로 조약의 비준 절차 이외에도 서독 의회는 1973년 6월 6일 기본법의 조약에 관한 규정에 따라 동서독 기본조약에 관한 법률을 제정하였고 동서독 정부는 이를 유엔 사무처에 기탁하여 이의 조약으로의 성격을 더했다.38)39)

---

37) www.1000dokumente.de

38) 서독 '입법공보'(Bundesgesetzblatt), 1973년 9월 6일자 Gesetzgebung BGBl. II 1973 S. 421) 참조. 여기서는 "독일연방공화국과 독일민주공화국간의 관계기본에 관한 1972년 12월 21일자 독일연방공화국과 독일민주공화국 간의 조약에 관한 법률(Gesetz zu dem Vertrag vom 21.

1972년 11월 19일에 실시된 총선에서 사민당은 지난 번 총선보다 4.9% 증가한 당 역사상 전무후무한 최고의 득표율 48.9%을 얻었다. 여기에 자민당의 4,8%를 합하여 연립여당은 과반수를 넘는 53.7%를 얻어 신동방정책에 대한 서독 국민의 지지를 확인하였다. 의석에서 야당 기민련/기사연의 234석에 비해 연립여당이 284석(사민당 242석, 자민당 42석)을 확보하여 동서독 기본조약 비준동의에 충분한 의석을 확보하였다.

사민당의 1972년 총선 포스터: 내일도 평화 속에 살 수 있도록
출처: LeMO-Objekt

이를 바탕으로 1972년 12월 21일 기본조약 서명이 있었다. 이 조약은 조약 본문과 추가의정서 및 서독 정부가 동독 정부에 보낸 서한으로 구성되어 있다. 추가의정서는 앞에서

Dezember 1972 zwischen der Bundesrepublik Deutschland und der Deutschen Demokratischen Republik über die Grundlagen der Beziehungen zwischen der Bundesrepublik Deutschland und der Deutschen Demokratischen Republik)이라 명기하여 국제적인 조약에 대한 국내 입법 절차를 따르고 있다.

39) 전문과 25개조로 구성 있는 1992년 12월 13일 '대한민국 국무총리'와 '조선민주주의인민공화국 정무원 총리'가 정식으로 서명한 "남북 사이의 화해와 불가침 및 교류·협력에 관한 합의서"(남북기본합의서)는 "동서독 기본조약"과 비교할 때 형식이나 그 내용에서 훨씬 더 국제적 조약에 가깝다고 할 수 있다. 효력 발생에 관해서 동서독 기본조약이 비준을 거쳐야 한다(제10조)고 규정한 반면에 남북기본합의서는 발효에 필요한 절차를 거치도록 규정하고 있다(제25조). 당시 정부는 국무회의 의결과 관보 게재로 절차를 끝내서, 이의 법적 성격과 규범성을 애매하게 만들었다.

언급한 그대로다. 다만 서한은 "…독일연방공화국은 이 조약이 독일 국민이 자유로운 자결권에 따라 통일을 다시 달성하는 유럽의 평화를 달성하려는 독일연방공화국의 정치적 목표와 모순되지 않는다…"는 것을 그 내용으

기민련 1972년 총선 포스터: 안정 위에 발전
출처: 콘란드 아데나워 재단(www.kas.de)

로 하고 있다.40) 이는 1970년 8월 6일 모스크바조약 조인 시에 서독 정부가 소련 정부에 보낸 내용과 같다. 당시 조약에도 이 서한이 첨부되었다. 당시와 마찬가지로 이 서한도 국내 정치용으로 보인다.

이듬 해인 1973년 5월 11일 연방의회에서 동서독 기본조약 비준 동의가 있었고41), 이어서 5월 25일 연방상원을 거쳐 6월 6일 이 조약에 관한 법률이 효력을 발하면서 이 조약은 국내에서 효력을 가지게 되었다. 그리고 유엔에 기탁됨으로써 국제조약으로서 모든 요건을 갖추고 그 효력이 발생하게 되었다.

---

40) 서신은 독일연방공화국 총리로부터 특별 임무를 부여받은 장무장관 에곤 바르가 독일민주공화국 국무장관 미하일 콜에게 보내는 형식으로 되어 있다; 전문에 관해서는 www.cvce.eu. 참조

41) 연방의회에서 비준법률안 토의는 2월 15일부터 시작되었다. 주로 동독의 국가 승인 문제, 현상유지에 대한 최종적 봉인과 국가통일 과제 등에 관한 야당의 공세가 있었으며, 표결은 찬성 268(서베를린 13표), 반대 217(서베를린 9표)로 동의안이 통과되었다; 기본조약 비준동의법률 제정에 관해서는 김철수, 앞의 책, pp.156-158; 1973년 5월 11일 연방의회 토의와 표결에 관해서는 Deutscher Bundestag – 31. Sitsung, 7. Wahlperiode,11. 05, 1973

동서독 기본조약 가조인(1972년 11월 8일). 서독의 에곤 바르(오른쪽)와 동독의 마하엘 콜(왼쪽)
출처: Bildarchiv Preußischer Kulturbesitz

이어서 독일연방공화국과 독일민주공화국은 그 해 가을에 유엔에 동시 가입하여 국제 사회에서 명실상부하게 양국 모두 주권국가로서 권리를 행사하고 의무를 부담하게 되었다. 그리고 늦게 시작된 체코슬로바키아사회주의공화국과의 조약도 1973년 12월 11일 정식으로 조인되면서 브란트 정부의 신동방정책의 제도적 틀이 완비되었다.

5) 동서독 특수관계

야당 기민련/기사연의 공세는 연방의회 비준동의 과정에서 끝나지 않았다. 기사연이 집권하고 있는 바이에른 주정부는 1973년 5월 29일 연방헌법재판소에 이 법률의 합헌성 심사를 신청하는 한편 부서와 공표 중지를 요청하는 가처분신청을 하였고, 헌법재판소는 1973년 6월 4일 이 가처분신청을 기각하였다. 바이에른 주정부는 이에 6월 13일

조약의 비준서 교환을 본안 판결이 있을 때까지 중지시켜 달라는 가처분신청을 제출하였으나 헌법재판소가 이 신청도 기각하였다. 그리고 최종적으로 헌법재판소는 7월 31일 합헌 결정을 내렸다. 신동방정책 즉, 2개의 국제체제의 제도적 기반 구축이 완료된 것이다. 기본법의 국가의 재통일 명제, 분단시대의 기민련의 유일대표성의 논리적, 법적 기초였던 국가계속성의 원칙, 야당의 반대논리인 동독의 국가 승인에 따른 2개의 국가 문제 등 광범위한 내용을 다루고 있어서 연방헌법재판소의 결정을 간략하게 살펴볼 필요가 있을 것이다.

결정요지에서 헌법재판소는 기본조약을 이중성격(Doppelcharakter)을 갖으며, 조약은 성질상 국제법적 조약이며, 그 특수한 내용에 비추어 볼 때에는 무엇보다 내부관계(inter-se-Beziehungen)를 규율하는 조약이라고 설명하고 있다. 그리고 조약의 당사자가 외국이든 아니든 동일하게, 동의하는 법률의 형식으로 의회의 통제를 받을 것을 요구하는 것으로, 기본조약이 의회의 비준동의 절차를 거쳤다고 하여 국가 간의 조약을 의미하는 것이 아니라고 하였다.

재통일 명제(Wiedervereinigungsgebot)를 독일연방공화국의 어떤 헌법기관도 정치적 목표로서의 국가적 통일의 회복을 포기해서는 안 되며, 재통일이라는 목표를 향한 노력에 장애가 될 수 있는 법적 주장의 창설에 관여하는 것을 금지하는 것으로 해석하였다.

기본법 제16조 및 제116조 제1항의 국적에 관한 규정은 "독일국적(deutsche Staatsangehörigkeit)"이 동시에 독일연방공화국의 국적(Staatsangehörigkeit der Bundesrepublik Deutschland)이기도 하다는 것으로, 기본법의 의미에서의 독일국적자는 독일연방공화국의 국민만은 아니며, 독일인(Deutscher)은 그가 독일연방공화국의 보호영역(Schutzbereich)에 도달하면 독일연방공화국 법원의 모든 보호 및 기본법의 모든 권리의 보장을 청구할 권리를 가진다 하여, 아데나워 정부의 유일대표권에 근거한 국적 원칙을 확인해 주었다.

독일제국의 계속성 문제에 관해서는 독일제국은 1945년의 패전 후에도 존속하고 있다는 결정을 내렸다. 전체 국가로서는 조직의 결여, 특히 제도화된 기관의 결여로 인하여 행위능력이 없고, "전체로서의 독일"에 대한 책임은 4강국이 지고 있다 하여 4강국의 최종 결정권을 확인해주고 있다. 그리고 독일연방공화국의 창설은 새로운 서부 독일의 국가가 창설된 것이 아니라 독일의 일부가 새롭게 조직화된 것으로, 독일연방공화국은 독일제국의 법적 계승자가 아니라 국가로서 "독일제국"이라는 국가와 동일체이지만, 공간적인 외연에 있어서 "부분적으로만 동일"하며, 따라서 배타적 동일성을 주장할 수는 없는 것이다. 즉 연방공화국은 그 국민과 영토에 관한 한 전체 독일을 포함하지 못한다. 독일민주공화국 즉 동독은 독일제국에 속하며 연방공화국과의 관계에서 외국으로 볼 수 없으며, 따라서 동서독 교역은 외국무역이 아니다라는 것이다.

그리고 동독의 국가성에 관해서는 독일민주공화국은 국제법의 의미에서 국가이며 그 자체로서 국제법 주체이다. 이러한 확인은 독일연방공화국에 의한 독일민주공화국의 국제법적 승인과 상관없이 이루어진다. 따라서 기본조약의 체결은 특수한 형태의 사실적 승인으로만 이해될 수 있다.

기본조약은 내용적으로도 이중적 성격을 갖는다. 조약은 성질상 국제법적 조약이며, 그 특수한 내용에 비추어 볼 때에는 무엇보다 내부관계를 규율하는 조약이다. 국제법적 조약 속에서 내부관계를 규율하는 것은 무엇보다 여기서처럼 전체 국가의 조직붕괴로 국법적 질서가 결여된 경우에 필요하게 된다. 연방국가의 경우에 비추어 보더라도

연방헌법상의 규율이 결여된 경우에 지분국가들 사이의 관계는 국제법의 규율에 따르게 된다. 따라서 "두 개의 국가 모델"이 기본법질서와 양립될 수 없다는 견해는 옳지 않다고 하여 내용적으로도 두 개 국가 간의 조약이 아니다라는 것이다.42)

헌법재판소의 결정이 애매하다는 비판도 있지만 당시 서독의 여러 주장의 요약인 연방의회에서 정부여당인 사민당-자민당과 야당인 기민련/기사연의 주장에 대한 정치적으로 타협적인 결정이라고 보아야 할 것이다. 이런 관점에서 이 결정은 통일 시까지의 동서독 관계를 규정하고 있다. 즉, 독일연방공화국과 독일민주공화국의 관계는 국제적으로는 주권국가의 관계지만 국내적으로는 국내 관계인 소위 "특수한 관계"로 표현되는 "사실상"(de Facto) 2개의 국가 관계다.43) 이 점은 오데르-나이쎄 동부의 국경에 관한 결정도 마찬가지다. 즉, 헌법재판소는 "1945년 8월 2일자 "베를린에서의 3강국 회담 보고서(포츠담 합의서) "Ⅵ장과 Ⅸ장에 따라 독일 동부 지역은 "영토 관련 문제는 평화협정 체결 시 최종적으로 결정한다는 유보 하에" 일부는 소비에트 연합의, 다른 일부는 폴란드의 관할 하에 놓이게 되었다. 3강국은 독일 동부 지역을 소비에트 연합과 폴란드에 최종적으로 넘기는데 동의한 것이 아

---

42) 연방헌법재판소 결정에 관해서는 법무부, '동서독 교류협력 관련 판례집', pp.3-45, 김철수, 앞의 책, pp.162-167, 최창동, 앞의 책, pp.141-168 참조.

43) 연방헌법재판소에서 특수관계에 관해서 명확한 해석을 내놓지 않았던 데 비하여 우리 나라에서는 1992년 남북한 기본합의서 상의 특수관계에 관하여 일반적으로 대내적으로 1민족 2체제 2 정부로 대내적으로는 남북한은 1국가로 남한의 입장에서는 법률상 중앙정부로 구성되는 대한민국과 지방적 사실상 정부로 구성되는 정치 실체인 북한의 관계로 이해하였다; 제성호, '남북한 특수관계론', (한울아카데미, 1995), p.30.

니다"라고 하면서도 "소련과 폴란드는 전쟁 직후에 오데르-나이쎄 동부 지역의 완전한 합병조치를 취하게 되었다"는 판단을 내리고 있다.44)

브란트 총리는 1969년 총리 취임사에서 동독과의 관계를 특수한 관계로 표현하였다. 그리고 모스크바 조약이나 바르샤바 조약에서 서독은 이 조약이 잠정적인 것으로 서독의 통일정책에 영향을 주지 않는다는 서신을 첨부하였고, 연방의회도 모스크바 조약과 바르샤바 조약 비준동의 시에 이런 취지의 원내 정당의 공동선언을 발표하여 동독의 국가성을 부인하고 있다.

그러나 브란트 총리는 대연립 정부의 외무장관 시에 소련이 주창해 온 주권국가 독일민주공화국 참가를 전제로 한 유럽안보협력회의 참여에 긍정적인 의사표현을 하였고, 기본조약 협상 기간 중 소련의 오레안다에서 브레즈네프와 비밀회담 시에도 유럽안보협력회의 참여를 약속하였다. 야당의 비판처럼 동독과의 기본조약 협상대표인 브란트 총리의 참모 에곤 바르는 동독과 협상 시에 국가 간의 협상 태도를 유지하였다. 기본조약은 서명 당사자 호칭, 주권 존중 등 서독과 동독을 서로 국가를 전제로 한 명백한 국가 간 조약의 형식을 갖추고 있을 뿐만 아니라 내용 면에서도 국가 간 조약이다. 그리고 연방의회에서 야당의 대표인 전총리 키징거 의원이 현상에 대한 최종적인 봉인이라고 비판하였듯이 브란트 정부의 신동방정책의 기본전제는 현상의 인정이다. 이에는 동독의 국가성 인정이 포함된다.

이런 여러 사정에서 결국 동서독 관계는 "사실상"의 2개 국가의 관

---

44) 법무부, '동서독 교류협력 관련 판례집', (법무부, 2008), pp.283-284 참조

계로 1990년 동독의 국가 소멸 시까지 이런 관계가 유지된다.

그러나 뒤에서 살펴보겠지만 이런 애매한 관계에서 기본조약에 따라 양국이 상주대표부를 설치하는데 서독은 국내 행정을 관할하는 내무부 관장 하에 동베를린에 대표부를 두었고, 동독은 외무부가 관장하는 대표부를 서독의 본에 두어 운영하였다. 그리고 동독은 여기서 더 나가서 2민족 2국가론에 근거하여 서독에 국가승인을 요구하였다. 물론 서독은 기본조약 체결에도 불구하고 1민족 1국가 2 정부론을 유지했다고 보아야 할 것이다.

2. "사실상" 양국 체제 하에서 동서독 관계

슈미트 총리의 사임으로 사민당-자민당 연립정부가 1982년에 헬무트 콜 총리의 기민련/기사연-자민당 연립정부로 교체된 사실에 기초하여, 독일정책 및 동방정책 논의에서 1982년 콜 정부 이후를 따로 서술하는 경우가 많다. 당시 소련의 아프가니스탄 침공(1979년 12월 27일), 폴란드 계엄령 선포(1981년 12월 13일)와 소련의 중거리미사일(SS-20)에 대응한 1979년 12월 12일 나토의 이중궤도 결의와 이후 이의 실현을 둘러싼 특히 서독 국내에서 격렬한 논쟁과 평화주의운동 등으로 제2의 냉전 논의가 있었다. 이런 와중에서 정권이 교체되었고, 기민련/기사연과 사민당의 강령 상 당론은 분명히 차이가 나지만 실제 정책에서는 콜 정부가 전 정부가 체결한 동방정책상의 조약 체제를 그대로 유지하였기 때문에 특별히 나눌 필요가 없다고 판단하여 1972년 모스크바조약 등 동방정책 상 모든 조약과 동서독 기본조약 발효 후를 "사실상" 양국체제라 보고 정권교체와 관계없이 기술하였다.

국가 수립 이후 고도성장을 구가하던 서독이 1973년의 1차 오일쇼크 등 세계경제 흐름의 변화로 경제 불황과 저성장 기조의 정착, 실업의 급증 등의 경제 문제에다 동독 슈타지의 간첩 귄터 기욤(Günter Guillaume) 사건으로 브란트 총리가 사임하였다. 이후 모스크바 조약을 비롯한 신동방조약과 동서독 기본조약에 근거한 소련을 포함한 동유럽 및 동독과의 관계는 1982년 사임 시까지 실용주의자인 헬무트 슈미트(Helmut Schmidt) 총리가 이끄는 정부에 의해 그 궤도가 정착되었다. 그의 사임과 사민당의 총선 패배는 결국 1980년대의 유럽을 겨냥한 소련의 중거리 핵 미사일 배치와 이에 대응한 미국의 퍼싱 II 등 중거리 핵 미사일의 서독 내 미군기지에 배치를 허용한 이중 궤도 결정 그리고 이에 반대하는 국내의 반핵 평화주의 운동과 당내의 노선갈등에 의한 것이었다. 미국의 중거리 핵 미사일 서독 배치 찬성 등 당시 국제적 신냉전 분위기의 흐름을 같이하면서 총선에서 승리하여 집권에 성공한 기민련의 헬무트 콜(Helmut Kohl) 정부도 기민련의 동방정책 원칙은 바꾸지 않았지만 사민당-자민당 연립의 전 정부의 동방정책과 독일정책 기조는 유지하였다.45) 이런 기조 속에 콜 정부는

---

45) 당시 새로 출범한 콜 정부에 의한 전 정부 즉 슈미트 총리의 사민당-자민당의 독일정책 및 동방정책 유지는 많은 사람들을 놀라게 하였다. 이에 더하여 연방의회 36회기 기민련의 첫 제안 문서에서, 독일통일과 자결의 목표는 반복적으로 강조되었지만, "재통일"이란 개념은 등장하지 않았다. 이에 의해 기민련이 현재 통일 문제를 동서독 관계의 현실정치적 "불가피성"의 하위에 두고 있다는 근거 없는 추측을 야기하였다. 그러나 당대회의 결의에서 논의 없이 완전히 자명하게 "재통일" 개념은 독일정책 장(章) 머리에 놓였고 이에 의해 기민련의 독일정책의 최상 목표로 재강조되었다; 독일 연방의회, '연방의회 독일통일 조사위원회 보고서'(Bericht

동유럽 민주화운동의 흐름 속에서 일어난 동독 민주화운동 고조라는 천재일우의 기회를 놓치지 않고 독일 통일을 성취하였다.

동서독은 기본조약 체결과 함께 기본조약상 합의에 따라 모든 분야에서 교류를 뒷받침할 각종 협정을 체결하고 이를 실천에 옮겼다. 앞에서 살펴보았듯이 분단시대의 동서교역을 비롯한 각종 교류는 제도적 기초 위에서 대대적으로 확대되었다. 동서진영 간의 긴장과 이에 따른 동서독 간의 긴장에 따라 단속적으로 제한되던 동서독 간의 왕래 등 인적 교류도 일상화되었다.

앞의 장에서 보았듯이 이미 정상적인 궤도에 오른 동서독 교역이나 인적교류 현황을 살펴볼 필요는 없을 것이다. 인적 교류에서는 기본조약 체결하던 해인 1970년부터 서독 주민 그리고 조약 발효 후인 1972년부터 서베를린 주민의 동베를린 및 동독 지역 방문이 본격화한 점만 기본조약 체결 전과 다르다.

1970년대 말 당시 경제 사정이 급격히 나빠지고 있던 동독은 소련으로부터 1978년 15억 루블 차관을 지원받았다. 그러나 1970년대 말 수년간 계속된 흉작과 1979년 12월 27 아프가니스탄 침공 후 군사비 지출로 인하여 소련 경제 자체가 경제가 급격히 악화되면서 더 이상의 지원은 어렵게 되었다.[46] 이에 동독은 서독으로부터 1983년, 1984년 각기 10억 마르크, 9억5천 마르크의 차관을 받아들이고 해외차입에 대하

---

der Enquete-Kommission,,Aufarbeitung von Geschichte und Folgen der SED-Diktatur in Deutschland"), (Deutscher Bundestag, 1994), p.131 및 p.133 참조.

46) 동유럽 국가의 민주화와, 동독의 붕괴와 독일 통일은 이에 대처할 수 없을 정도로 악화되는 소련 경제의 붕괴와 직접 관련되어 있다; 전종덕/김정로, '독일 사회민주당의 역사', p.324 및 정형곤, 앞의 글, p.26 참조.

여 서독으로부터 지급보증까지 받았다. 동독 사회주의통일당 서기장 호네커와 서독의 콜 수상은 이를 손해관리정책(Schadenbegrenzung), 이성연합(Koalition der Vernunft), 책임공동체(Verantwortungsgemeinschaft)라 불렀다. 당시 동독은 국제사회에서 신용 하락으로 차관을 도입하기 어려운 상황에서 파국으로 치닫고 있었다. 이런 서독의 지원에 대한 대가로 동독은 국경에 설치한 자동발사 장치를 제거하여 국경 통제 방침을 변경하고 동독 주민의 서독 이주 신청에 '신속한' 허가 절차를 도입하였다.[47]

기본조약 제7조에 대한 추가 의정서합의서 3항의 "동서독간 통행 분야의 협력관계를 더욱 확대 심화"한다는 합의 내용에 따라 서독은 동서독을 연결하는 고속도로와 철도 건설과 보수에 나섰다. 베를린 왕복 철도와 도로 등 교통로 확장과 개선은 1974년에 동독이 먼저 제안하였고, 코메콘(COMMECON) 회원국 역시 동유럽과 서유럽을 연결하는 교통망 확충이 필요하다고 인식했기 때문에 이를 적극 지지하였다.

---

[47] 이 차관 제공과 관련하여 1984년 8월 25일 콜 정부의 예닝거(Phillip Jenninger) 정무장관은 10억 마르크 차관과 인도주의적 양보라는 취지의 성명서를 발표하였다. 서독 정부는 기본 원칙과 법적 입장을 확고하게 견지하면서 새로운 사고와 유연한 자세로 접근하겠다고 말했다. 그리고 책임공동체(Verantwortungsgemeinschaft)와 이성연합(Koalition der Vernunft) 개념은 군축에만 한정될 수는 없고 사람들을 더욱 안심시키는 것도 포함되며, 그래서 분단된 독일인들의 고통 완화는 매우 극히 중요하다는 것이다. 차관 제공은 일반적인 사업상의 거래가 아닌 다른 철학을 가진 것으로, 동서독 관계의 활성화를 언급하면서, 이미 많은 긍정적인 반응이 오고 있다고 말했다. 구체적으로 동독 측의 여행 완화 조치를 들면서 동독과 모든 문제와 관한 대화를 포함하여 현 노선을 계속하겠다고 밝혔다; 서독 공보처(Presse und Informationsamtes der Bundesregierung) 및 전종적/김정로, 앞의 책, p.326 참조.

동독은 이 도로의 건설비를 서독이 전적으로 부담하는 것을 명확히 했다.[48]

철도와 도로 확장 공사 외에도 서독 정부는 서독 주민들이 서베를린 여행의 불편을 줄이기 위하여 1971년 12월 17일에 동독과 "통과여행협정"(Transitabkommen)을 체결하였다. 이때부터 서독정부는 그동안 서독 주민들이 동독 지역 통과 시 지급했던 도로 사용료를 일괄 부담금으로 지급하였다. 이 협정이 맺어진 후 서독 정부는 1980년까지 동독에게 매년 2억2천490만 마르크를 지불하였으나, 1981년부터는 5억2천500만 마르크를 지급하였다. 여행객 외에 서독 지역에 등록된 차량의 동독 여행 시 서독 정부가 일괄부담금으로 연간 5,000만 마르크를 동독에게 지급해왔다.

기본조약 체결 후 통일되기까지 동서독을 연결하는 고속도로와 철도 건설과 보수 비용, 수로 지원, 직접 차관, 지급보증, 정치범 석방을 위한 거래(Häftlingfreikauf. Freikauf)에 따른 물품 지원, 서독 민간 차원의 지원, 서독 교회 차원의 지원 등으로 서독이 동독에 지원한 금액은 천44억5천 마르크에 달한다. 전체 지원에서 정부 차원은 296억5천억 마르크로 전체의 28%였고, 나머지는 민간 차원의 지원이었다. 반대급부가 없는 일방적인 지원은 서독을 방문하는 동독 주민을 위한 환영금 등 707억 마르크로 전체의 68%를 차지했다.[49]

---

48) 이러한 사업에 대하여 재정적 부담으로 인해서 서독 내에서도 많은 비난이 있었으나 동독은 서독 정부의 호의에 대하여 정치적인 반대급부를 제공하였다. 즉, 동독 정부는 서독인들의 동독 방문 시 연금 수령자들에 대한 최소 환전 의무를 면제해 주었고, 더 많은 정치범을 석방하여 서독으로 넘겼으며, 동독에 유로 수표(Eurocheck)와 크레딧 카드의 도입을 허가하였다; 정형곤, 앞의 글, p.26 주)5 및 pp.26-28 참조.

이처럼 기본조약 하의 동서독 간의 교류는 다방면에 걸쳐 확대되고 심화되면서 외견상 여타 국가와의 관계처럼 모든 면에서 정상적으로 움직이는 것 같았다. 그 절정에 1987년 독일민주공화국 국가평의회 의장 에리히 호네커의 독일연방공화국 방문이 있었다. 9월 7일 동독의 호네커 의장의 방문은 동독 국가 수립, 그리고 동서독 기본조약 체결 이후 동독 국가 최고지도자 최초의 공식적인 서독 방문이었다. 이 방문은 1981년 12월 11-12일 헬무트 슈미트 총리의 동독 방문에 대한 답방으로 당초 1984년에 계획되었던 것이었지만 당시 소련의 체르넨코 공산당 서기장의 반대로 취소되었다.

호네커 방문 시 동독은 국가수반 방문의 의전을 요구하였다. 이에 대하여 서독의 콜 총리 측은 실무방문이라는 이름 하에 국가수반에 준하는 의전을 제공하면서, 이의 대가로 동독 지도부에 대하여 바트 고데스베르크 연회장에서 있을 독일문제에 대한 콜 총리의 기조연설을 동독에 생중계할 것을 요구하였고, 동독은 이를 수용하였다. 9월 15일 통일사회당 정치국은 호네커의 방문 성과를 브리핑을 통하여 이렇게 밝혔다. 이 방문은 기본조약 체결 후 양국 관계에서 가장 중요한 것이었다. 개별적 주권국가 수반에 대한 의전에 따라 두 개의 독일 국가의 독립과 대등한 지위를 세계에 알렸으며, 국제법에 따른 양국 관계의 성격과 양국의 주권을 강조하였다. 그리고 콜 총리는 '법적 지위'와 '민족 통일'에 관하여 언급하지 않았다고 설명했다.

그러나 동독에도 생중계된 콜 총리의 연설은 민족 문제와 재통일 그리고 인권 문제에 관한 서독의 입장을 분명히 하였다. 이와 관련된

---

49) 연합뉴스, 2018. 11. 18; 서독의 대 동독교통 정책과 지원 내용에 관해서는 최연혜, "독일 통일 과정에서 교통정책의 역할", (한국교통연구원,

내용은 다음과 같다.

···이 방문이 민족문제를 포함한 근본적 문제에 대한 두 나라의 상이한 견해를 변화시킬 수 없으며 변화시키지도 않을 것이다. 연방정부의 입장에서 거듭 말하겠다. 우리 기본법 전문은 토론의 대상이 아니다. 이는 우리의 신념에 부응하고 있기 때문이다. 이는 유럽의 통합을 원하며, 전체 독일 국민에게 자유로운 자결권에 의해 독일의 통일과 자유를 완성할 것을 요구하고 있다.

···우리는 현존 경계선을 존중하지만, 우리는 평화적인 이해와 자유의 길에서 분단을 극복하고자 한다. 독일문제는 열려 있지만, 그 해결은 현재 세계사의 의제가 아니며 우리는 이웃 국가의 동의를 필요로 할 것이다.

···독일 사람들은 [동서 대화]의 가능성과 한계를 현실적으로 평가하는 것을 배웠다. 이는 두 나라의 정치적 질서와 상이한 동맹의 양립이 불가능하다는 것에 의해 결정된다. 연방공화국 입장에서 대서양 동맹의 가치와 안보 공동체는 자유 속에서 평화를 공고히 하고자 하는 정책의 불가결하고도 변함없는 기초다.

···평화는 삶의 모든 영역에서 개인의 무조건적이고 절대적인 존엄에서 시작된다. 모든 인간 존재는 스스로에 대하여 스스로 결정할 수 있어야 한다.

그래서 유럽안보협력회의 최종결의가 인권과 근본적인 자유의 존중이 "평화, 정의 그리고 복지의 본질적 요소"임을 명시적으로 인정하였다.[50]

---

50) Helmut Kohl, "Tischreden Helmut Kohls und Erich Honeckers zum Besuch

아무튼 1987년 9월 호네커의 방문은 "사실상" 두 개 국가 체제의 동서독 관계에 정점을 찍었다. 앞으로 살펴보겠지만 이후 동독은 민주화운동의 소용돌이에 빠져 들어가서 헤어나오지 못하고 국가 소멸 과정에 들어갔다.

3. 서독과 동독의 독일정책

1) 서독의 독일정책

독일정책은 서독의 입장에서는 동독에 대한 정책이고 동독의 입장에서는 서독에 대한 정책이다. 이는 민족정책, 통일정책을 포괄하고 있다. 그리고 독일 민족, 독일 분단 그리고 독일 통일은 유럽의 평화 및 안보와 직결되어 있음은 특히 2차 대전 종전과 얄타 회담, 포츠담 회의, 독일의 분할 점령, 분단이 이를 잘 말해주고 있다. 그래서 독일 정책이 서독에서는 동방정책 즉 동유럽 정책, 동독에서는 서방정책의 일부였다.

분단 국가 출범 이후 아데나워 총리 정부에서 1969년 대연립 정부까지의 동방정책 및 독일 정책의 기본은 앞에서 살펴본 바와 같이 아데나워 총리의 국가의 계속성에 바탕을 두고 민주적 정당성을 가진 서독의 유일대표권과 독일민주공화국의 실체를 인정하지 않는 것이었다.

Erich Honeckers in Bonn, 7. September 1987; www.1000dokumente.de

이는 "힘의 우위 정책"에 기초한 1민족 1체제 1국가 통일론이라 할 수 있을 것이다. "힘의 우위 정책"이란 아데나워가 주장하는 자석이론에 따른 흡수통일론이었다.51)

이런 아데나워 시대의 독일 및 동방 정책은 1960년대에 들어오면서 독일을 둘러싼 국제 환경의 변화, 특히 미국과 소련을 중심으로 한 데탕트 즉 냉전에 의한 대결에서 긴장완화 흐름으로 전환되면서 이는 서독에 보이지 않는 압박으로 나타났다. 그리고 이는 국내적으로 브란트 총리의 사민당-자민당 정부로 정권 교체 그리고 신동방정책에 따라 모스크바 조약과 동서독 기본조약 등 조약체제로 숨가쁘게 움직여왔다.

모스크바 조약과 바르샤바 조약 등에는 앞에서 언급한 연방의회의 통일에 관한 서한에도 불구하고 폴란드와의 국경을 인정하고 있다. 그리고 동서독 기본조약 전문에서도 "현존하는 국경선을 기준으로 한 모든 유럽 국가의 국경불가침 및 그들의 영토보전과 주권의 존중이 평화를 위한 기본적인 전제조건"이라고 규정하고 있다.

동서독 간의 기본조약에 바탕을 둔 체제 즉 조약체제는 독일민주공화국의 국가적 실체를 인정한 체제로 브란트가 표현한 동서독 간의 "특수한 관계"는 동서독 기본조약에도 상호 대등한 권리에 기초하여(1조), 쌍방 간의 경계선의 불가침성을 확인하고, 각기 영토보전을 존중(3조)하며, 유일대표권을 주장하지 않으며(4조), 국내외 문제에서 상대방 국가의 독립과 자주성을 존중한다(6조)고 규정하여 "존

---

51) 이에 비하여 전후에 사민당을 재건한 쿠르트 슈마허의 자석이론은 양 진영 사이에 위치한 민주사회주의적 유럽연방으로 독일의 통합으로 그는 새로운 정치, 경제 질서를 통하여 소련 점령지구 동독과 소련의 흡수(Sogwirkung)까지 기대하였다

중"(Respektierung)이라는 표현으로 국가 승인(Anerkennung) 문제를 피해갔다. 민족 문제에 대하여 견해 차이가 있음을 인정할 뿐 통일 문제에 대해서는 전혀 규정하고 있지 않다.

이런 동서독 관계는 연방헌법재판소에 의해서도 국제법적으로는 주권국가 간의 관계, 즉 서로 외국이지만 국내법적으로는 내국간의 관계라는 다소 모호한 관계로 정리되었다. 헌법재판소는 기본조약이 서독 기본법 전문의 재통일 명제와 모순되지 않는다고 하였다.[52] 서독의 법적 지위에 관해 명확한 판단을 내리지 않았다.

이런 맥락에서 사민당-자민당 연립정부의 독일정책은 동독을 "사실상" 승인이라 하지만 이는 국내정치적 타협이라고 보아야 할 것이다. "접촉을 통한 변화"에서 에곤 바르가 미국의 평화정책을 언급하고 있는데, 미국을 비롯한 4강국의 정책은 동독의 사실상 국가 승인 이상이었다. 1957년 7월 "베를린 선언"(Berliner Erklärung vom Juli 1957)[53] 이후 서방 강국은 4강국 차원에서 전혀 현실성이 없는 재통일 정책에 대하여 더 이상 의지가 없었다. 한편 소련은 1945년의 정치적 및 영토적 현상 보장을 위하여 두 개 독일 국가와 함께 평화조약 제의만 하였다(1959년 몰로토프 계획(Molotow-Plan 1959)). 미국은 미국

---

52) 김철수, 앞의 책, P.167 참조.

53) 1957년 7월 연방공화국과 동독이 각각 동서의 동맹체제에 편입된 것이 엄연한 사실이 된 1957년 7월 29일 서방 3강국과 서독의 재통일을 위한 선언으로 3 강국과 연방공화국은 1957년 7월 29일 독일 통일 목표를 고수할 것을 확인하고 전승 4강국으로서 소련의 공동책임을 상기시켰다. 그러면서도 동시에 전체 독일에서 자유 선거가 첫 걸음이 되어야 하며, 통일된 독일이 동맹-나토 포함-에 가입할 수 있는지 여부와 어느 동맹인지에 관해서는 어떠한 제약도 둘 수 없다는 것을 분명히 하였다.

의 베를린 보장이 서베를린에 관한 것일 뿐임을 분명히 하였고, 드골 대통령과 영국의 윌슨 총리는 양국이 오데르-나이쎄 선을 사실상 완결된 국경으로 받아들이며 영국은 동독을 최소한 사실상 승인을 고려하고 있다는 의사를 표명하였다.

대연정 당시 연립여당이 거부하였지만 야당인 자민당은 1968년 가을 연방의회에서 자민당은 정치적 현실에서 동독을 외국이 아닌 두 번째 독일 국가로 인정할 의사가 있다는 것을 밝혔다. 이어서 1969년 봄 자민당이 연방의회에서 동독과의 국가조약안을 제출하였을 때, 서독 정부와 특히 연립 파트너인 사민당은 기본원칙상 과도기에 동독과의 잠정조약에 반대하지 않았으나 동독과의 조약에 앞서 소련과의 합의를 우선하면서 이를 거부하였다. 동독과 조약 체결 자체를 거부한 것은 아니다. 그리고 베를린 장벽이 무너지고 동독에서 통일 구호가 나오기 시작한 1989년 12월 20일 새로운 강령을 채택한 사민당 베를린 당대회에서 채택한 "베를린 선언"[54] Ⅳ장 통일 방안에서 "유럽과 독일 통합의 길에서 유효한 것은 두 개의 독일 국가 간의 협력을 더욱 긴밀하고 포용성 있게 형성하여 지체 없이 새로운 성격을 부여하는 것이다. 이는 기본조약의 기초에서 개별적 합의, 조약공동체, 국가연합, 궁극적으로는 연방국가적 통일의 형태로 나타날 것이다"라고 선언하고 있다. 이 맥락에서 동서독 기본조약에 기초한 동서독 간의 관계는 두 개 국가 간의 관계로 설정하고 있었다.

더구나 브란트는 1987년 6월 14일 그의 사민당 당수 퇴임 고별연설에서 민족 문제에 관해서 그는 "민족적 존립을 근거로 한 동서 갈

---

[54] "유럽에서의 독일인. 사민당 베를린 선언"(Die Deutschen in Europa. Berliner Erklärung der Sozialdemokratischen Partei Deutschlands), (www.fes de)

등의 군사적 발산이 어떤 의미를 가지는 지를 열심히 경고했다. "1970년 내가 에어푸르트에서 거듭했던 경고에 대하여 지금도 우리는 동의하고 있다. '독일 땅에서 더 이상 전쟁이 개시되어서는 안 된다.' 비록 독일의 현행 책임공동체가 처음으로 접근했을지라도 여기에 근거한 이 두 국가의 평화 주도, 국민들에게 유리하고 양측에 도움이 많이 되는 협력을 위한 정부의 합의-이 모든 것은 민족의 척도에 따를 때 내용 없는 모든 재통일 수사보다 훨씬 더 중요하다"고 말했다. 액면 그대로 본다면 공허한 민족 재통일 수사보다는 평화를 위한 동서독 두 국가의 평화 주도와 두 정부 간의 합의가 더 중요하다는 것이다.[55]

또한 형식에 관한 것이지만 1972년의 동서독 기본조약은 주권국가 간의 조약으로서 모든 형식을 갖추고 있고 유엔에 기탁과 국내의 비준동의 등 그 절차에서도 국가 간의 조약 절차를 취하였다.

이런 점에 비추어 당시 사민당-자민당 정부의 입장이 분명히 표명된 적은 없지만 당시 서독은 1민족 2국가의 입장에 서 있었다고 보아야 할 것이다.[56]

집권 기간 동안 사민당의 입장은 정부의 정책으로 표현되었지만, 전통적으로 사민당은 민족문제를 "유럽의 평화질서 속에서 극복"되어야 한다는 입장이었다. 2차 대전 종전에 이어서 서독이 창설된 뒤에 고데스베르크 강령 채택 후 전술한 바처럼 헤르베르트 베너에 의한

---

55) 'Abschiedsrede des Parteivorsitzenden Willy Brandt beim außerordentlichen Parteitag der SPD in der Bonner Beethovenhalle am 14. Juni 1987', www.fes.de

56) 이에 대하여 현실인정을 통한 현실극복이라는 철학과 특별관계의 제도화라는 우회적 방법으로 분단 극복에 노력했다는 견해도 있다. 허 영 편, '독일통일의 법적 조명', (박영사, 1994), p.62 참조.

중립을 전제로 한 3단계 통일 방안 폐기 시까지는 중립화 통일이 사민당의 당론이었다. 이의 전제는 유럽의 평화질서에 의해 전체로서 독일과 베를린에 대한 4강국의 최종 유보권 해체를 통한 통일이었다.

이런 사민당의 통일과 민족에 대한 입장은 앞에서 언급한 베를린 선언에 종합적으로 정리되어 있다. 제목이 말해주듯이 전체로서 유럽 평화질서 속에서 독일 문제 해결 방안인 이 선언 내용은 다음과 같이 요약해 볼 수 있다.

사민당의 민족 문제는 동서독 기본조약과 부속의 독일 통일에 관한 서한에 근거하고 있으며 유럽의 평화 위에서 독일 국민의 자유로운 자결권에 의해 통일 회복이 실현된다는 희망을 견지해왔다고 규정하고 있다. 독일의 통합(Einheit)과 자유의 완수, 즉 독일 통일(Einigung)은 유럽의 통합과 밀접하게 결부되어 있으며, 이 중 어느 하나가 희생된다면 달성될 수 없다. 독일의 이익과 마찬가지로 유럽의 이익은 폴란드 서부국경의 무조건적 승인을 요구하고 있다. 사민당은 더 이상 국경이 문제되지 않는 연대적 유럽을 원한다. 사민당은 과거의 민족국가로의 회귀를 바라지 않는다. 거짓 민족 이익이 유럽에 유혈 전쟁을 야기하였으며, 독일의 새로운 민족주의는 동독의 경제 문제, 두 개 국가의 현실적 과제 어느 것도 해결하지 못할 것이다. 1925년 사민당의 유럽합중국(Die Vereinigten Staaten von Europa) 제안은 지금도 실현될 수 있다. 현 단계에서 유효한 것은 기본조약의 기초에서 개별적 합의, 조약공동체, 국가연합, 궁극적으로는 연방국가적 통일로 나가는 것이다. 국가연합은 유럽 평화질서의 성취와 유럽합중국의 출범에 기초한 조약체계와 경제공동체 내의 두 개의 주권국가 실현이 가능하다는 것이다.

전체로서 유럽평화질서 속에서 민족주의를 극복하며, 동서독 국민들의 자기결정권 행사에 의해 통일된다고 해서 이것이 1937년의 독일 회복이 아니라는 것이다. 그런 맥락에서 폴란드의 서부 국경을 무조건 인정하겠다는 것이다. 1989년 단계에서 통일방안은 유럽평화질서를 전제로 개별조약-조약공동체-국가연합-연방제 통일국가로 크게 요약할 수 있다.

그런데 사민당은 냉전 해체와 소련의 동의에 의한 통일의 실현이 단기적으로 기대하기 어렵다는 판단을 하고 있었다. 이는 에곤 바르의 "접촉을 통한 변화" 논의의 기본적인 배경이기도 하였다. 이런 판단은 동유럽의 민주화가 가시화되기 시작한 1980년대 말 무렵에도 그대로 유지되고 있었다. 이런 맥락에서 사민당은 폴란드공산당(폴란드 통일노동당: PVAP)과 '유럽의 평화와 군축'(Frieden und Abrüstung in Europa) 공동작업팀(gemeinsame Arbeitsgruppe SPD-PVAP)을 구성하여 폴란드 공사정권이 무너지던 1989년 6월 27일 본에서 작업보고서를 발표하였다.57)

이는 동서독 관계에서도 마찬가지였다. 이런 동서관계, 유럽, 그리고 독일 통일은 가까운 장래에 이루어질 수 없다는 입장에서 동독의 사회주의통일당과의 교류를 강화하였다. 이는 당내 젊은 세대의 동서독 관계 인식과도 관련이 있었다. 즉, 1980년대 말에 사민당 내에서는 독일통일 문제를 둘러싼 세대간 논쟁이 일어났다. 이는 "강령의 타협"에 의해서만 덮을 수 있었다.58) 젊은 세대는 독일통일에 대하여 상당

---

57) 보고서 "Materialen Frieden und Abrüstung in Europa" 내용에 관해서는 www.fes.de.

58) 1989년 12월 20일 베를린 당대회에서 채택된 사민당 강령은 1959년 고데스베르크 강령에서 폐기한 마르크스주의를 사회민주주의의 여러 뿌리 중 하나로 부활시키고 좌파 국민정당(linke Volkspartei)의 길로 가겠다고

히 회의적인 태도를 보였다. 스펙트럼은 통일에 대한 상당한 무관심에서부터 거의 통일 부정까지 전개되었다. 1989년 이전 이미 오스카 라퐁텐이 그 "중심인물"인 이 "손자 세대"(Enkelgeneration)[59] 가 여론에서 사민당의 이미지를 결정했다.

이런 당내 분위기 속에서 사민당은 사회주의통일당 창당 40주년에 축하 대표도 파견하는 등 동독의 사회주의통일당과 교류를 강화하였다. 이런 흐름의 일환으로 1986년 3월 사민당의 기본가치위원회(Grundwertekommission)와 동독의 사회주의통일당 중앙위원회 산하의 사회과학연구소(Akademie für Gesellschaftwissenschaften)가 사민당 측에서 에플러, 뢰벤탈 등이 참여한 공동실무팀을 구성하였다. 이들은 4차례 회담을 가진 후에 1987년 8월 "이념 투쟁과 공동 안보"(Der Streit der Ideologien und die Gemeinsame Sicherheit)라는 제목의 보고서를 내놓았다.

이 보고서는 평화유지가 모든 정책의 기본요건이라고 규정하고, 이를 위하여 대화, 군축, 타협, 이익의 조정, 데탕트 과정의 활성화가 필요하다는 것이다. 평화, 군비경쟁 종식, 긴장완화는 양 체제, 모든 국가, 인류에 이익이 된다는 전제 하에 유럽안보협력회의 틀 안에서 핵무기 폐기와 군축에 의한 유럽평화질서 구축을 위하여 동독과 서독 양 체제가 서로를 인정하고 평화공존 속에서 체제경쟁을 하자는 것이

선언하면서 사회민주주의와 함께 민주사회주의를 강조하고 있다. 그리고 동방정책에서는 폴란드 서부 국경선의 무조건 승인, 유럽 평화질서 내에서 민족 국가의 극복을 주장하고 있다; 전종덕/김정로, 앞의 책, pp.342-351 참조.

[59] 전후 사민당을 이끈 쿠르트 슈마허 세대 - 빌리 브란트 세대에 이은 세대를 말한다. 오스카 라퐁텐, 게르하르트 슈뢰더 등이 이에 속한다.

다. 상대 인정에는 서구의 민주주의와 마르크스-레닌주의에 바탕을 둔 동독의 민주주의가 서로 주장하는 각 체제의 고유한 가치를 인정하자고 했다.60)

위와 같은 사민당과 동독의 사회주의통일당의 존재 인정과 교류의 강화와 공동보고서 발표, 1989년 12월 20일 베를린 당대회에서 채택된 강령, 유럽과 독일 문제에 관한 베를린 선언 등에서 사민당의 독일정책은 1972년 동서독 기본조약 발효 시의 독일정책의 "사실상" 두 개 국가 정책에서 더 나가서 실질적인 두 국가 정책 노선이라고 보아야 할 것이다. 이는 1990년 3월 동독 자유 총선 및 이후 동독 지역 내에서의 사민당의 정치적 위상과 직접 관련된다.

기민련의 경우도 1982년 헬무트 콜 총리의 정부 수립 이후에 사민당-자민당 정부에서 체결한 동서독 기본조약을 포함한 동방정책 관련 조약의 효력을 인정하였다. 이를 두고 콜 정부가 이전의 사민당-자민당 연립정부의 정책을 계승했느냐 여부 문제가 제기될 수 있다. 콜 정부는 인간적 고통 완화와 접촉 추진 강화 목적을 가진 동독과의 조약 정책을 원칙적으로 계속하였지만, 사회주의통일당 국가와의 규범상 거리를 두는 것과 독일문제의 개방성을 더 강조하였다. 이를 위해서는 서방 동맹과의 유대와 유럽통합 과정의 강화가 더욱 요구되었다. 이렇게 조성된 신뢰자산이 1989/1990년 재통일 시에 그 가치가 입증되었다고 연방의회 조사위원회는 보고 있다.61)

그러나 콜 정부는 사민당의 강력한 반대를 뚫고 나토의 군비강화

---

60) Grundwertekommission der SPD/Akademie für Gesellschaftswissenschaften Beim ZK der SED, 'Der Streit der Ideologien und die Gemeinsame Sicherheit', www.fes.de; 전종덕/김정로, 앞의 책, pp.356-360 참조; 이 합의

61) 독일 연방의회, 앞의 책, p.134

결의의 실현, 즉 구체적으로는 미국의 중거리 핵 미사일 서독 내 배치를 실현하고 유럽 통합과정을 강력하게 추진하였다. 기민련의 전통적인 독일정책 기조를 유지하였다. 그리고 독일 통일이 단기간에 이루어질 수 없어 보인다는 것 그리고 동독의 인권문제와 이의 거부를 독일정책의 중심에 두면서 1980년 호네커의 게라 요구를 거부하는 등 동독의 국가 승인을 단호히 거부하였다.

기민련의 독일정책 노선은 1978년 기본강령(Grundsatzprogramme)에 규정되어 있고, 1983년 선거강령(Wahlprogramm)에서 재확인되고 있다. 이 노선에 따르면 모든 동방조약과 동서독 기본조약 및 후속 조약은 변함없이 이행하지만 국가 계속성의 원칙에 기초한 아데나워 총리의 기민련에서 설정된 종래까지의 재통일 과제, 독일국민 전체의 이익 대표, 단일국적 원칙은 고수하고 있다.

"전체 독일 국민을 위하여 자유, 평화 정의를 실현하는 것이 독일정책의 과제"(Freiheit und Einheit für das gesamte deutsche Volk zu erringen, ist Aufgabe der deutschen Politik)라는 1978년 기본강령의 독일정책 부분을 보면 다음과 같다.

전체 독일 국민에게 자유와 통일을 가져다주는 것이 독일정책의 임무다. 평화 속에서 우리는 유럽의 분단 그리고 이와 함께 우리 조국(Vaterland)의 분단의 극복을 원한다. 우리는 정책 수단으로서 무력의 위협이나 그 사용을 거부한다. 우리는 현실적 힘의 관계를 부정하지 않는다. 그러나 사실의 힘은 정부의 정책과 무력뿐만 아니라 그 역사적인 힘을 보유한 독일민족의 통일 의지도 포함하고 있다.

자유로운 자기결정은 단순한 힘의 사용 거부 이상의 평화의 일부다. 이는 세계 어디서나 마찬가지로 우리에게도 적용된다. 우리는 법의 힘을 신뢰한다. 자결권이 모든 독일인에 의해 행사될 수 없는 한에서 독일연방공화국은 모든 독일인의 자유로운 질서의 수임자다. 이는 독일인의 기본권과 인권을 보호하는 의무를 이행한다. 우리는 하나의 분리되지 않은 독일 국적을 고수한다. 독일문제는 개방되어 있다. 우리는 모든 부분에서 독일 의식을 보전하며 이를 유지한다. 우리는 분단된 국가에서 삶을 용이하게 하고 접촉을 촉진하고, 인권을 강제하며 장래 통일의 기초를 공고히 할 협상과 합의를 긍정한다. 외국과 동독과 체결한 독일연방공화국의 모든 조약은 구속력을 가진다. 독일통일에 관한 서한, 1972년 독일 연방의회의 공동결의와 1973년 및 1975년 연방 헌법재판소의 결정은 여전히 동방조약과 동서독 기본조약의 해석과 적용에서 결정력을 가진다.

    베를린은 변함없이 전체 독일의 수도이며, 이는 민족적 과제이고 우리에게 동유럽 진영과 긴장완화의 시금석이다. 전체로서 독일과 함께 4강국이 권한과 책임을 가지는 전체로서 베를린은 변함없이 독일인의 민족의지의 표현이다. 자유 베를린은 독일연방공화국의 한 연방 주며 자유 유럽의 일부다. 베를린 협정이 고려하고 있는 국제법상의 유보는 그대로 유지된다. 3강국과 협력하여 우리의 임무는 자유 베를린의 생존능력을 확보하고 강화하는 것이다. 우리는 자유 베를린과 독일연방공화국 간의 유대를 유지하고 강화할 것이다. 62)

독일통일을 맞이하게 되는 1987년 선거강령에도 이를 확인하고 있다. "우리는 전체 독일인의 이익을 대표한다"(Wir vertreten die Interessen aller Deutschen)는 제목 하에 독일 정책을 제시하고 있다.

---

62) 'CDU Grundsatzprogramm 1978' 및 'Das Wahlprogramm von CDU und CSU für die Bundestagswahl 1983', 콘라드 아데나워 재단(www.kas.de).

"민족 및 유럽에 대한 책임"에 따라 "소비에트의 제국주의에 의해 야기된 비인간적인 분단을 극복하고 독일 국민들이 자유로운 자기결정 속에 통일을 회복하는 유럽의 평화 상태를 위하여 노력"하고, "독일 제국의 계속성, 공동국적법 제도"를 고수하겠다고 약속했다. 그리고 사민당은 이를 포기했다고 비판했다. "4강국은 변함없이 전체로서 독일에 대하여 책임"이 있고, "동방조약"은 국경 인정 조약"이 아니며 "국제법상 독일의 지위"를 변경한 것이 아니라고 규정하고 있다. 모스크바 조약, 동서독 기본조약 등의 잠정성을 전제로 하여 독일의 두 개 국가를 부정하고 1945년 종전 이래 전체로서 독일과 베를린 문제의 최종적 결정을 보유해온 4강국의 권리와 의무를 확인하고 국경을 포함한 독일문제는 최종적으로 평화조약에 의해 결정된다는 지금까지 기민련의 독일정책을 재확인하였다.[63] 그리고 이는 1989년 11월 베를린 장벽 붕괴 후 독일통일에 이르는 과정에 적용된다.

1980년대에 제도권에 진입한 녹색당의 입장은 당 전체로서 일관된 것이 아니었다. 독일 "평화정책"의 불가피성에 대한 합의에 기초한 녹색당 당내 주류의 일부는 완전하고도 국제법상으로도 그리고 최종적인 두 개의 독일 국가 인정을, 또 다른 일부는 사회주의적이고 중립적인 전체 독일에 대한 전망을, 마지막으로 다른 일부는 동독의 협력 가능한 세력과 함께 "밑으로부터의 평화정책"의 직접적 추진이라는 직접적 과제를 지향하였다. 많은 경우 사회주의통일당 국가의 비현실적인 구상에 고무되었을 수 있는 과반수가 독일통일 목표를 거부하면서 녹색당은 변화의 시대에도 동독 주민 과반수의 원망(願望)과 목표

---

[63] 'Das Wahlprogramm von CDU und CSU für die Bundestagswahl 1987', www.kas.de

에 공개적으로 반대하는 입장에 섰다.64)

이제 이런 제 정파의 독일정책은 1989년에 절정에 달한 동독 민주화운동과 함께 통일과정 속에서 1990년 3월 동독 자유총선과 그 해 9월 전체 독일 총선에서 동독 유권자와 전체 독일 유권자의 심판대에 오르게 된다.

2) 동독의 독일 정책

1949년 10월 7일 발효된 동독 헌법은 전문에 "…독일 인민에 의해 이 헌법이 제정"되었고, 제1조에 "독일은 독일 주(Land) 위에 건설된 분할할 수 없는 민주공화국"이며, "하나의 독일 국적(deutsche Staatsange- hörigkeit)만 존재한다"고 규정하여 전체 독일 국민을 대표하고 있음을 규정하고 있었다.65) 서독과 마찬가지로 이 시기의 동독 역시 유일대표권을 주장하였다. 이런 논리에서 1967년까지 동독 역시 별도의 국적법을 제정하지 않았다.

그 근거로 동독은 "독일연방공화국(서독)에 의해 불법적으로 분리된 부분"이 제외된 "독일의 핵심적 영토"에 수립된 국가로서 독일 전체를 대표하는 부분 국가라는 것이다. 이 점은 10월 9일 사회주의통

---

64) 독일 연방의회, 앞의 책, p.134.
65) 1949년 동독 헌법 전문(全文)에 관해서는 www.1000dokumente.de 참조. 1949년 헌법에서 5개 연방 주를 비롯한 지방자치단체는 해체되고 14개 지구(Bezirk)로 개편되었다.

일당 확대 당대표자회의에서 그로테볼이 분명히 밝혔다. "전체 독일 정부에 관한 이야기가 너무도 많다. 우리는 전체 독일의 정부를 건설한 것이 아니다. 우리 작업의 기초는 독일민주공화국 헌법이며 여기서 구성된 정부는 독일민주공화국 정부다. 또 다른 문제는 어느 정도까지 이 정부가 전체 독일에 효력이 미치느냐다. 이는 이 정부의 사실적 활동에 좌우된다."

이는 일종의 1민족 1국가 2체제라고 부를 수 있을 것이다. 그러나 헌법과 대내외적인 주장과는 달리 동독은 실질적인 2국가 체제를 지향하면서 국제법적인 국가 승인을 추구하게 된다. 냉전 심화와 함께 1949년 나토 창설과 1955년 파리조약 발효와 서독의 나토 가입에 대응한 1955년 바르샤바 조약 기구 창설에 앞서서 1954년 소련은 소련과 동독의 관계에 관한 정부 성명서를 발표한 뒤, 동독과 상호 조약을 체결하고 동독은 바르샤바 조약 기구의 창설 회원국으로 참여하게 된다. 서독 연방군의 창설과 서독의 나토 가입은 냉전 이후 유럽에서 소련에 대한 가장 적대적인 행위였다.

소련의 정부성명서에서 소련은 독일의 재통일은 전체 독일에서 자유 총선거 실시와 평화조약 체결에 의해 충족되어져야 하지만 이런 방향으로의 어떤 조치도 없었다. 그래서 소련은 주권국가로서 동독과 관계를 수립하겠다. 그리고 전승국으로서 역할을 유지하겠다고 밝혔다. 이듬해 인 1955년 소련은 동독과 관계에 관한 기본조약(Vertrag über die Beziehungen zwischen der UdSSR und der DDR)을 체결하였다. 이 조약은 상호 주권존중과 우호협력을 내용으로 하고, 전체 독일에서 평화조약에 의한 평화정착과 평화적이고 민주적인 토대 위에서 독일의 재통일을 완수하기 위하여 노력할 것을 규정하고 있다.[66]

소련 정부 성명서와 소련-동독 기본조약 체결은 2국가론

(Zwei-Staaten-Theorie)에 따른 것이었다. 이는 후르쇼프의 이론에 근거한 것으로 2차 대전 이후 독일 제국의 영토에는 독일연방공화국과 독일민주공화국이라는 2개의 주권 국가가 탄생하였다는 것이다. 이의한 근거로 후르쇼프는 두 국가의 외무장관이 1955년 제네바 정상회담에 참석하였다는 것을 들었다. 드디어 1955년 7월 26일 후르쇼프는 동베를린에서 그의 2국가론을 공개적으로 선언하였다. 독일 재통일의 선결조건은 두 독일 국가의 접근이며 이는 독일 국민의 일이라는 것이었다. 그리고 동독의 사회주의적 성과는 존중되어야 한다는 것이었다. 이제 자유 총선을 통한 조기 재통일은 불가능하다고 서방 강국은 보았다. 2국가론을 전환점으로 하여 소련은 서독의 서방 편입 저지를 목적으로 한 스탈린의 평화노트 등을 통한 재통일 제안을 버리고 독일 분단정책으로 나갔다. 이런 입장에서 소련의 흐루쇼프는 1965년 7월 18일 평화를 논의하는 4대강국의 제네바 정상회담에 참여하였다.

　이런 근본적인 입장 전환에 따라 헌법의 규정에 관계없이 이후 동독은 서독으로부터 국제법적인 국가로 승인받고자 노력하게 된다. 그리고 통일론으로서 지금까지 1민족 2체제 입장에서의 헌법제정에 의한 재통일 주장에서 1민족 2국가 입장에 선 국가연합안을 제시하였다. 2국가론에 따라 동독은 1967년 동독은 종래의 공통국적법을 탈피하여 자체적 국적법(Staatsbürgerschaftsgesetz)을 그리고 1968년과 동서독 기본조약 발효 후인 1974년에 헌법을 개정하였다.

　먼저 국적법을 살펴보면 전문에서 국적법 제정은 독일민주공화국 주권의 표현이라고 규정하고 있다. 동독 국민은 종전의 독일제국의

---

66) 소련 정부 성명과 조약 전문에 관해서는 최창동, 앞의 책, pp.73-75 참조.

국민을 국민으로 하는 공동국적에서 벗어나 동독 국가 창설 이후의 시민을 국민으로 정의하여(제1조), 1949년 국가 창설로 동독이 새로운 주권 국가로 탄생하였음을 규정하고 있는 것이다.67)

헌법 개정과 관련 1968년 헌법에서는 1조에 "독일민주공화국은 독일 민족의 사회주의 국가"(sozialistischer Staat deutscher Nation), "수도는 베를린"이라고 규정하여 2민족 2국가론을 뒷받침하였다.68) 그러나 1974년 헌법은 1조에 "독일민주공화국은 노동자, 농민의 사회주의 국가"(sozialistischer Staat der Arbeiter und Bauern)라 규정하고 민족은 삭제하였다.69) 종래의 1민족 2국가에서 2민족 2국가로의 민족 및 통일 문제에 대한 논리 전환인 것이며, 동독이 서독에게 요구해온 국제법상의 국가 승인 요구를 헌법상으로 뒷받침하고 있다. 이는 모스크바조약 협상에서 소련의 요구, 동서독 기본조약에서 동독의 요구를 국내적으로 규범화한 것이다.

아무튼 동독은 2국가 논리와 동서독 기본조약에 의해 그리고 유엔 동시 가입으로 서독 및 국제 사회로부터 국제법상 국가 승인이 있었다는 근거에 따라 1974년부터 동서독이 상주 대표부를 설치할 때 서독에 외무부 소속의 대사를 파견하였다.

동독은 독일 민족이 사회주의 민족과 자본주의 민족으로 분리되었으며, 따라서 해결되지 않은 독일 문제, 즉, 재통일 문제는 더 이상 존재하지 않는다는 논리를 발전시켜 2민족 2국가 논리를 통일 때까지

---

67) 이 국적법은 1990년 9월 1일 통일조약 발효와 함께 사실상 폐기되었다. 국적법 전문에 관해서는 www.documentarchiv.de 참조.

68) 동독의 1968년 헌법 전문에 관해서는 www.documentarchiv.de 참조.

69) 동독의 1974년 헌법 전문에 관해서는 www.documentarchiv.de 및 장명봉, '분단국가의 통일과 헌법', (국민대출판부, 2000), pp.246-274 참조

주장하고 서독에 의한 국제법상 국가 승인을 지속적으로 추구하였다. 동독의 새로운 민족 개념은 스탈린의 "마르크스주의와 민족문제'에 정의된 "공통의 언어, 영토, 경제생활 및 공통의 문화로 표현된 심리적 구성을 기초로 한 역사적으로 형성된 사람들의 안정된 공동체"에 기초한 것이다.70)

동서독 간의 교류에서 살펴보았듯이 다방면 특히 물적, 인적 교류는 동독의 사회주의통일당 체제의 유지에 부담으로 작용하였다. 동독은 이에 대하여 소위 "분계정책"(Abgrenzung)으로 대응하였다. 즉, 서독, 즉 자본주의의 영향을 차단하고 주권국가로서의 독일민주공화국의 위상을 정립하겠다는 것이었다. 그러나 인권에 관한 헬싱키 의정서 최종결의 의제-III 결의의 실행을 거부하기도 하였지만, 이 의제의 이행과 동서독 기본조약에 따른 동서독 주민의 만남과 통신의 기회 개방과 확대는 분계정책을 점점 더 어렵게 만들었다. 이에 동독은 서독에 대하여 국가 승인을 노골적으로 요구하게 되었다. 호네커의 "게라 요구"(Geraer Forderung)는 이를 단적으로 표현해 주고 있다.

1980년 10월 13일 라이프치히 근처의 게라의 에르빈-판도르프 홀에서 열린 사회주의통일당 게라 지구 당 활동대회에서 에리히 호네커는 연설을 통해서 동독 국가평의회 의장 자격으로 서독에 대하여 다음 4가지를 요구하였다.

- 강 중앙으로 엘베강의 국경선을 "확정"할 것
- 잘츠기터 사무소(동독 인권기록사무소)를 해제할 것

---

70) J.Stalnin, 'J.Stalin Works II', (FOREIGN LANGUAGES PUBLISHING HOUSE, 1953), p.307.

- 동독 국적 존중
- 상주대표부를 대사관으로 전환할 것[71]

그러나 1982년 브레즈네프 사후 1985년 고르바초프 등장 시까지 소련 지도부의 불안정과 앞에서 언급했듯이 소련 경제의 악화에 따른 동유럽 국가에 대한 지원 불가능 등으로 동독 경제가 서독의 차관 등 지원에 의존할 수밖에 없게 되면서 이런 요구는 실현 불가능했다. 더욱이 1983년 서독 콜 정부가 야당의 반대를 물리치고 의회에서 중거리 미사일 배치 결의안 의결을 얻어내고 이의 배치를 실행에 옮기면서 동서독 관계가 냉각될 것 같았으나 예상과는 달리 이런 경제적 사정으로 동서독 관계는 종전과 다름없이 정상적으로 유지되었다.

서독의 차관과 각종 지원에는 동독 주민의 고통완화와 인적 접촉 강화 요구조건이 붙어 있었다. 이는 1990년 2월 당시 예상되는 경제 파탄 앞에서 동독의 에곤 크렌츠가 콜 총리를 만났을 때 목적이 부과되지 않은 차관과 지급보증을 요청했다는 사실에서도 확인될 수 있다.

동유럽의 민주화 물결과 1985년에 집권한 소련의 고르바초프 서기장의 개혁개방 정책에 따른 동독에 대한 개혁 압력과 동독 내 민주화 운동과 경제적 상황의 급속한 악화 앞에서 동독의 독일정책은 파산하고 만다.

---

71) 'Neues Deutschland', 14. Oktober 1980

제5장　　　　　　　　　　독일 통일

1. 라이프치히 월요시위에서 베를린 장벽 붕괴까지

1989년 9월 4일 월요일 동독의 공업도시 라이프치히의 니콜라스 교회에서 시민들의 시위가 있었다. 이렇게 시작된 역사적인 월요시위 (Montagsdemonstrationen)는 9월 25일 8천명을 돌파하였다. 이를 계기로 월요시위는 드레스덴, 할레, 칼마르크스, 마그데부르크, 아른슈타트, 로스토크, 포츠담, 슈베린 등 동독 전역으로 확대되었다. 시위대는 평화적이고 민주적인 국가 개혁, 특히 사회주의통일당 일당 지배의 종식, 여행의 자유, 국가보위부(슈타지)의 폐지였다.

1982년 이후 매주 월요일 사람들은 라이프치히 리콜라스 교회에서 평화를 위한 기도를 올렸다. 공개적인 시위의 계기는 1989년 5월 7일 지방선거였다. 이 선거에서 사회주의통일당은 공식적으로 투표자의 98.89%를 득표했다. 그러나 이는 부정선거였고 이를 계기로 동독시민들은 공개적인 시위를 통하여 자유선거를 요구하였다. 점차 고립되어 있던 반대 단체가 연대한 민주화 운동으로 발전되었다.

1989년 9월 4일에는 기도 후에 교회 앞 마당에서 이들이 "자유로운 사람들과 함께 개방된 나라를 위하여", "대량탈주 대신 여행의 자유"를 요구하는 현수막을 펼쳤다.

1989년 9월 4일 1,200명이 참가한 자유와 시민권을 위한 라이프치히 첫 번째 월요시위
출처: picture-alliance/ dpa

라이프치히 가을 축제 기간 중에 이 도시를 방문한 서독과 외국 기자들의 눈과 카메라 앞에서 민간 복장을 한 국가보위부 요원이 현수막을 빼앗았다.[1]

그 전 해인 1988년 1월 17일 [2])에서 "자유란 항상 달리 생각하는 자의 자유이다"(Freiheit ist immer nur Freiheit des anders Denkenden)라

---

1) 독일정치교육센터(Bundeszentrale für politische Bildung) 홈페이지 (www.bpb.de) 참조

2) 1918년 혁명에 의해 독일제국이 무너지고 휴전으로 1차 대전이 끝난 다음 임시정부를 맡은 사민당의 프리드리히 에버트 총리는 의회민주주의에 바탕을 둔 균형 있는 연립정부를 기초로 하는 공화국 수립에 나섰다. 이에 반발한 칼 리프크네히트와 로자 룩셈부르크는 독립사민당을 탈당하고 그 해 12월에 독일 공산당을 창당하였다. 그리고 이들은 제헌의회 선거(1918년 1월 19일)를 며칠 앞둔 1월 5일 이른바 스파르타쿠스 봉기를 일으켰다. 에버트는 제국의 정규군을 설득하여 참여시키고 임시정부에서 국방을 맡고 있던 구스타프 노스케(Gustav Noske)에게 자유군단(Freikorps)을 맡겨 진압하도록 하였다. 1주일 만에 이 봉기는 진압되었으며 지도자인 룩셈부르크와 리프크네히트는 1월 17일 잔인하게 살해되었다.

1988년 1월 17일 리프크네히트와 룩셈부르크 추모 시위
출처: Tagesspiegel

는 로자 룩셈부르크의 글을 구호로 데모를 벌이려고 하는 시위군중이 합류하자, 슈타지가 서방 언론 카메라 앞에서 100명을 체포하였다. 이들은 대부분 동독국적법 그룹(Gruppe Staatsbürgerschaft- srecht der DDR) 소속이었다. 이에 전국에서 수천 명이 항의 시위에 나섰다. 당국은 2월 2일에 구금된 사람들을 출국시켜 사태를 수습하였다. 10월에는 동독 보안당국의 교회신문 검열에 항의하는 200여 명의 시위자를 난폭하게 해산하는 사건이 있었다. 이런 연장선상에서 1989년 9월에 본격적인 가두시위가 등장한 것이다.

교회가 월요시위의 중심이 된 배경을 잠깐 살펴보자. 분단 이후 동독정권의 교회탄압으로 신도 수가 대폭 줄기는 했으나 1989년 동독 전체인구의 24.8%가 개신교, 5.6%가 천주교 신자여서 동서독 교회 간에 활발한 교류가 가능했다. 이 과정에서 서독교회의 지원은 동독 교회의 활동을 활성화하고 동독교회가 동독 민주화혁명의 근거지가 되는데 크게 기여했다. 서독교회는 1957년부터 1990년까지 동독교회 및 부속시설에서 직접 사용할 23억 마르크(1조 3,800억 원) 상당의 물품과 동독교회가 현금화하여 사용할 28억 마르크(1조 6,800억 원) 상당의 물품을 지원하여 동독교회가 목회자의 급여 지급, 교회 및 부속시설의 유지에 충당할 수 있도록 했다. 이 같은 지원으로 동독교회는 76개의 부속병원(12,000개 병상), 양로원, 간호병원, 직업훈련소, 유치원 등 복지시설을 운영하여 동독주민들의 고통완화에 실질적으로 기여했다. 동독교회의 이러한 역할은 동독교회가 체제저항 세력 양성의 중심이 되고 동독 민주화혁명이 폭력화하지 않도록 하는데 밑거름이 되었다. 서독교회의 동독교회 지원사업 경비의 50%는 서독정부가 지원했다. 특히 제4장의 동서독간 교류 중 "정치범 석방을 위한 거래"(Freikauf)에서 1963년부터 베를린장벽이 무너진 1989년까지 이 사업으로 총 34억4천만 DM의 물품이 실무를 맡고 있던 슈투가르트에 소재한 독일 신교연합회(Evangelische Kirche in DFeutschland) 산하 사회구호복지기구(Diakonie) 동독 교회에 전달되었다.3)

이런 동독 국내 분위기에서 10월 7일 동독 창건 40주년 기념식이 거행되었다. 동독 건국 이래 최대의 군사 퍼레이드였다. 대내외에 호네커의 사회주의통일당과 동독정권의 건재를 과시하기 위한 것이었다. 동독군이 1968년 체코슬로바키아 사태 때 소련군과 함께 나토군의 일원으로 프라하로 진입했던 것은 말할 것도 없고 1953년 동베를린 소요 때 소련군과 함께 무력 진압에 나섰던 기억을 상기시키기 위한 것으로 보였다 여기에 참석한 고르바초프 소련 공산당 서기장은 개혁의 필요성을 역설하였다.

---

3) 손기웅, '동서독간 정치범 석방거래(Freikauf)', p.5 참조; 손기웅 외, '동서독 정치범 석방거래 및 정책적 시사점', (통일부, 2008), p.68 참조.

동독 건국 40주년 군사 퍼레이드(1989. 10.7)
출처: picture-alliance/dpa

그런데 고르바초프는 7월 6일 동독이 위기에 빠질 때 동독을 지원한다는 소련 측의 확약을 파기하면서 동독에 소요를 방지하기 위한 소련 군부대의 개입을 거부했다. 고르바초프는 바르샤바조약 회원국의 국내소요 시에 회원국의 군사력을 동원하여 개입하겠다는 소위 "브레즈네프 독트린"[4]과는 거리를 두고, 회원국의 국내 문제는 각국

---

[4] 바르샤바 조약기구 회원국내의 반사회주의 활동에 대한 개입논리로 1968년 9월 26일 '프라우다' 지에 세르게이 코발레프(Sergei Kovalev)가 "사회주의 국가의 주권과 국제적 의무"라는 제목의 글을 게재하였다. 이를 소련 공산당 서기장 브레즈네프가 1968년 11월 13일 폴란드연합노동당 5차 당대회에 가진 연설에서 다음과 같이 이를 반복하였다. 서방이 이를 브레즈네프 독트린이라 칭했다. "…각국 공산당은 자국 인민에 대해서뿐만 아니라 모든 사회주의 국가, 전체 공산주의 운동에 대해서 책임져야 한다. 공산당의 독립만을 강조하면서 이를 망각한 자는 누구나 일방적으로 된다. 그는 국제적 의무에서 이탈하는 것이다…체코슬로바키아 형제 인민에 대한 국제적 의무를 방기하고 자국의 사회주의적 이익만을 지키려고

베를린 장벽 붕괴(1998년 11월 9-10일)
출처: bundesarchiv(www.bild.bundesarchiv.de)

의 독자적인 결정에 맡기겠다는 자신의 방침을 농담조로 시나트라의 노래 "마이웨이"(My Way)에 빗대어 "시나트라 독트린"이라 불렀다.

40주년 기념식 밖에서는 수많은 동독 주민들이 시위에 나섰다. 월요시위 참가자는 점점 불어났다. 10월 16일 12만 명에 달했고, 10월 23일에는 호네커가 축출되고 에곤 크렌츠(Egon Krenz)가 서기장으로 취임하였다. 10월 23일 월요시위 참가자는 30만 명으로 늘어나고 여기서 "우리가 인민이다"(Wir sind das Volk!)라는 구호가 등장하였다. 11월 4일 베를린에서는 100만 명이 시위를 벌였다. 그리고 11월 9일 밤에서 10일 새벽에 걸쳐 베를린 장벽이 무너지고 브란덴부르크 문이 개방되었다.

한 까닭에, 소련과 여타 사회주의 국가는 결정적인 행동을 할 수밖에 없어서 체코슬로바키아의 반사회주의 세력에 대하여 행동했다."

여기서 동독 민주화운동의 배경이라 볼 수도 있는 당시 소련을 비롯한 동유럽 공산진영의 상황을 돌아볼 필요가 있을 것이다.

1981년 레흐 바웬사가 이끄는 자유연대노조가 전국으로 확산되면서 시작된 폴란드의 민주화 운동은 이미 1988년에 자유연대노조의 파업이 시작되면서 1989년의 혁명을 예고하였다. 2월부터 시작된 공산당 정부와의 원탁회의는 6월에 자유총선을 실시하기로 4월에 합의에 이르렀다. 중국에서 탱크가 천안문 광장으로 진입하여 민주화 시위를 유혈 진압하기 시작한 6월 4일 실시된 총선에서 자유노조가 압승을 거두면서 폴란드인민공화국은 붕괴되고 폴란드 3공화국이 탄생하였다. 이를 기점으로 헝가리에서는 5월에 국경이 개방되고 8월에 노동당 정권이 무너지면서 10월에 민주공화국이 탄생하였다.

헝가리의 국경 개방으로 1989년 8월부터 동독 주민들은 헝가리를 거쳐 서독으로 대대적으로 이주하기 시작하였다. 9월에 3만 명 이상이 빠져나가자 동독 정부는 헝가리와의 국경을 폐쇄하였다. 그 후 체코슬로바키아를 통한 탈주가 이어지자 11월에는 체코슬로바키아와의 국경도 폐쇄하였다.

그런데 공산주의 종주국의 고르바초프 서기장은 앞에서 언급했듯이 바르샤바 조약 회원국 국내 문제에 집단으로 개입하겠다는 브레즈네프 독트린 대신 소위 시나트라 선언을 내놓고 각국 문제는 각국이 알아서 하라는 태도였다. 1985년 3월 노후화한 소련체제를 물려받고 소련공산당 서기장에 취임한 미하일 고르바초프는 소련이 살아남기 위한 유일한 방안으로 정치와 경제에서 개혁개방 정책(Perestroika)을 선언하였다.

통일 후 동독의 무너지는 과정을 조사한 2[5)]를 보면 1970-80년대의 소련 내부 사정은 알려진 것과는 달리 악화일로였다. 브레즈네프는 말년 7-8년을 거의 시체처럼 지냈다. 그리고 1970년대 말 수년간 계속된 흉작과 1979년 12월 27 아프가니스탄 침공 후 군사비 지출로 인하여 경제가 급격히 악화하였다. 이는 코메콘(COMECON, Council for Mutual Economic Assistance. 경제상호원조회의) 경제 전체의 악화로 이어졌다. 소련이 당시 경제 사정이 급격히 나빠지고 있던 동독에 대하여 1978년 15억 루블 차관을 지원하였지만, 사정이 비슷한 루마니아와 폴란드에는 지원할 수 없었다. 그래서 두 나라는 서방에 대하여 디폴트 선언까지 검토하였다. 이런 사정에서 1981년 폴란드의 자유연대 운동에 따른 계엄령 선포 시에 직접적인 군사개입을 할 수 없었던 것이다. 외화 획득을 위하여 동부 유럽 동맹국에 대하여 세계시장 가격보다 낮은 코메콘 가격 기준의 석유 공급을 줄이기 시작하였다. 이처럼 소련 경제가 와해되기 시작하면서 동 유럽 동맹국에 대한 통제력이 약해지기 시작하였다.

이런 와중에서 동독은 소련의 지원을 받기 어렵게 되자 서독의 지원을 받게 되었다. 1983년, 1984년 각기 10억 마르크, 9억5천 마르크의 차관을 받아들이고 해외차입에 대하여 서독으로부터 지급보증까지 받았다. 이를 대가로 서독의 요구에 따라 동독은 국경에 설치한 자동발사 장치를 제거하여 국경 통제 방침을 변경하고 동독 주민의 서독 이주 신청에 '신속한' 허가 절차를 도입하였다는 것은 앞에서 언급한 그대로다.

1987년 이후 소련은 경제위기에 처했다. 군비경쟁을 계속하기 어

---

5) 1994년에 발간된 'Bericht der Enquete-Kommission „Aufarbeitung von Geschichte und Folgen der SED-Diktatur in Deutschland"'와 최종본으로서 1998년에 발간된 'Schlußbericht der Enquete-Kommission „Überwindung der Folgen der SED-Diktatur im Prozeß der deutschen Einheit"'가 있다.

렵게 되었다. 이에 따라 미국과의 전략무기제한협상에 나서고, 서방과 교역 확대에 나서면서 경제 지원과 인도주의 분야의 양보를 연계시키는 미국과 서방의 협상 전략에 응하지 않을 수 없었다. 고르바초프와 셰바르드나제(Schewardnadse) 당시 소련 외무장관은 바르샤바 동맹국의 동의를 받지 않고 그리고 특히 동독의 이익을 침해하면서 인권 문제에 관하여 계속 양보하였다. 1989년 1월 빈에서 개최된 유럽안보협력회의의 후속 회의에서 결의한 인권문제가 포함된 최종 문서가 조인된 이후, 동독 정부는 서방 세계의 공세에 의해서뿐만 아니라 바르샤바 동맹국 내에서 자신의 입지 약화로 여행 및 이주의 자유에 관한 문제를 더 이상 회피할 수 없음을 분명하게 알게 되었다. 바르샤바 동맹국 간의 이해관계 충돌이 절정에 도달한 시기는 1989년 9월 10일 헝가리-오스트리아 국경이 동독 주민들에게 개방될 때였다.

이런 내외의 사정 속에 베를린 장벽이 무너지고 동서독 국경이 개방되었다. 동서독 주민, 특히 동독 주민은 정서적으로 이미 통일로 가고 있었다. 그러나 이제 독일 통일에는 국제정치적으로 해결해야 할 과제와 동서독 양국의 국내적 절차가 필요했다. 헬무트 콜 총리의 정치적 순발력이 솜씨를 발하는 반면에 긴 역사를 가진 독일통일, 독일 문제의 국제성이 전면에 등장하게 된다.

2. 장벽 붕괴에서 통일까지

1) 장벽 붕괴 전후한 시기의 동서독과 국제사회

동 유럽 민주화운동으로 앞에서 언급하였듯이 1989년 6월 폴란드 공화국, 10월 헝가리 공화국이 탄생하고 동독 반대 세력이 세를 모으면서 민주혁명의 불이 솟아오르고 있었지만, 이런 물결이 독일 통일, 유럽 공산 블록의 붕괴와 냉전체제 해체로 발전될 것이라고 짐작하는 사람은 거의 없었다. 서독 정치의 거목인 사민당의 빌리 브란트 당수가 1989년 10월 17일 모스크바를 방문하여 고르바초프를 만났을 때 "재통일이란 과거로의 복귀를 의미한다. 이는 첫째 불가능하고 이는 우리의 목표가 아니다"라고 말했으니 다른 사람들이야 말해 무엇 하겠는가? 그는 귀국 직후 슈피겔 지와의 인터뷰에서 고르바초프의 보좌관 발렌틴 팔린(Walentin Falin)의 "평화조약이 없다면, '새로운 혹은 재통일'에 관해서 제한적인 대화 밖에 없다"는 발언에 대하여 그는 "재통일"에는 반대하며, 이 발언을 독일의 상황이 더 발전되면 4강국이 다시 움직인다는 것으로 본다고 말했다. 평화조약 언급은 서독과 동독 정부 간에 다른 가능성이 있다 해도 오로지 평화조약 타결만 가능하다는 의미라고 말했다.6)

1972년 브란트 총리의 신동방정책, 신독일정책의 결실인 동서독 기본조약이 효력을 발한 지 17년이 되는 1989년 동서독 관계는 정치,

---

6) "Jetzt größere Schritte", Der Spiegel 43/1989(1989. 10. 23)

경제, 사회 모든 면에서 교류와 협력이 정상궤도에서 움직이고 있는 것 같았다. 더구나 동서독 기본조약 6조 "독일민주공화국과 독일연방공화국은 각국의 주권이 각국의 영토 내에서만 행사될 수 있다는 원칙을 고수한다. 양국의 국내 및 대외 문제에 관해서 상대방의 독립과 자주성을 존중한다"는 규정에 따라 서독은 동독의 소요 등에 관여하지 않는 원칙을 지켰다.

2년 전이긴 하지만 1987년 9월 7일 동독의 에리히 호네커(Erich Honecker) 사회주의통일당 서기장이 동독 국가원수로는 처음으로 서독을 방문하였다. 호네커 서기장과 콜 총리는 "독일 땅에서 절대로 다시 전쟁이 일어나서는 안 된다는데 합의

에리히 호네커 서독 방문(1987. 9. 7-11)
출처: bundesarchiv(www.bild.bundesarchiv.de)

했다고 밝혔다. 그리고 민족 문제를 포함하여 기본조약 정신에 따라 평등을 바탕으로 정상적인 선린관계를 발전시켜 나가기"로 합의했다는 공동성명을 발표하였다.

그리고 호네커 귀국 후 사회주의통일당은 이 방문은 기본조약 체결 후 양국 관계에서 가장 중요한 것이었다. 주권국가 수반에 대한 의전에 따라 두 개의 독일 국가의 독립과 대등한 지위를 세계에 알렸으며, 국제법에 따른 양국 관계의 성격과 양국의 주권을 강조하였다. 그리고 콜 총리는 '법적 지위'와 '민족 통일'에 관하여 언급하지 않았다고 브리핑을 통하여 설명했다. 그러나 서독에서 실무방문이라 표현하면서 동독이 요구한 국가원수에 대한 예우를 수용하는 대가로 동독은

서독시민의 방문 절차 조건의 완화와 연회에서 콜 총리의 연설을 동독에 생방송으로 보도해야 한다는 요구를 수용하였으며, 고데스베르크에서의 환영연회에서 콜 총리가 민족문제, 동독의 인권문제 등에 관해 연설하였다는 것은 앞에서 언급한 그대로다.

앞에서 언급한 사민당과 동독의 사회주의통일당과 활발한 교류의 결과로 나온 1987년 8월 "이념 투쟁과 공동 안보"(Der Streit der Ideologien und die Gemeinsame Sicherheit) 보고서 등에서 나타난 사민당과 동독 사회주의통일당의 긴밀한 교류에 대하여 호네커 측이 여기에 환호한 것 같지는 않다. 비록 1984년에는 소련 측의 요청에 따라 무산되었지만 호네커 서기장의 서독 공식 초청이 여전히 유효한데다, 1983년과 1984년 두 해에 걸쳐 동독에 19억5천만 마르크의 차관을 제공한 콜 총리와 호네커 측이 모두 '책임공동체', '이성연합'이라 부르는 콜 총리 정부와의 동서독 관계에 더 비중을 둔 것으로 보인다. 이는 당시 브란트의 방문에 관한 "빌리 연호는 드물었다는" 제목의 차이트지 보도 기사에서도 짐작할 수 있다.[7] 사민당은 그럼에도 불구하고 동독 사회주의통일당 40주년 기념식에 축하 사절도 파견하였다.

사민당은 이에 더 나가서 폴란드공산당(폴란드통일노동당: PVAP)과 '유럽의 평화와 군축'(Frieden und Abrüstung in Europa) 공동작업팀(gemeinsame Arbeitsgruppe SPD-PVAP)을 구성하여 폴란드 공산정권이 무너지던 1989년 6월 27일 본에서 작업보고서를 발표하였다는 것은 이미 논의했다.

당시 서독 정부는 동독 내부의 사정보다는 동유럽과 동독의 사태 변화에 따른 국내 문제로 동유럽과 소련과 동독에서 유입되는 독일계

---

7) Die Zeit, 1985. 9. 27

이주민(난민?) 수용에 골몰하고 있었다. 1989년 초부터 장벽 붕괴 시까지 동유럽과 소련에서 30만 명의 독일계 이주민과 동독으로부터 24만 명이 서독으로 유입되었다. 장벽 붕괴 직전까지 콜 총리실에서는 기민련의 총리실장 루돌프 자이터스(Rudolf Seiters)와 알프레드 드레거(Alfred Dregger. 기민련/기사연), 볼프강 미슈닉(Wolfgang Mischnick. 자민당), 한스 요하임 포겔(Hans-Jochaim Vogel. 사민당) 등 각 당의 원대표들이 이주자 대량유입 대책을 논의했다. 장벽 붕괴 전날 동서독은 동독의 여행자유화에 따른 교통문제를 협의하기 위하여 에어푸르트에서 전문가 회담을 열었다. 아직 통일은 논의의 대상도 아니었다. 장벽 붕괴까지의 변화를 정리하면서 1989년 11월 23일자 슈피겔 지는 이렇게 적고 있다.

사민당의 동독 전문가 귄터 가우스(Günter Gaus)는 재통일 주제를 "제쳐두기" 위하여 "전문분야별 연합"(Konföderation auf Sachgebieten)을 협상할 수 있는 4강국 회의를 주장했다. 한편 당수 한스 요헨 포겔(Hans-Jochen Vogel)과 명예 당수 브란트는 정치협상을 위해 동베를린으로 갔다.

서독 재무부 실무팀은 경제원조 모델을 구상했다. 자민당은 동독 투자를 위한 "투자기금"안을 내놓으면서, 당수 오토 그라프 람스도르프(Otto Graf Lamsdorff)는 "우리에게 자금은 충분하다"고 말했다.

콜 총리는 지난 금요일 저녁 쇠넨베르크의 시청 앞에서 열린 전체 정당 대중집회에서 성급하게도 에곤 크렌츠를 위로하려는 접촉을 시도한 데 대해 가차 없는 야유를 받았다. 그렇지만 생각대로 금요일 저녁에 만나지는 못하고 전화통화만 했다.

동서독 주민들의 정서 역시 그때까지는 구체적인 통일을 생각하지 않았다.

서독 사람들은 동독 시민이 방문차 오는 것을 바라지 영원히 오는 것을 원하지는 않을 것이다.
동독으로 돌아가는 사람도 이 꿈과 무관했다. 그들은 민주주의, 복지, 많은 자유와 약간의 사회주의가 있는 실재의 독일민주공화국을 원하고 있다.[8]

동독 역시 사정은 마찬가지였다. 라이프치히 월요시위가 30만명을 돌파하던 1989년 10월 23일 독일민주공화국(동독) 사회주의통일당은 어느 시대 어디서나 마찬가지로 속죄양을 만들면서 분위기 전환을 시도하였다. 18년 철권 통치자 에리히 호네커(Erich Honecker)를 퇴진시킨 후(명예?) 그의 사상적 아들인 그보다 25세 연하인 에곤 크렌츠(Egon Krenz)를 서기장으로 선출하고, 정치국의 경제 담당 비서를 포함하여 정치국 물갈이를 하였다.[9]

그러나 크렌츠는 1989년 5월 7일의 지방선거의 부정선거 책임자였다. "우리 노동자, 농민 국가 창건7 40년의 지방선거는 독일민주공화국 국민전선 후보자명부를 인상적으로 지지한 선거"였으며 98.95%가 민족전선 단일후보자명부에 투표했다고 발표했다. 이 부정선거는 수십 만 명을 가두시위에 나서게 했고 사회주의통일당 간부들이 개혁토론에 참가하게 했다. 그 해 6월 4일 베이징 천안문 대학살을 단순한

---

8) "Eine friedliche Revolution", Der Spiegel 46/1989(1989. 11. 13)

9) "Egon Krenz - ein Reformer?" Der Spiegel 43/1989(1989. 10. 23)

TV 생방송으로 여행 자유화를 발표하는 샤보프스키
출처: www.bild.bundesarchiv.de

질서회복 행위라고 옹호했다. 그는 그런 사람이었다. 그가 내세우는 것은 평화의 질서회복 뿐이었다.

이런 사람들로 구성된 동독 지도부는 혁명적 개혁을 요구하는 동독 시민에 대하여 대증적으로 대응하였다. 근본적 개혁이 아닌 부분적인 대응으로 나섰던 것이다. 결국 이런 대응이 1989년 11월 9일 장벽 붕괴와 "우리가 인민이다!"(Wir sind das Volk!)라는 구호가 나오는 사태의 급변을 야기하였다. 11월 9일 정치국 회의 후 오후 6시 57분 사회주의 통일당 신임 공보 담당 서기 귄터 샤보프스키(Günter Schabowski)가 TV로 생중계된 기자회견에서 동독 시민은 즉시 어떤 문제도 없이, 친척이 없고 사유도 필요 없이 원하는 대로 서독으로 여행할 수 있다고 발표하였다. 발표 후 3시간이 지나서야 동독 시민들은 이 뉴스가 사실이라고 믿고 거리로 쏟아져 나왔다. 그날 저녁 시민들은 브란덴부르크 문을 개방하고 베를린 장벽을 무너뜨렸다. 다음 날 새벽 동독 국경경비대가 장벽을 봉쇄하려고 시도하였지만 이미 통제 불가능한 상황이었다.

이후의 사태 발전은 그 속도와 깊이 그리고 폭에서 동독과 서독 정부나 국제사회의 예상을 훨씬 뛰어넘었다. 드디어 12월 13일에는 동독 주민의 구호가 "우리가 인민이다!"에서 "우리는 하나의 인민이다!", "독일, 하나의 조국!"(Deutschland, einig Vaterland!)으로 바뀌면서 조기 통일로 달려나가게 된다.

장벽 붕괴 전후까지도 국제사회, 특히 "전체로서 독

"인민이 승리했다" 표제의 1989년 11월 13일자 슈피겔지

일과 베를린에 관한 최종결정권을 보유"하고 있는 2차 대전 전승 4강국, 즉 미국, 소련, 영국, 프랑스 역시 통일은 물론이고 당시 독일 분단 상황의 변경에 관해서 생각하지 않았다. 특히 고르바초프 서기장 하의 동독의 종주국 소련은 경제적으로 엉망진창이 된 소련 자신의 문제 해결에 골몰하고 있었다. 따라서 뜨겁게 달아오르는 동유럽 진영의 민주화운동에 대해서도 필요하면 일정한 정도 개입하면서 공산블록 내 문제로 일정한 타협에 의한 안정을 원하고 있었.

동독 문제에 대해서도 마찬가지였다. 이는 동독의 마지막 총리인 한스 모드로브(Hans Modrow)가 선출되는 과정에도 드러났다. 장벽이 무너진 11월 23일 동독 인민의회에서 모드로브는 빌리 슈토프 후임으로 각료회의 의장에 선출되었다. 그러나 이 결정 이틀 전에 소련 외교관이 10월 혁명 기념 리셉션에서 드레스덴 출신이 새로운 정부 수반이 될 것임을 발표했던 것이다.

동독의 체제 유지, 동유럽 블록의 안정화를 위한 동독 사회주의통일당과 소련의 노력은 동독 주민의 혁명적 개혁 요구에 응하지 못하고 여기에 동독 경제는 끝없이 추락하고 있었다. 12월 19일 콜 총리와 드레스덴에서 만났을 때 모드로브 의장이 150억 마르크의 지원을 노골적으로 요구할 정도였다. 이듬해 3월 동독 정부의 재정파탄은 이미 예고되어 있었다.

이처럼 동독 정부가 손을 놓고 있는 사이에 대중시위 참가자는 늘어갔다. 12월 11일 라이프치히에서는 30만 명이 거리로 나와 시위를 벌였다. 이제 이들은 독일을

1989년 12월 11일 라이프치히 시위
출처: www.archiv.uni-leipzig.de/kuehne

상징하는 적-흑-금색의 기를 들고 "독일! 독일!"(Deutschalnd! Deutschalnad!)을 외쳤다.10) 이 날 라이프치히 폴크스차이퉁(Leipziger Volkszeitung)의 조사에 따르면, 이 도시 인구 54만7천 명 중 대략 4분의 3이 재통일을 원했다. 이제 동독 주민은 본격적으로 통일을 요구하고 나섰다. 동독 내부 문제는 동독 정부의 손을 떠났다. 서독과 국제사회가 나설 차례다.

---

10) 동독과 서독 국기 모두 적—흑-금색의 3선 바탕은 같이 하면서 문양만 달랐다.

2) 헬무트 콜의 승부수 10개항 통일 방안 그리고 통일의 여정

1989년 11월 28일 다음 해 예산을 협의하는 연방의회에서 콜 총리는 예산관련 연설을 끝내고 이어서 유럽과 동독에서 벌어지고 있는 사태 발전에 관해서 아무도 예상하지 못한 독일 통일 관련 발언을 하면서 소위 10개항 통일 방안(Zehn-Punkte-Programms)을 제안하였다.

유럽과 우리 조국 분단 극복의 기회가 열렸다. 지금 자유의 정신으로 결합한 독일인들은 결코 위협이 될 수 없다. 이보다는 유럽의 결속 심화의 성과라고 나는 확신한다…유럽의 최종적이고 안정적인 체제는 현재 유럽 긴장의 핵심인 독일문제 해결 없이는 불가능하다. 이 체제는 동·서 유럽 간의 부자연스러운 차단을 제거해야 한다. 독일분단이 가장 분명하고도 가혹하게 이를 보여주고 있다.

앞에서도 이야기하였지만 서독과 국제사회는 동유럽과 동독에서 불타오르고 있는 민주화 운동을 공산 진영 내의 개혁운동으로 보면서 특히 유럽의 안정에 어떤 영향을 미칠까 예의주시하고 있었다. 동독 지역에서도 "우리가 인민이다!"라는 구호에서 볼 수 있듯이 동독 내부의 혁명적 개혁을 요구하고 있었지 아직 통일 요구는 나오지 않고 있는 상황이었다.

그 때까지 서독 정부 역시 마찬가지였다. 1989년 10월 26일 크렌츠와의 전화 통화에서 콜 총리는 헝가리 방식의 개혁정책을 요구하고 새로운 동독의 여행 법률 준비와 관련하여 특히 동독 국적을 더 분명하게 존중해달라는 크렌츠의 요구를 강력하게 거부하였다. 콜은 서로의 시각을 존중하고 합리적인 협력이 가능한 경우에는 언제나 사람들의 복리와 이익을 위하여 협력하여야 한다는 것이 올바른 길이라고 설명했다. 그는 더 나아가서 여행의 자유의 쇄신과 공화국 탈주 혐의자와 10월 시위로 인한 구금자의 사면을 촉구하였다.

크렌츠의 새로운 동독 지도부가 동독의 절망적인 경제적 상황-동독의 고위 경제관료의 평가에 따르면 동독은 사실상 지급불능 상태였다-을 국내에 공개해야 할 순간에, 서독 정부가 동독의 개혁과정 지원에 나서는 출발점이 되었다. 당시 크렌츠의 동독 지도부가 바라는 것은 서독의 대규모 신용에 의해 상황을 개선하는 것이었다. 향후 2년간 100억 마르크의 목적부 신용이며 이외에 1991년부터 매년 2-30억 마르크의 자유로운 외화였다. 그래서 동독의 교섭 당당자인 샬크-골로트코프스키(Schalck-Golodkowski)가 1989년 11월 6일 서독의 자이터스와 쇼이블레 장관을 예비적으로 만났다. 이에 대하여 서독 정부는 반대 단체의 허용, 자유 선거와 사회주의통일당의 권력 독점 포기 약속 요구로 응했다. 콜 총리는 1989년 11월 8일 연방의회에서 분단 독일의 민족 상황에 대한 보고에서 공식적으로 동독에 대한 그의 요구 사항을 재확인하였다. 이에 대하여 앞에서 언급하였듯이 크렌츠의 후임 모드로브는 경제지원을 다시 요청하였다..

이제 서독의 콜 총리는 인도주의적 요구를 내건 동독 정부 지원에 의한 동독 내부 안정이 아니라 공식적으로 독일, 유럽, 세계의 구도를 일거에 바꿀 수 있는 통일이라는 승부수를 던진 것이다.

10개항 통일방안에 관한 연설을 하는 콜 총리(1989년 11월 28일)
헬무트-콜 재단(www.helmut-kohl.de)

독일 통일로 가는 기폭제가 된 콜의 10개항 통일 방안은 다음과 같다.

(1) 즉각적인 인도주의적 조치
(2) 종합적 경제 지원
(3) 양국 간의 협력 강화
(4) 조약공동체(Vertragsgemeinschaft)
(5) 연합구조(Konföderativer Strukturen)의 창설: 합법적이고 선거에 의해 선출된 정당성을 가진 동독 정부를 전제로 한 국가연합
(6) 독일 통일 과정의 전체 유럽 발전으로 통합
(7) 개혁 지향적 동유럽 진영의 유럽공동체(EC) 가입

(8) 유럽안보협력회의 과정의 이행
(9) 군축과 무기통제
(10) 독일 통일: 이 정책은 유럽의 평화 상태에 영향을 줄 것이다. 독일 민족은 자유로운 자기결정으로 통일을 회복할 수 있다. 독일의 국가 통합의 회복은 연방정부의 목표다.[11]

11월 21일 콜 총리의 외교정책 보좌관 호르스트 텔칙(Horst Teltschik)이 소련 공산당 중앙위원회의 독일 담당 위원인 니콜라이 포르투갈로프(Nikolai Portugalov)와 면담 후 소련 지도부의 현 상황에 대한 입장을 들은 후에 28일 연방의회에서 발표하기로 하고 콜 총리와 텔칙이 비밀리에 작성하고 총리 부인(Hannelore Kohl)이 타이핑한 것으로, 기민련이나 자민당의 겐셔 외무장관을 비롯하여 정부 내에서도 자세한 내용을 모르는 상태에서 의회에서 콜 총리가 전격적으로 발표하였다.

내용에서 동부 국경 즉, 폴란드와의 국경 문제나 나토 문제 등 예민한 문제는 피했고, 통일 문제도 재통일 문제를 직접 언급하지 않고 조심스럽게 이야기하였다. 통일 방안은 조약공동체-국가연합-독일 국민들의 자기결정권 행사에 의한 통일이라는 단계적 방안을 제시하고 있다.

콜의 10개항 방안이 외세를 배격한 동·서독 간의 합의에 의한 통일이거나 서독에 의한 동독 흡수통일 등 과격한 내용은 없지만 동독 민주화운동의 열기와 베를린 장벽 붕괴 후 서독 최초로 통일을 언급하고 있다는 데 그 의미가 있고, 이를 계기로 특히 소련과 미국을 비롯하여 독일에 직접 이해관계를 가지는 전승 4강국을 비롯한 국제사회

---

11) 연방의회 의사록(Plenarprotokoll 11/177, www.bundestag.de) 참조.

가 독일 통일에 직접적 관심을 가지게 되고 궁극적으로는 통일로 이어졌다는 데 그 역사적 의미가 있다.

물론 이런 상황에서 독일 통일 이야기는 콜이 처음은 아니다. 동독의 신임 각료회의 의장으로 선임된 한스 모드로브가 취임연설에서 두 개 독일 국가 간의 조약공동체(Vertragsgemeinschaft) 통일 방안을 제의하였다.12) 그리고 그는 12월 4일 슈피겔지(誌)와의 대담에서 현행 경계선을 기준으로 한 독일연합(deutschen Konföderation)이라는 안도 제시하였다.13) 모드로브의 통일방안은 통일 방안이라기보다는 정치적으로 흡수되지 않고 서독과 유럽공동체로부터 대규모 경제 지원을 얻어서 동독 내부를 안정시키겠다는 안이었다. 그가 이야기하는 국가연합은 연합 국가기관, 즉 통일 정부가 주권을 보유하지만 동독과 서독이 내부 문제에 서로 간섭하지 않으며, 연방으로 가는 두 독일 국가는 군사적으로 중립을 유지해야 한다는 것이다. 이는 이미 실패하여 소멸된 1950년대 소련 주도하에 나온 독일 중립화 통일 방안과 같은 맥락으로 서독에서는 여야 모두 거부하였다. 고르바초프의 관심도 얻지 못한다.

콜 총리의 연방의회 발언에 대하여 유럽에 대한 위협이라고 반대하면서 두 개 국가 방안을 주장하는 녹색당을 제외하고는 대체로 환영

---

12) 4단계 통일방안은 다음과 같다.
   1. 동서독 양국이 통일 연방국가 결성을 위해 군사적 중립 즉, 나토와 바르샤바조약을 탈퇴하고,
   2. 경제와 화폐·교통망 및 법률제도를 통합하며,
   3. 의회 위원회와 지역의회, 일정한 정책분야에서의 집행기구 등 공동기구 설치, 말하자면 국가연합을 구성하고
   4. 최종적으로 설립된 공동 기구에 양국의 주권을 이양하여 연방국가를 출범한다는 것이었다.
13) Plenarprotokoll 11/177, www.bundestag.de

하였다. 독일정치교육센터(Bundeszentrale für politische Bildung. bpb)의 자료를 보면 사민당은 콜의 10개 방안에서 자기들이 여러 해 동안 독일정책에서 표명한 자기들의 아이디어 중 많은 것을 재발견한 것이라고까지 생각하였다.14) 그러나 사민당의 지도자 특히 한스-요헨 포겔은 총리의 제안에 유보 없이 동조하는 것을 주저하였다. 그들은 동독 시민이 자기들의 미래를 스스로 결정할 권리뿐만 아니라 자유도 가져야 한다고 생각했기 때문이다. 사민당 지도부에 따르면, 독일 재통일은 아직 의제가 아니라는 것이었다. 12월 1일 연방의회에서 10개항 방안에 대한 표결이 있었다. 연립 여당은 이에 찬성하였고, 사민당은 동부 국경에 대한 언급이 없다는 이유를 대면서 기권하였다. 녹색당은 물론 반대하였다.

사민당은 앞에서 언급하였듯이 12월 20일 당 강령 개정을 채택하는 베를린 당대회에서 통일에 관하여 "유럽에서의 독일인, 사민당의 베를린 선언"을 채택하였다. 전체로서 유럽평화질서 속에서 민족 문제를 극복하며, 동서독 국민이 자결권 행사에 의해 통일된다고 해서 이것이 1937년(히틀러에 의한 침략이 있기 전)의 독일 회복이 아니라는 것이다. 이런 맥락에서 동부 국경 즉, 폴란드 서부 국경은 무조건 인정하여야 한다는 것이었다. 통일 방안으로는 1972년의 동서독 기본조약에 바탕을 둔 다양한 분야의 개별적 합의-조약공동체-동서독이 각기 주권을 가지는 국가연합-연방 안을 내놓았다. 여기서 연방도 4강국의 최종결정권을 전제로 동서독 주민이 자기결정권을 행사하여 새로운 헌법을 제정하고 이 헌법 발효에 의해 통일이 실현된다는 것이었다.

---

14) www.bpb.de

서독의 콜 총리를 비롯하여 서독의 정치권이 본격적으로 통일을 거론하고, 앞에서 보았듯이 12월 11일 라이프치히의 30만 시위를 기점으로 12월 11일부터는 "우리는 하나의 인민이다!", "독일, 하나의 조국!"(Deutschland, einig Vaterland!)이라는 통일을 요구하는 구호가 나오는 상황에서 국제사회 특히 독일 문제의 최종결정권을 가진 미국과 소련이 침묵하고 있을 수는 없었다.

사전 협의가 없었다고 비판하면서도, 부시 대통령과 제임스 베이커 국무장관 모두 재통일을 위한 콜의 고무적인 조치에 원칙적으로 동의했다. 그러나 이런 동의는 독일이 서방동맹에 통합된다는 조건 하의 것이었다. 12월 12일 베를린 방문 중에 조심스럽게 미국 국무장관은 서독 정부가 혼자 나가는 것을 막기 위하여 독일정책에서 연합국의 유보권을 다시 거론하였다. 비공식적으로 흘러나온 베이커의 발언은 연방정부는 이에서 벗어나서는 안 된다는 것이었다. 파리에서는 "누가 베를린에 대하여 책임을 지고 있는가"를 상기하여야 한다라는 그의 발언까지 흘러나왔다.15)

지금까지의 소련의 입장은 1989년 유엔에서 당시 외무장관 셰바르드나제의 발언 그대로였다. 그는 전후 유럽의 정치질서를 변경시키려는 보복주의 세력을 비판하면서 "의도적이든 아니든 간에 이들 세력을 부추기는 자들"에게 경고하였다. 동유럽 블록에서의 일은 자기들의 일이라는 것이었다. 이런 자세는 10개항 방안이 나오고 동독의 사정이 급격히 악화될 때까지는 변함없었다.

10개항 방안이 나온 뒤인 12월 10일 고르바초프는 사회주의통일당

---

15) 베이커(James A. Baker 3rd) 미국 국무장관의 1989년 12월 12일 베를린 프레스 클럽 연설, UPHEAVAL IN THE EAST; Excerpts From Baker's Speech on Berlin and U.S. Role (www.nytimes.com) 참조

-민사당16) 당수 기지(Gysi)와의 전화통화에서 콜의 10개 항 방안에 대하여 불쾌감을 표시했다. "독일민주공화국의 주권"을 제한하려는 서방의 어떠한 시도도 소련에 의해 거부될 것이라는 것이었다. 동독의 안정과 유럽 대륙의 안정은 긴밀하게 연계되어 있다는 것이었다.

그렇지만 미국과 소련 간의 물밑 접촉은 긴밀하게 진행되고 있었던 것으로 보인다. 1989년 12월 2-3일 지중해의 말타에서 미국의 부시 대통령과 소련의 고르바초프 서기장 간의 미·소 정상회담이 개최되었다. 냉전 종식을 내용으로 하는 공동성명이 발표될 것이라는 예상이 있었지만 거기에는 못 미쳐도, 두 정상은 공동기자회견에서 새로운 시대에 접어들었다는 데 의견의 일치를 보였다. 고르바초프 서기장은 "세계는 한 시대를 접고 새로운 시대로 들어갔다. 우리는 항구적인 평화의 시대로 가는 긴 여정의 출발점에 서 있다. 힘의 위협, 불신, 심리적이고 이념적인 투쟁은 모두 과거지사가 되어야 한다…미국 대통령에게 내가 미국에 대하여 열전을 결코 시작하지 않겠다는 확신을 주었다"고 말했다. 이에 응하여 부시 대통령은 "우리는 항구적 평화를 실현하여 동-서 관계를 지속적 협력 관계로 전환시킬 수 있다. 이것이 고르바초프 서기장과 내가 말타에서 시작한 미래다"라고 화답했다. 공식적으로는 독일통일에 관한 논의가 없었다고 하였지만, 12월 4일 빌트 지와의 인터뷰에서 소련 공산당 중앙위원회 대외국장 발렌틴 팔린(Valentin Falin)이 의제에 있었음을 밝혔다.17) 이런 와중에서 소련 공산당 중앙위원회 위원으로 고르바초프의 보좌관인 니콜라이 투갈

---

16) 사회주의통일당의 바꾼 당명

17) David H. Shumake, 'Gorbachev and the German Question : Soviet-West German relations', (Praeger Publishers, 1995), p.127 참조.

미국과 소련 정상회담(1989년 12월 2일): 고르바초프 소련 대통령과 부시 미국 대통령
출처: 부시대통령 기념도서관(bush41library.tamu.edu)

로프(Nikolai Sergejewitsch Portugalow)는 12월 5일자 뉴욕 타임즈에 "소련의 견해: 두 개의 독일-국가연합"이라는 제목의 기고문을 통해서 소련이 독일에 관해서 1민족 2국가를 원하며 두 국가의 국가연합을 바라고 있음을 밝혔다. 그리고 이에 더해 통일을 원하지 않는다는 입장을 표명했다. 그리고 동유럽 국가에서 벌어지고 있는 사태에 소련은 개입할 의사를 가지고 있지 않다는 것도 밝혔다.[18]

이렇게 1989년은 지나갔다. 그러나 해가 바뀌면서 동독 내 상황은 더욱 악화되었다. 경제상황은 급락이 아니라 마비상태에 빠지고 평화적이지만 시위는 더욱 커져갔다.

소련의 입장 변화가 감지되었다. 앞에서 언급한 니콜라이 포르투갈로프는 1월 24일 "빌트"지와의 센세이셔널한 인터뷰에서 그는 동독 사람들이 재통일을 원한다면, 그렇게 할 수 있다고 말했다. 소련은 그

---

18) Nikolai Portugalow, "The Soviet View: Two Germanys, in Confederation", New York Times, Dec. 15, 1989

런 결정에 반대하지 않을 것이다. 러시아 사람들이 말로는 "우리는 개입하지 않을 것이다"라고 말하는 것이다. 1월 30일 모스크바를 방문한 모드로브 동독 각료회의 의장을 만난 자리에서 소련의 고르바초프 서기장은 독일 재통일이 더 이상 "미래의 가능성"으로 배제될 수는 없다. 소련은 독일 국민의 자결권을 존중할 것이다. 그러나 변화를 위한 4강국의 조건을 마련하고 동독의 이익도 고려한 해결방안을 찾기 위하여 미국, 영국, 프랑스와의 협상-가능하면 최고 수준에서-이 곧 시작될 것이다라고 말했다. 4강국이 이미 협의에 들어갔다는 의미였다.

서독은 이 발언에 고무되어 1월 31일 총리실에 설치된 "독일정책 실무팀"(Arbeitsgruppe Deutschlandpolitik)이 본격적인 활동에 들어갔다.

그리고 국제사회도 본격적으로 움직이기 시작하였다. 물론 콜 총리 주도로 서독이 4강국과 직접적 이해 당사국인 폴란드, 체코슬로바키아 등과 긴밀한 접촉 등 기민하게 움직였다. 당시에 서독 겐셔 외무장관이 소련 외무장관 셰바르드나제와 8번, 미국 국무장관 베이커와 11번, 부시 미국 대통령과 콜 총리가 4번 만났다는 것이다.

이런 움직임의 결과 1990년 2월 14일 캐나다 오타와에서 나토와 바르샤바조약 회원국 외무장관회담이 열렸다. 여기서 2+4+35 협상으로 독일 통일을 협의하기로 합의하였다. 여기서 말하는 "2+4+35"란 2 동독과 서독, 4 전승 4강국, 35 유럽안보협력회의 35개 회원국가를 말한다. 독일 통일이란 유럽에서 2차 대전의 종결을 의미한다. 2차 대전 종결은 평화조약 체결에 의하는 것이 일반적이지만, 그 동안 특히 4강국과 서독은 물밑 협상을 통하여 평화조약의 경우 당사국이 많아지면서 – 예를 들자면 아프리카의 에티오피아, 이집트, 모로코 등도 해당 – 합의에 이르기가 쉽지 않고, 시간이 너무 오래 소요될 수 있고, 동독에서의 사태 진전이 빠른 결론을 요구하고 있다는 점에 모두 동

1990년 2월 13일부터 캐나다 오타와에서 열린 나토 및 바르샤바 조약 기구 23개 회원국 외무장관회의에서 서독과 동독 및 2차 대전 승전 4강국 외무장관은 회담을 열어서 오타와 선언을 통해서 독일 통일 논의를 시작하기로 합의하였다.
출처: 독일 연방정부

의하여, 동독과 서독이 먼저 새로운 국가의 순전한 국내 문제에 영향을 주는 문제를 해결하고 이어서 4강국-미국, 영국, 프랑스, 소련-이 통일의 대외적 문제 논의에 참여한다는 것을 밝혔다. 4강국이 독일 통일 승인해주고 유럽안보협력회의가 최종적으로 이를 확인하여 종결하기로 합의한 것이다. 서독의 입장이 관철된 것이다.

이제 독일 통일 문제는 양자 즉, 당사자인 동독과 서독의 내부 문제, 결국은 동독 주민의 자결권 행사에 의한 통일 방식 결정과 전체 독일 국민의 자결권 행사에 의한 국내적 절차와 4강대국의 최종결정권 행사와 35개국의 승인이란 국제적 절차의 2궤도에 진입하였다.

3. 동독 국가의 소멸과 통일을 위한 내부 절차

1990년 3월 18일 동독 인민의회 총선에서 조기통일을 공약으로 내세운 "독일을 위한 연합"(Allianz für Deutschalnad)이 48.0%를 얻어 승리하면서 독일은 조기통일로 달려가게 되었다.

앞에서 말한 국내외적인 분위기 속에서 동독은 총선 시기와 방법을 결정할 인민의회 총선으로 밀려갔다. 당초 동독 정부가 참여한 원탁회의에서 5월 6일로 총선 날짜가 합의되었지만, 사회주의통일당에서 이름을 바꾼 동독 집권당 민사당(PDS)은 더욱 악화되는 동독의 상황으로 자기들에게 불리할 것으로 우려하여 3월 18일 조기총선으로 나가기로 결정하였다.

총선 열기는 금방 달아올랐다. 총선에 참여한 동독의 정치 세력은 보수정치세력 연합인 "독일을 위한 연합"(Allianz für Deutschalnad), 동독 사민당(SDP), 사회주의통일당 후신인 민사당(PDS) 등이었다.

연합은 서독의 기민련/기사연 제휴 세력으로 이들은 서독의 기민련의 통일 방안을 공약으로 내세웠다. 당시 서독은 조기통일이 결정되면서 10개항 통일 방안은 이미 그 현실성을 잃어버렸다고 판단하여 새로운 조기통일 방안을 찾게 되었다. 이에 콜 총리의 기민련은 서독 기본법 제23조에 따른 편입 즉, 민주적 절차에 따라 선출된 새로운 동독 의회 즉 인민의회가 자기결정권을 행사하여 독일연방공화국에 편입을 결의하면 바로 통일이 실현되는 방안을 제시하였던 것이다.[19] 자르란트 주가 1957년 1월 1일 이 규정에 따라 서독에 편입되었다.

연합의 주요 총선공약은 다음과 같다.

- 서독 기본법에 기초한 통일
- 조속한 서독 마르크 도입. 동독 마르크의 서독 마르크 1:1 교환 보장
- 사유재산권 보장, 상거래의 자유
- 서독과 외국으로부터 투자 장벽 철폐
- 서독과의 법률 통합
- 연방 주 복구[20]

"더 이상 사회주의 안 되"라는 제목의 "연합"의 선거강령
출처: 콘라드 아데나워 재단

민사당은 조약공동체-국가연합-중립화, 비군사화 연방국가로의 통일방안을 내세웠다. 그리고 불안해하는 동독 주민의 이익을 고려하여 공동체 소유권을 포함하여 동독의 모든 형태의 소유권을 보호하겠다는 입장을 제시하였다.

---

19) 당시 서독 기본법 23조는 "이 기본법은 우선 바덴, 바이에른...주 영역에 적용된다. 기타 독일 지역에 대해서는 편입 후에 기본법이 효력을 발생한다"라고 규정하고 있다. 통일 후 기본법 개정으로 편입 조항은 삭제되고 23조에 유럽연합 조항이 규정되었다.

20) www.kas.de

민사당의 선거강령은 다음과 같이 요약할 수 있다.

- 우리는 좌파 사회주의 정당이다.

노동운동 및 인본주의 전통에 이바지하며, 사회 및 생태지향적 시장경제를 도입하며, 과감한 동서 간 군축, 인간 간의 연대와 책임 있는 자연과 인간의 관계 지지하고, 신나치, 인종주의, 반유태주의에 반대한다.

Ⅰ. 독일 문제의 유럽적 해결

페레스트로이카가 우호적인 인민 상호간의 세계적인 새로운 가능성을 열어 놓았다. 이를 급진적 군축과 국제 관계의 비군사화, 공정하고 연대적인 세계경제 창출, 생태위기의 해결, 유럽 분열의 해소와 진보적이고 사회적이며 민주적인 독일 창설 위에서 독일 통일에 활용하여야 한다.

통일에서,

1. 동독의 공동체적 가치와 성과가 포기되어서는 안 된다.
2. 변화가 동독 내에서만 일어나서는 안 된다. 대량실업, 생존 불안, 경쟁 일색인 사회, 공직채용금지, 공산당 금지, 직장폐쇄, 낙태 금지, 주택과 토지 투기, 신나치 단체 허용, 오데르-나이쎄의 불가침에 대한 불안과 다른 인민의 희생 위에 사는 삶을 원하지 않는다.
3. 독일민주공화국이 주권국가로서 통일과정에 참여해야 한다. 서독의 결정에 의해 이 목표가 실현되어서는 안 된다. 이후에 사적 및 공동체 재산소유, 토지와 주택 이용, 기업과 다른 시설과 관련하여 문제되고 많은 부정적인 결과를 야기할 서독의 법률이 동독 시민들에게 적용되어야 한다. 이런 취지에서

독일 민족 분열의 신속한 극복을 제의한다.

[3단계] 통일방안

1) 양국의 실현 가능한 공동 이해와 결부된 경제, 통화, 사회적 결합 속에서 체제 확대를 지향하는 조약공동체 구성
2) 단일 통화 아래 국가연합 구조 형성
3) 유럽 통합 환경 하에서 중립적이고 비군사화 연방국가로 신속한 이행

Ⅱ. 민주화와 법치국가화

1. 인권 보장
2. 발전방향을 담은 신헌법 제정
3. 노동법 제정

Ⅲ. 사회안전

1. 주요 생산수단에 대한 공동체 소유권 보호
2. 헌법상 노동권 보장
3. 자유로운 개인 중소기업 발전
4. 모든 소유형식의 법적 보호
5. 경쟁력 있고 생태 지향적인 농업 발전
6. 퇴행적이지 않는 민주적 토지 개혁.[21]

서독 사민당의 통일론을 내세운 동독 사민당(SDP. 아직 통합되지 않은 상태에서 동독 사민당은 SDP란 당명 하에 총선에 임했다)은 기본법 제146조에 의한 통일헌법제정과 조약공동체-국가연합-연방제의 단계적 통일 방안을 공약으로 내세웠다. 이 통일 방안은 동서독이 동등한 자

---

21) 로자 룩셈부르크재단 홈페이지. www.rosalux.de

격으로 구성되는 제헌의회가 새로운 통일헌법을 제정하고, 현행 동서독의 헌법(서독 기본법)의 효력을 정지시키면서 통일국가를 만든다는 것이었다.22)

동독 사민당은 서독 사민당과 같은 정책을 내세우고 있었고 통일방안에 관해서는 다음과 같은 방안을 제시하였다.

- 1990년 3월. 선출된 동독 의회 소집일에 동서독 의회 인접국과의 국경 인정 공동선언
- 1990년 4월. 인접국 참여 하에 4강국과 동서독 6개국 회의에서 미래의 통일 독일을 위한 안보 정책 틀 합의
- 1990년 가을. 장기적으로 나토와 바르샤바조약을 대체할 범유럽 안보 질서 논의를 위하여 유럽안보협력회의 개최
- 1990. 3. 동독 의회 1950년 11월 1일자 '인권과 기본 자유 보호 조약'(유럽인권조약) 승인 선언. 두 개의 독일 국가가 독일 연방국가로 독일인의 통합을 실현하겠다는 굳은 의지 표명. 잠정 기간 중의 기본법 채택. 새로운 헌법 제정을 위한 헌법위원회 구성. 정부 구성
- 1990. 4. 양국 정부 통일조약 협상 개시. 모든 수준에서의 합동위원회 구성. 의회 공동 위원회 구성. 동독 의회 연방 주 설치법 입법
- 1990.4/5. 통합평의회(Der Rat zur deutschen Einheit) 설치. 독일

---

22) 서독 기본법 146조는 "이 기본법은 독일 국민의 자유로운 결정에 의해 결의된 헌법이 효력을 발생하는 날 그 효력을 상실한다"고 규정하고 있다. 이 규정은 통일 후 "독일의 통일과 자유의 완성 후에 전체 독일국민에게 적용되는 이 기본법은 독일 국민의 자유로운 결정에 의해 결의된 헌법이 효력을 발생하는 날 그 효력을 상실한다"라고 개정되었다.

통합 구체화 역할. 두 개의 독일 국가의 발전에 따른 공동기구. 통일 및 제3국과의 관계에 관한 모든 문제 협의. 입법권은 없음. 서독 기본법에 기초하여 공동 기본법 작성. 두 개의 독일 의회와 정부가 동등하게 참가.
- 1990.5. 지방자치단체 선거. 지역 자치정부 구성. 지구(Kreis)를 지방자치단체(Landkreis)로 변경.
- 1990. 여름. 동독 5개 연방 주 선거. 주 헌법 제정. 전체 연방 주의 헌법 작업 완료 후에는 일정이 통합협의회가 이끌어 나간다. 국민 투표로 헌법이 확정되고, 그 후에 전체 독일 총선이 실시되며, 독일 연방의회 개회일 서독 연방의회와 동독 의회는 해산한다.

법질서 개혁
- 통일을 위한 3단계로 진행: 사회 통합, 통화 통합, 경제 통합. 많은 분야에서 서독과 유럽공동체의 규정이 적용된다.
- 소유권 개혁, 가격 개혁, 은행 개혁, 사회통합 입법, 임차인 보호
- 경제 입법, 세법, 공동결정법, 라히프치히 증권거래소와 함께 자본시장 설치
- 임대차법, 주택시장 관련 입법[23] www.fes.de

여기서 재미있는 것은 "독일을 위한 연합"(Allianz für Deutschalnad)이라는 급조된 정치세력의 내력이다. "연합"은 기민련(CDU-Ost: DDR Christlich-Demokratische Union), 독일사회연합(DSU: Parteien Deutsche Soziale Union)과 '민주주의 출발'(DA: Demokratischer Aufbruch)이 1990

---

23) 동독 사민당 선거강령"(Ja zur deutschen Einheit - eine Chance für Europa Wahlprogramm der SPD zum ersten frei gewählten Parlament der DDR), www.fes.de

년 2월 5일 결성한 선거연합이다. 동독 기민련은 종전 후 1946년 소련 점령지구에서 반파시스트 민주 진영(Antifaschistisch-demokratischen Block)에 가담하는 조건, 즉 소련식 통치를 수용한다는 조건 하에 창당이 허용된 4개 정당, 말하자면 들러리 정당(독일 공산당(KPD), 사민당(SPD), 기민련(CDU), 민주당(LDP: Liberal Democratic Party of Germany) 중 하나로 베를린 장벽 붕괴 후 재창당되었다.24) '민주주의 출발'(DA) 총선 후 동독 기민련과 합당하고 그리고 통일 하루 전에 동서 기민당은 합당하였다. 독일사회연합은 명칭이 말해주듯이 급히 창당된 서독 기사연의 자매당이다.

정당의 구성에 관계없이 동독 총선은 3월 18일 유권자 93.4% 참여라는 뜨거운 열기 속에 조기통일 주장하는 "연합"을 제1당으로 만들어주었다. 논리 정연한 통일 방안을 내세운 사민당은 21.9%에 그치고 민사당은 16.4% 득표하여 동독 주민의 불안을 반영하면서 동독 지역에 건재함을 보여주었다.

"연합"이 과반수 득표를 못하여 정부 구성에 어려움을 겪었지만 결국 사민당이 참여한 연립정부가 구성되고 드메지르(Lothar de Maizière)가 총리에 취임하여, 통일 협상을 벌이고 통일을 마무리짓게 된다.

드메지르 정부는 서독과 1990년 7월 1일 "경제사회통합조약"(Staatsvertrag zur Währungs, Wirtschafts und Sozialunion)을 체결하였고 이 조약에 의해 동서독은 경제적으로 통합되었다. 동독의 계획경제는 서독의 사회적 시장경제 체제로 전환되며, 동독 화폐는 폐지되고 서독 마르크로 화폐가 통일되었다.25)

---

24) 이들 정당을 블록정당(Blockpartei)이라 칭한다.

그런데 이 조약은 통일 후 정치, 경제, 사회에 부담을 주는 내용이 상당히 포함되어 있다. 동서독 간 통화교환 비율을 1:1로 정하고 있다. 모드로브 정부 하에서 동독 경제 재건을 위한 통화동맹 논의가 나왔을 때 서독 연방은행 평가는 1:3 내지는 1:2가 적정하다는 의견이었다. 동독 주민은 개개인의 입장에서 1:1의 교환을 요구했다. 이런 분위기에서 3월 13일 동독 총선 전략 차원에서 콜 총리는 1:1의 교환을 약속했다.

1:1 비율의 동독 화폐 교환은 동독 지역 노동자의 상대적 임금을 인위적으로 높이면서 동독 지역의 경쟁력을 떨어뜨리게 되고, 서독의 사회보장제도가 도입되면서 동독 주민에 대한 사회복지비 지출을 대폭 늘게 되어 이후 독일경제에 커다란 재정부담을 주어 과도한 국가부채로 이어지게 된다.

이어서 동독 인민의회는 7월 22일 1952년에 폐지되었던 5개주를 부활시켰다. 그리고 8월 23일에는 10월 3일 동독의 5개 주가 서독 기본법 제23조에 따라 10월 3일 독일연방공화국에 가입하는 드메지르 총리의 발의에 동의하였다. 흡수통일을 결의한 것이다.

이에 따라 8월 31일에는 통일의 최종적인 내용을 담은, 즉 동독 5개 주와 베를린이 독일연방공화국(서독)에 편입된다고 규정(제1조)한 "정치통합조약" 즉 "통일조약"(Vertrag zwischen Bundesrepublik Deutschkand und der DDR über die Herstellung der Einheit Deutschlands. Einigungsvertrag)을 체결하여 동독의 국내 절차를 마무리하였다.[26]

---

25) 조약 전문에 관해서는 사회주의통일당 독재 처리 재단(Bundessiftung zur Aufarbeitung dedr SED-Diktatur. deutsche-einheit-1990.de) 및 김철수, 앞의 책, pp.419-440 참조

26) 조약 전문에 관해서는 독일 법무부(www.gesetze-im-internet.de) 및 김철수, 앞의 책, pp.441-470 참조.

통일조약 서명(1990년 8월 31일): 볼프강 쇼이블레 서독 내무장관과 귄터 크라우제 동독 국무장관
출처; picture-alliance/dpa

통일조약 제8조에 서독 법률이 독일 전체에 적용된다고 있고, 제9조에 서독 법률이나 유럽공동체 법률에 어긋나지 않는 한 동독 법률이 적용된다고 규정하고 있지만 결국 서독 법률이 전면적으로 적용된다는 것이었다. 여러 문제가 이야기되지만, 특히 의정서 Ⅰ-11의 "공무원법 도입은 독일연방공화국의 공무원채용원칙을 그 기준"으로 한다고 규정하였다. 이에 따라 급진파의 공직 취임을 막는 1972년 서독의 공직채용금지조치가 동독지역에 적용되어 학계를 포함하여 광범위하게 현직에 있던 사람들이 자리에서 쫓겨나게 된다.

그리고 6월에 양국은 과거 동독에서 몰수된 재산에 대해서는 보상 이전에 반환이라는 원칙에 합의하고, 9월 23일 동독 인민의회는 "미확정 재산규율법"을 공포하였다.27) 이 법에 따르면, 보상을 전혀 하지 않았거나 규정보다 적은 액수의 보상금을 지불하고 개인의 재산을 수용할 경우, 경제적인 이유의 불가피한 특정 상황이 발생했던 경우, 권력남용, 부정부패, 사기 매입, 국가 기관 또는 제3자의 공갈 협박 등으로 인한 부당한 방법으로 취득한 경우가 아닌 경우에 반환을 원칙으로 하였다.[28] 그러나 소유권을 둘러싼 45년 전 소유자가 제기한 소송이 통일 후 5년 동안 400만 건이 넘을 정도로 혼란스러운 것으로, 통일 당시 자기 재산으로 알고 있던 사람들에게는 불안한 상황이었다. 결국 예외 규정에 따라 동독 지역 주민들이 재산을 상실하게 된 것이다.

이런 문제는 두고두고 동서독 격차 문제, 동독 주민 홀대 문제를 제기하여 내부통합의 장애물로 남게 된다. 동독 지역 주민의 이익을 대변해줄 민사당 몰락, 사민당의 비현실적인 이상적 접근도 이에 한 몫 하였다.

4. 독일 통일의 국제적 절차와 통일의 완성

1990년 9월 12일 모스크바에서 "…독일에 관한 최종 해결을 의도하면서, 민주적이고 평화적인 국가로서 독일의 통일에 의해 베를린과 전체로서 독일에 관한 4강국의 권리와 책임이 그 기능을 상실한다는

---

27) 법률의 정식 명칭은 '재산 문제 규율에 관한 법률'(Gesetz zur Regelung offener Vermögensfragen: Vermögensgesetz - VermG)로 통일 후에는 연방 법률로 편입되어, 현재도 유효한 법률이다. 독일 법무부 홈페이지 (www.gesetze im internet.de).

28) 유타 림바흐(Jutta Limbach), "법적 관점에서 본 독일 통일", (프리드리히 에버트재단 한국사무소 www.fes korea)

2+4조약 서명(1990. 9. 12. 모스크바)
출처: www.bild.bundesarchiv.de

것을 인정"하는 2+4 조약(Treaty on the Final Settlement with Respect to Germany)이 서명되었다. 11월 9일 파리에서 열린 유럽안보협력회의에서 34개 회원국이 독일통일을 추인하면서 국제적인 절차가 모두 종결되지만, 2+4 조약이 서명된 9월 12일 국제적 절차는 사실상 종결된 것이다.

10월 3일 독일 통일을 발효하기로 한 8월 31일의 동독과 서독 간의 통일조약을 자결권 행사에 의한 것으로 최종적으로 인정한 것이다.

2+4 조약을 위한 협상은 독일의 국경 특히 폴란드와의 국경 문제와 동맹체제 즉, 독일이 나토에 남느냐 문제가 주된 논의 대상임을 알 수 있다.

2차 대전 종결과 결부되는 독일 통일은 영토 문제와 관련하여 유럽 평화에 근본적인 문제를 제기할 수 있는 사안이었다. 이는 히틀러 의해 영토 변경이 있기 전인 1937년 말 현재 독일 영토 회복과 관련된 문제이기 때문이다. 특히 이는 폴란드와의 국경 변경 그리고 소련과 폴란드 간의 국경 변경 문제까지 이어지는 문제이기 때문에 유럽의 안정을 근간에서 흔들 수 있는 사안이었다.

이런 배경에서 1972년 서독 브란트 총리 시절 동방정책에 따른 여러 조약, 즉 소련과의 모스크바 조약, 폴란드와의 바르샤바 조약, 체코슬로바키아와의 프라하 조약에서는 기존 국경선을 인정한다는 규정을 두었었다. 이에 따라 동독과 서독 간의 통일조약은 그 전문에서 "더 이상의 국경 분할이 없고", "국경선의 불가침성과 유럽 모든 국가의 영토 보전"을 규정하고 있다. 그리고 통일 후 독일은 폴란드와 국경조약(1990년 11월 14일), 체코슬로바키아와 선린우호협력조약(1992년 2월 27일)을 통하여 기존의 국경을 재확인하였다.

그런데 독일 통일 관하여 국제적인 협상 개시를 선언한 1990년 2월 13일 오타와 선언이 있기까지 영국과 프랑스의 독일 통일에 대한 거부감도 만만치 않았다. 1989년 11월 베를린 장벽 붕괴 후 미테랑 프랑스 대통령과 대처 영국 총리는 재통일로 독일이 2차 대전 전 과거로 회귀할까 우려하면서 불안해했다. 유럽 균형의 교란을 우려하였던 것이다. 마가렛 대처 총리는 비스마르크 시대에 제국 창설 이후 독일은 "항상 예측 불가능하게 침략과 자기 의문 사이를 오락가락했다"고 주장했다. 그녀는 "우리는 독일을 두 번이나 패배시켰는데, 지금 다시 돌아왔다," "우리는 통일된 독일을 원치 않는다,"라고 대처 총리는 베를린 장벽이 무너지기 2달 전인 1989년 9월 크레믈린에서 있었던 만찬에서 고르바초프 대통령에게 이렇게 말했다. "이는 2차 대전 후의 국경 변경을 야기할 것이다. 이런 사태 발전은 전체 국제적 상황을 악화시키고 우리의 안보를 위험하게 할 수 있기 때문에 허용할 수 없다." 여기에 대하여 "고르바초프는 소련도 독일 재통일을 원치 않는다고 확인해주었다. 이는 이미 빠르게 진행되는 속도를 늦추겠다는 나의 결심에 힘을 보태 주었다. 물론 나는 동독인들이 공산주의 치하에서 사는 것을 바라지 않지만, 진정한 민주적 동독이 곧 출범할 것

같아 보였다. 재통일 문제는 독일 이웃 국가와 다른 강대국의 이해와 바람이 충분히 고려되어야 하는 별개의 문제다."

마가렛 대처의 첫 번째 우려는 1945년 이후 유럽의 평화를 유지해 온 나토의 장래였다. 재통일되고 훨씬 더 강해진 독일이 나토를 떠나서 아마도 소련과의 협상의 일부로 자체적인 안보협정을 추구할 수 있다는 것을 널리 우려되었기 때문이다. 또 다른 우려는 강력한 독일이 유럽에서 영국 대신 미국의 가장 가까운 동맹국이 될 수 있다는 것이었다. 1989년 5월 부시 대통령이 독일을 미국의 "지도력의 파트너"라고 한 것에서 비롯된 우려였다.[29] 대처 총리의 우려와 불신은 1989년 12월 8일 스트라부르에서 열린 유럽연합 정상회의에서 대처 총리와 콜 총리는 심한 언쟁을 벌이고 미테랑 프랑스 대통령이 이를 중재하는 정도였다.[30] 대처 총리는 독일 통일에 관해서는 입을 다물고 있다가 1990년 1월 24일 월스트리트 저널과의 인터뷰에서 처음으로 독일통일을 언급하였다. 2월 18일 영국 유대인 사회의 대표들을 상대로 한 연설에서 독일통일이 피할 수 없으며 임박하다는 것을 인정하였다. 2월 24일 캠프 데이비드에서 부시 대통령과 콜 총리의 회담이 있었고 여기서 2+4 협상 합의의 마지막 작업이 있었다. 영국도 더 이상은 물러나 있을 수 없게 되었던 것이다.[31]

독일인이 자결권을 가지고 있다는 것을 인정하고 있는 프랑수아 미테랑 프랑스 대통령 역시 마찬가지였다. 공개된 영국의 비밀문서에

---

29) The Telegraph, 2009. 9. 13, www.margaretthatcher.org

30) 당시 프랑스 외무장관 롤랑 뒤마(R Roland Dumas)와의 인터뷰, "Die zankten sich schrecklich ", Der Siepgel 38/2009(2009. 9. 14)

31) 룩셈부르크 대학교 홈페이지(www.cvce.eu)

따르면, 미테랑 대통령은 사적으로 대처 총리에게 재통일된 독일이 "히틀러보다 훨씬 더 나갈 수" 있다고 경고했다. 과거 1922년 독일과 소련 조약(라팔로 조약)32) 및 1939년 독일과 소련 간의 몰로토프-리벤트로프 조약(Molotov-Ribbentrop Pact)33) 경우처럼 통일된 독일이 정치 체제가 다름에도 불구하고 소련으로 기울까 우려했다. 그는 1989년 12월 6일 키에프에서 고르바초프와 만났을 때 이 이야기를 했다. 11월 22일 동독 방문을 발표하고 독일의 통일이 실질적으로 확실해지기 시작하던 12월 20-22일 동독을 방문하여 모드로브 정부와 장기 무역협정을 맺었다.34)

결정적인 것으로 미국의 부시 대통령의 입장은 앞에서 언급하였듯이 통일 독일이 나토에 남는 것을 전제로 독일 통일에 긍정적이었다. 1990년 2월 말 캠프 데이비드에서 부시는 콜 총리와 2+4 협상의 공동기조에 관해 합의했다. 영국 정부는 고르바초프의 블록 해체에 의한 범유럽 구상을 불신하고 미국과의 긴밀한 관계를 어렵게 만들고 싶어하지 않았다. 통일 독일이 나토에 남으며 미국이 나토를 통한 유럽 안보 약속 논리로

---

32) 1922년 4월 16일 이탈리아의 제노바 근교 라팔로에서 독일(바이마르 공화국)과 소련 간에 체결된 조약. 영국과 프랑스 등은 러시아 제국에 대한 채권과 독일의 러시에 대한 전쟁 배상금으로 상계할 계획이었으나 이 조약에 의해 비밀리에 독일의 군사 훈련을 허용하는 대산 독일과 러시아의 채무를 상계하였다.

33) 1939년 8월 23일 나치 독일과 소련의 외무장관 리벤트로프와 몰로토프 간에 체결된 독소 불가침조약. 이 조약에 따라 소련은 2차 대전 발발 시에 중립을 지켜 사실상 독일의 프랑스 등으로의 침공을 방조하였다. 1941년 6월 22일 독일이 소련을 침공하면서 이 조약이 파기되었다.

34) "Mitterrand feared emergence of 'bad' Germans", Financial Times, 2009, 9, 10 및 www.cvce.eu

부시 대통령이 대처 총리를 설득할 수 있었다. 그리고 프랑스에게 핵심 목표는 경제 및 통화 동맹에 의한 유럽통합의 계속이었다. 이에 대하여 독일 정부는 원칙적으로 동의하였다. "소련이 반대하지 않기 때문에 두 나라는 결국 독일 통일 과정을 중단할 수 없을 것이며 이런 상황에서 이의 안보적 이해가 통일 독일의 나토 통합에 의해 가장 잘 충족될 것으로 보았다. 서방 3강국은 결국 독일 통일에 동의하게 되었다.

동맹 관계는 사실상 바르샤바 조약기구 회원국인 동독이 나토 회원국인 서독에 흡수되어 탄생하는 통일 독일이 미국 등 서방 3강국이 요구하듯이 나토 회원국으로 남느냐의 문제로 간단한 것이 아니었다. 소련에서 고르바초프는 개혁된 동독과 함께 독일 분단을 원했던 고르바초프는 1990년 1월 재통일은 불가피하며 그는 오랜 소련의 정책 목표에 따라 중립국 통일 독일이라면 받아들이겠다고 말했다. 2월 10일 고르바초프 대통령과 만난 콜 총리는 중립화는 받아들일 수 없다고 선언했다. 2월 14일 오타와 선언 시에 소련의 공식적 입장은 중립화 통일 독일이었다. 물론 셰바르드나제 외무장관이 중립이 소련이 통일 독일을 받아들이는 "유일한 길"은 아니라고 여운을 남기기는 하였다.[35]

소련과의 문제가 안 풀리는 것 같았지만, 결국 서방의 경제와 재정 지원이 절실했던 소련 사정으로 고르바초프는 이를 받아들이지 않을 수 없었다. 후에 독일에서 비밀 해제된 문서에 따르면, 1990년 봄에 소련의 경제 상황은 급속히 악화되어 고르바초프는 금(金) 심지어 다이아몬드 광업권까지 매각할 수밖에 없었으며, 국가는 국제적으로 부도 직전까지 갔다. 이런 상황에서 고르바초프는 차관 확보에 나서지 않을 수 없었다. 당시에 미국과 영국은 병든 소련 경제에 자금을 공여

---

35) www.cvce.eu

할 의사가 없었고, 프 랑스는 재정이 취약했다. 가능한 나라는 서독 밖에 없었다. 서독에게 절묘한 시기가 온 것이다. 콜 총리는 이 기회를 놓치지 않았다. 협상을 통

1990년 2월 14일 캠프 데이비드에서 부시 대통령 부부와 콜 총리 부부
출처:: www.bild.bundesarchiv.de

하여 서독은 무이자의 150억 마르크 차관을 제공하였다. 물론 나토 잔류 문제 등 여러 가지 끈이 달린 자금이었다. 비밀리에 합의한 것이었지만 이런 내용이 흘러나와 언론에 보도되자 겐셔 외무장관을 비롯한 서독 당국자는 강력하게 부인하였다. 동독 주둔 소련군 35만 명 철수 비용을 합하여 통일과 관련하여 독일이 소련에 제공한 자금은 550억 마르크에 달했다. 참고로 소련은 1990년 9월 30일 한국(노태우 정부)과 외교관계를 수립하였으며, 이때 한국의 30억 달러 차관 제공이 있었다.[36]

마침내 1990년 9월 12일 소련이 통일 독일이 나토에 잔류하는 것을 용인하면서 2+4 협상은 타결되어 독일통일과 2차 대전을 종결시키는 2+4 조약 즉, "독일에 관한 최종해결 조약"의 합의가 이루어질 수 있었다. 유럽연합과 유럽안보협력회라는 전체로서 유럽의 평화 체제 속에서 동서독 특히 동독 5개 주가 독일연방공화국에 편입하여 통일을 완성한다는 동독 주민의 자기결정권 행사를 전승 4강국이 승인

---

36) "Hausmitteilung: SPIEGEL-Redakteure über die Verhandlungen zur deutschen Einheit", Der Spiegel 39/2010(2010. 9. 22).

1990년 10월 3일 베를린 제국의회 건물 앞에서의 통일 축제
출처: www.bild.budesarchiv.de

하였다.

　전승 4강국은 전체로서 독일과 베를린에 대한 최종결정권의 포기를 선언하였다. 그리고 동독과 서독은 통일조약에서 폴란드와의 서부국경, 즉 2차 대전 후 설정된 오데르-나이쎄 선을 국경으로 인정하면서 2+4 조약에서 이를 국제적으로 확인함으로써 그리고 추인이지만 유럽안보협력회의 35개 회원국이 승인함으로써 독일 통일과 2차 대전 종결이 완료되었다.37)

---

37) 조약은 전문과 10개조로 구성되었으며, 영어, 불어, 러시아어 독일어로 작성되었다. 서명은 모스크바에서 있었다. 조약의 정식 명칭은 "독일에 관한 최종결정에 관한 조약"(Vertrag über die abschließende Regelung in bezug auf Deutschland)이다. 조약 전문에 관해서는 독일 외무부 (www.auswaertiges-amt.de) 및 최창동, 앞의 책, pp.83-87.

그리고 10월 1일 뉴욕에서 4강국의 독일에 대한 권리 포기선언이 있었다.[38] 이렇게 모든 국내 및 국제 절차가 종결되면서 1990년 10월 3일은 마침내 독일은 45년의 분단을 극복하고 통일을 완수하였다. 앞에서 이야기한 1990년 10월 2일 통일 하루 전 라디오 방송 연설에서 콜 총리가 말했듯이 1989년 가을 본격화한 동독 주민의 민주화운동의 승리였다.

---

[38] Declaration by the Four Powers suspending the operation of quadripartite rights and responsibilities (New York, 1 October 1990); www.cvce.eu

제6장 독일 통일의 빛과 그림자

　지금까지 논의하였듯이 독일의 분단은 19세기 이전의 독일 역사로 거슬러 올라가지 않으면 설명할 수 없다. 그리고 유럽의 기존질서의 안정과 독일민족의 형성은 불가분의 관계를 가지고 있다. 이미 근대 유럽 국제정치의 시작을 알리는 베스트팔렌 평화체제가 이를 증명하고 있다. 이후 나폴레옹 전쟁이 이 질서를 무너뜨리지만 이 전쟁의 결과를 처리한 1815년 비인 회의는 유럽의 안정을 위하여 유럽 중부 즉 대체로 현재의 독일 중심으로 한 지역에 이전 질서의 복원을 시도하였지만 강대국의 이해가 얽히면서 완전한 복원이 아닌 39개의 독립된 영방으로 나누어진 독일을 복원하였다.

　이후 나폴레옹 전쟁으로 전파된 자유주의와 민족주의의 고양으로 근대적인 독일민족이 형성되고 이를 발판으로 드디어 1871년 프로이센에 의한 통일과 제국이 실현되었다. 그러나 독일 주변의 나라와는 달리 독일의 자유주의는 관념화되었다. 이는 이전에 파편화되어 있고 산업발달이 늦었던 독일에서 시민이 형성되지 않았던 것과 밀접한 관계를 가지고 있다. 관념화된 자유주의는 독일에 시민에 의한 국민주권이 아닌 황제주권의 독일제국을 낳았다.

이것이 위로부터의 독일자본주의 발달과 결합되면서 대외팽창으로 나가고 열강과 부딪히면서 1차 대전을 야기하였다. 1차 대전 후 성립된 바이마르 공화국은 형식면에서는 모범적인 헌법을 가진 이상적인 공화국이었다. 바이마르 공화국은 1918년 혁명의 결과로 군주제를 폐지하고 탄생하였다 하지만, 구체제의 기득권 세력인 토지귀족(Junker), 독점자본이 온존한 데다 시민의 정치 참여 부재라는 결정적인 약점을 가지고 있었다. 여기에 더하여 비상대권을 가진 군주적 대통령제를 가지고 있었다.

중부 유럽 즉 독일의 약화를 통한 유럽의 평화를 유지하고자 하는 프랑스 중심의 베르사이유 평화체제는 독일이 도저히 갚을 수 없는 1,320억 금마르크의 전쟁배상금을 부과하였다. 이런 조건 하에서 인플레이션과 실업에 의한 사회적 불안은 민족사회주의 출현의 조건을 조성하였다. 민주적 정치 참여의 경험이 없는 대중은 민족사회주의에 동원되어 이들의 권력 장악을 저지하지 못하고 이들의 사이비 민족주의를 지지하였다. 이는 2차 대전이라는 인류의 비극으로 이어졌다.[1]

---

1) 1929년 10월 미국 발 대공항으로 인한 경제적 파탄과 대량실업으로 인한 독일 사회 내부의 불안은 독일 선거에서 의회와 정부를 이끌 정당을 거듭 내지 못하면서 이는 정부 구성에 차질을 가져다주었다. 여러 당 연립의 약체 정부는 1930년 3월 대공항의 절정기에 이를 극복하기 위한 정책을 추진해갈 수 없어서 붕괴되자 바이마르 헌법 제48조의 대통령의 긴급조정권에 기초한 소위 대통령 내각이 계속되었고, 1933년 1월 30일 힌덴부르크 대통령은 역시 이 권한에 따라 히틀러를 총리에 임명하였다. 이후 1934년 힌덴부르크 대통령이 사망하자 전권위임법을 통하여 히틀러가 절대권력을 창출하여 제2차 세계 대전을 일으켰다. 이처럼 나치 독재와 2차 대전 발발에 바이마르 공화국의 군주적 대통령제도 한 원인을 제공하였다; 군주적 대통령제와 나치 집권 과정에 관해서는 전종덕/김정로, '독일

1945년 5월 8일 독일 국민은 패한 국가의 국민인지 민족사회주의의 피해자인지 애매한 상황에서 치욕적인 전승 4강국의 점령을 받아들였다. 그리고 점령국의 4-D 정책 즉, 탈나치화(De-Nazification), 민주화(Demancratization), 탈군사화(Demilitarization), 탈카르텔화(Decartelization) 정책의 일환으로 민주주의 훈련을 받게 되었다. 이를 지식인들은 분단의 역사가 아닌 새로운 역사의 시작(Null Stunde)으로 받아들였다. 이들은 민족, 유럽 전체, 유럽의 평화의 관점에서 독일을 새로이 보기 시작한 것이다.

　아데나워와 보수 세력은 내부지향적인 독일민족과 민족주의가 아닌 유럽 사회 속에서 서로 다르다는 것을 인식하고 동등하게 함께 살아가는 독일민족이 실현될 때 비로소 독일은 다시 살아날 수 있다는 인식에서 유럽통합 속에서 독일을 추구하였다. 그리고 프랑스와의 우호와 평화를 유럽 정책의 제1로 설정하였다. 이를 위하여 독일의 산업 중심지인 자르란트를 국제관리 하에 두고 오늘날 유럽연합의 전신인 유럽석탄철강기구를 창설에 참여하고 이어서 유럽공동체 결성의 창설국으로 참여하여 서독을 유럽사회의 정당한 일원으로 참여시키면서 독일문제 해결의 실마리를 찾으려고 하였다.

　사민당은 일찍이 1925년 하이델베르크 강령에서 유럽정책에 관해서 유럽 평화를 위하여 "유럽합중국" 창설을 제안하였다.2) 이를 보다 구체적으로 정리한 빌리 브란트는 민족과 민족주의를 "전체로서 유럽의 평화질서" 속에서 극복해야 한다는 논리를 정립하였다. 민족 특히 독일민족의 형성은 1860년대 이후 유럽의 평화질서를 교란하고 전쟁

　사회민주당의 역사', pp.72-84 참조.

2) 전종덕/김정로, '독일 사회민주당 강령집', p.42 참조.

의 원인이 되었다.

이런 강령적 배경에서 사민당-자민당의 브란트 총리 정부는 냉정하게 동방정책을 새로이 하였다. 우선 2차 대전 후 구축된 동유럽 질서를 현상 그대로 인정하였다. 동부 국경 문제 즉 동독과 폴란드의 국경인 오데르-나이쎄 선을 인정하였다. 이는 2차 대전 후 소련에 귀속된 과거 폴란드 영토에 대한 소련 영유권 인정을 전제로 한 것이었다. 그리고 체코슬로바키아의 주데텐란트 영유권도 인정하였다. 그리고 독일민주공화국 즉 동독의 국가적 실체를 인정하였다. 1972년 완성된 브란트 정부의 신동방정책은 유럽 역사에서 늘 그랬듯이 현상의 인정이었다.[3]

현상의 인정일 뿐만 아니었다. 유럽의 역사 특히 19세기 독일 민족의 통일과 독일 제국의 성립 후 유럽의 불안이 독일의 프랑스 침공과 동쪽으로 폴란드와 소련 침공이었음을 인정한 것이었다. 이에 더하여 소련의 입장에서 독일은 침략의 길목이고 직접적 침략자였다. 이런 의미에서 브란트의 신동방 정책은 소련의 불안 해소에 대한 다짐이자 신뢰조성 정책이며 이의 징표가 폴란드와의 국경 인정과 동독에 대한 사실상의 국가 승인인 "두 개 국가"체제 지향이였다.

이후 1990년 통일될 때까지 독일의 "사실상" 두 개 국가체제는 유지되었다. 그리고 동독은 사실상이란 수식을 버리고 실질적인 두 국가 체제를 지향하였다.

서독의 두 개 국가 체제 유지 정책은 통일(재통일)을 기본법상의 통

---

[3] 베를린 장벽이 무너진 한 달 반 후에 나온 1989년 사민당의 "베를린 강령"과 "유럽에서의 독일인, 사민당 베를린 선언"에서도 "국경의 불가침", "폴란드의 서부 국경의 무조건 인정"을 선언하고 있다; 전종덕/김정로, '독일 사회민주당 강령집", p.95 및 전종덕/김정로, '독일 사회민주당의 역사', p.369 참조.

일과제로 관념화하고 국민들로 하여금 이 체제를 현실로 수용하게 하여 동독을 사실상 외국으로 보게 하였다. 1989년 호네커 정권이 무너지고 베를린 장벽이 붕괴된 뒤 12월 20일 무렵 동독 시민의 입에서 통일이란 구호가 나올 때까지 서독 사회는 동독 내의 사태 발전을 동유럽권의 민주화운동 열풍 속의 어느 한 나라의 일로 보았다. 당시 서독의 언론도 이런 시각에서 동독의 민주화운동을 보도하였다.

동독 시민의 통일 요구가 본격적으로 나오자 서독 국내는 물론 국제사회도 독일통일 문제를 현실의 문제로 보기 시작하였다. 1945년 유럽평화 문제를 강대국이 독일 분할로 보장하려고 하였다면, 1990년에는 유럽 평화질서 구축을 독일통일의 기초 위에서 모색하기 시작하였던 것이다. 이후의 통일 과정은 앞에서 적은 그대로다.

통일의 주체는 동독 시민이다. 동독 민주화운동과 통일 요구의 의미를 적기에 포착하여 통일로 이어간 지도자는 헬무트 콜 총리다. 독일민족, 독일 분단과 유럽의 평화질서 간 관계 즉 독일문제의 본질을 잘 이해하고 있었기에 서독의 정치 지도자들은 과도한 정서를 표출하지 않고 냉정하게 전승 4강국의 권리를 인정하고 직접적인 이해 당사국인 폴란드와 체코슬로바키아 등에게 현존의 국경 인정을 거듭 확인하면서 이들의 동의를 얻어내어 통일을 실현할 수 있었다.

아쉽지만 빌리 브란트를 비롯한 사민당의 유럽의 평화질서 속에서 민족의 극복이란 이상적인 접근은 당장의 현실 앞에서 공허한 메아리가 되었다. 오히려 어떤 면에서는 반통일 세력으로 비춰지기도 한다. 1990년 3월 동독 자유 총선에서 가장 완결된 선거강령을 제시한 동독 사민당이 세를 모으지 못하였고 통일 후 30년이 되어가는 오늘날에도 사민당은 구(舊) 동독 지역에서 힘을 못 쓰고 있다. 과거 동독의 독재 체제를 이끌었던 사회주의통일당의 후신인 민사당과 사민당을 탈당한 사람들이 주축이 되어 결성한 좌파당(Die Linke)은 물론이고 민족을 노골적으로 내세우고 있는 극우 "독일의 대안"(AfD)에도 밀리고 있다. 너무도 이상적이었거나 통일 시에 동독 주민들의 불안감을 달래 주지 못 했던 것은 아닐까? 이들의 관심은 일자리와 사회주의 사회에서 작게 지켜왔던 재산이었지만 앞에서 살펴보았듯이 법적 보호 수단을 갖추지 못한 채 통일조약과 이후의 "미확정 재산규율법" 그리고 서독 법의 적용으로 속절없이 당했다.

1972년 동서독 기본조약에 따른 "사실상"의 양국 체제는 동서독 간에 긴장을 완화시켜주고 말 그대로 동독 주민의 분단으로 인한 "인간적 고통을 완화"시키는 데 이바지하였다는 점은 이론의 여지가 없다. 그러나 1989년-90년 사이에 실제 벌어진 것을 보면 동서독 모두 통일에 대한 준비는 없었다. 통일방안만 보아도 정해진 것이 있나 싶을 정도였다. 그 결과는 고스란히 동독 시민에게 돌아갔다. 통일의 주체이지만 통일의 피해자인 셈이다. 소득 격차, 실업률 모든 면에서 동서독 주민 간의 격차는 여전하다.

납세자들의 연대세(Solidaritätszuschlag) 이외에 구동독 5개주에 대한 재정지원을 위한 구(舊) 서독 지역 연방 주와 연방정부간의 연대협약(Solidarpakt) 등을 통하여 동독 지역 경제 재건에 나섰지만 양 지역 간 격차 완화는 극히 더디다. 그 원인은 사실상 서독이 동독을 접수하면서, 근본적으로 준비되지 않은 통일, 특히 동독 주민의 재산권 보호와 고용 보장 등을 통한 이들의 자구적 노력의 기반 마련에 소홀히 한 것에서 찾아야 할 것이다.

2000-2017 기간 중 동서독 주민 1인당 월간 소득 총액 비교[4]
(단위: %, EURO)

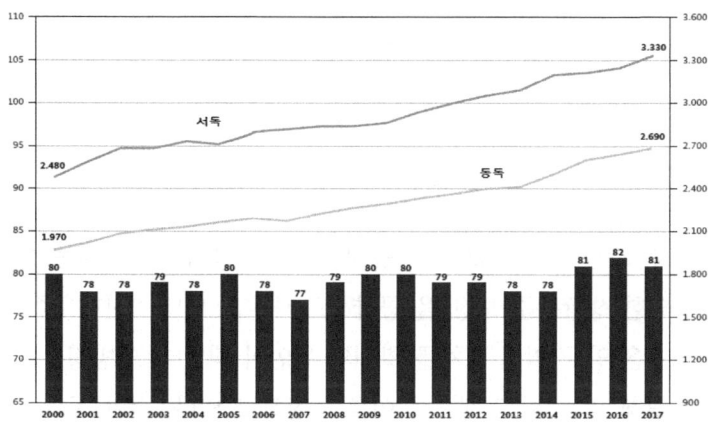

막대(■) 동독/서독
출처: 독일정부 통일실태 연례보고서 2018

1995-2017년 기간 중 실업률 변화
(단위: %)

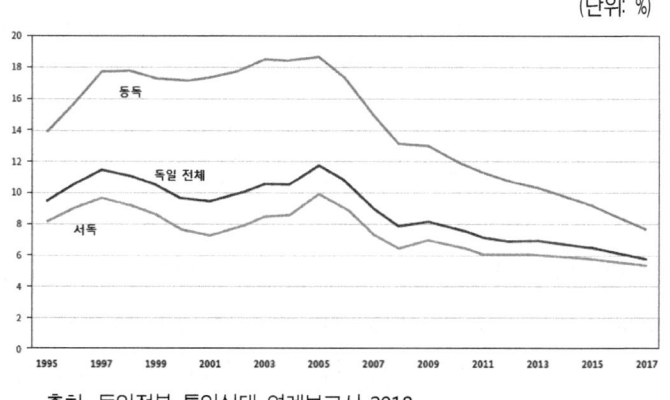

출처: 독일정부 통일실태 연례보고서 2018

---

[4] 'Jahresbericht der Bundesregierung zum Stand der Deutschen Einheit 2018', (Bundesministerium für Wirtschaft und Energie (BMWi), 2018; www.bmwi.de

청년실업률(15-25세, 단위: %)

	2016	2017
전　체	5.3	5.1
서　독	4.8	4.6
동　독	8.6	8.4

출처: 독일정부 통일실태 연례보고서 2018

　통일 후 27년이 지난 2017년 총선에서 좌파당의 선거강령은 "동서 간의 동일한 생활수준 보장"을 공약으로 내걸고 있다. "신자유주의적 사회 모델은 양 지역의 격차를 확대의 원인이 되었다. 연방정부는 불공정한 경제 및 사회 정책으로 이를 조장하고 있다. 수년 동안 동독 지역의 경제력은 서독 지역 수준의 불과 72%에 머물러 있다. 동독 지역의 경제구조는 파편화되어 있다. 대기업 본부는 전혀 없다. 2030년에 7%의 인구 감소가 예상된다. 빈곤의 위험에 처한 연금 생활자의 수가 2015년에만 0.7% 증가하여 16%에 달하였다. 이의 주된 원인은 저임금 분야의 확대다." 이런 경제적 사회적 불평등은 또 다시 "불이익과 경멸과 결부된다. 독일에서 의사결정권자의 2.8%만이 동독 출신이다. 연방정부 간부의 20%만이 동독 출신이다."[5]

　좌파당의 이런 주장은 연방정부의 자료에 의해서도 뒷받침된다. 2018년에 발표된 독일 연방정부의 '통일실태 연례보고서'(Jahresbericht der Bundesregierung zum Stand der Deutschen Einheit 2018)에 따르면 2017년 동독 지역의 1인당 총생산액은 서독의 74% 수준이다. 통일 1년 후인 1991년의 대략 43% 정도에서 그 격차가 많이 좁혀진 것 같지만 1996년 68% 수준으로 상승한 이후 그 격차가 줄어드는 속도는 극

---

5) Die Linke, 'Wahlprogramm - Partei DIE LINKE', www.die-linke.de

히 느리다. 2016년 수준은 73.2%였다. 실업률 역시 같은 경향을 보이고 있다. 2017년 독일 전체 실업률은 5.7%, 서독 지역 5.3%에 비해 동독 지역은 7.6%였다. 그 격차가 10% 대였던 2001년에 비하여 많이 개선되었지만 격차는 여전하다. 여기서 또 주목할 점은 동서독 지역의 청년실업률의 격차다.

AfD의 유엔에 의한 "이민협약"반대 운동 홍보물
출처: www.Afd.de

앞의 표와 같이 이 격차는 여전하다. 사회불안이 청년에서부터 시작되어온 독일의 역사에서 비추어 주목할 점이다. 그리고 여기서 동독 지역에서 베를린을 제외시키면 생산액이나 실업률에서 그 격차는 더욱 커진다.6)

2017 총선 몇 주일 전에 발표된 2017년 보고서의 "특히 사람들이 고립감을 느낄 수 있는 취약한 지역에서 과격한 태도에까지 이르는 사회적 긴장이 발생할 가능성이 있다"는 내용을 인용하면서 차이트지는 동독에서 외국인 혐오 문제를 거론하였다.7) 이 예상은 총선에서 그대로 적중되었다. 총선에서 반(反)이민 정서에 편승하여 구동독 지역에서 극우 정당인 "독일의 대안"(AfD)이 제2의 정당으로 부상하여 독일 전체에서 제3의 정당이 된 것은 단기적으로는 유럽에 불고 있는

---

6) 앞의 '독일정부 통일실태 연례보고서 2018'.

7) "Die Ost-West-Lücke schließt sich", Die Zeit, 5. September 2017.

아랍계 난민에 대한 반대정서와 관계있지만 독일의 경우 통일 이후 동서독 간 격차와 직접 관련이 있을 것이다.

통일 후 연방의회 선거(총선) 득표율 변화(%)

독일 전체

	기민련/ 기사연 CDU/CSU	사민당 SPD	자민당 FDP	녹색당 B.90/ Grüne	좌파당 Die Linke	독일의 대안 AfD
1990. 12. 2	43.8	33.5	11.0	5.1	2.4	
1994. 10 16	41.4	36.4	6.9	7.3	4.4	
1998. 9. 27	35.1	40.9	6.2	6.7	5.1	
2002. 9. 22	38.5	38.5	7.4	8.6	4.0	
2005. 9. 18	35.2	34.2	9.8	8.1	8.7	
2009. 9. 27	33.8	23.0	14.6	10.7	11.9	
2013. 9. 22.	41.5	25.7	4.8	8.4	8.6	4.7
2014. 9. 24	32.9	20.5	10.7	8.9	9.2	12.6

구동독 지역

	기민련/ 기사연 CDU/CSU	사민당 SPD	자민당 FDP	녹색당 B.90/ Grüne	좌파당 Die Linke	독일의 대안 AfD
1990. 12. 2	42.8	25.4	11.7	6.2	11.7	
1994. 10 16	40.0	31.8	2.9	3.8	20.5	
1998. 9. 27	29.7	37.9	2.8	3.3	22.4	
2002. 9. 22	30.3	39.0	6.0	3.8	19.1	
2005. 9. 18	28.8	31.7	5.1	4.2	25.2	
2009. 9. 27	32.1	20.0	8.0	6.6	28.9	
2013. 9. 22.	40.3	19.6	1.8	5.0	24.3	0.9
2014. 9. 24	30.0	15.5	5.7	4.8	19.3	20.6

출처: www.wahlen-in-deutschland.de

통일 후 2년밖에 되지 않은 1992년 8월 구동독 지역인 메클렌부르크-포어폼메른 주 로스토크 리히텐하겐 소재 난민접수센터와 베트남 노동자들의 거주지인 소위 해바라기집(Sonnenblumenhaus)을 불태우면서 사람을 죽이는 등 독일 전역에서 2차 대전 후 최악의 대규모 외국인 혐오 소요사태가 발생하였다.[8] 2017년 "독일의 대안"의 급부상은 독일의 사회적 불안의 소산이기도 하면서 원인일 것이다. 이는 어쩌면 준비되지 않은 통일이 가져다 준 사건이 아닐까?

독일 통일이 통합인가 재통일인가? 이는 명확하지 않다. 아마 재통일과 통합의 중간쯤 어디에 위치한 것 같다. 독일에 관하여 영토를 제외한 거의 모든 것은 1937년 12월 31일 상태로 복원되었다. 영토는 1937년 12월 31현재의 영토 회복이 아닌 1990년 10월 3일 통일되던 날 서독과 동독의 영역이 영토가 되었다. 통일조약에 따라 기본법 전문의 서독 기본법의 잠정성을 규정하던 과도기 질서에 관한 내용과 통일 명제도 삭제되었다.

그리고 기본법 제23조 삭제는 동독의 신설 5개주가 독일연방공화국에 가입함으로써 그 효력을 다했다는 의미이기도 하지만 더 이상의 가입은 없다는 의미에서 영토와 관련하여 독일의 영토 문제는 종결된 것임을 보여주고 있다. 그리고 23조에는 유럽연합과 관련하여 제원칙을 규정하고 있으며, 특히 기존의 제24조와 더불어 유럽연합에 독일의 주권 이양에 관해 규정하여 독일통일이 유럽통합 속에서 이루어졌음을 규정하고 있는 셈이다.

그리고 국제적으로도 2+4 조약 제1조 1항에서 통일 독일의 영역을

---

[8] 소위 해바라기 집 사건을 계기로 독일은 망명권을 폭넓게 인정하였던 기본법 제16조를 개정하여 망명권을 제한하였다. 전종덕/김정로, '독일 사회민주당의 역사', pp.400-407 참조.

기존의 동독과 서독 및 베를린으로 하며 국경은 동독과 서독의 국경으로 하고 4항에서 이는 연방 주의 가입을 규정한 기본법 23조 및 헌법 제정에 관해 규정하고 있는 제146조에도 적용되며, 5항에서 독일 국경의 최종적인 성격이 확인되었음을 선언한다고 규정하였다. 그리고 소련과 독일은 1990년 9월 13일 선린우호협력조약을 체결하고 제1조에서 주권평등과 영토보전 및 정치적 독립을 상호 존중하기로 하고 2조에서 양국은 현재 국경선 내에서 유럽 내 모든 국가의 영토권을 무조건 존중할 것을 다짐했다. 이어서 통일 이후이긴 하지만 1990년 11월 14일 폴란드와 국경선 확정에 관한 조약을 체결하여 제1조에 양국 간에 현존하는 국경선을 국경선으로 확정한다고 규정하였다.

그러나 1991년 6월 17일 독일과 폴란드 간에 체결된 "독일과 폴란드 간의 선린우호협력 조약"(Vertrag zwischen der Bundesrepublik Deutschland und der Republik. Polen über gute Nachbarschaft und freundschaftliche Zusammenarbeit vom 17. Juni 1991) 제20조 1항에 폴란드에 살고 있는 독일계 소수민족은 자기의 인종, 문화, 언어 혹은 종교적 동질성을 자유롭게 표현하고 보존하며 발전시킬 권리를 가지며 자기 의사에 반한 어떠한 동화 시도로부터 자유롭다고 규정하고 있다.[9] 그러나 국경조약과 선린우호협력 조약에서 이들 독일계의 국적 문제와 재산 문제에 관해서는 명확하게 규정하고 있지 않다. 여전히 어려운 문제임을 알 수 있다. 폴란드와의 관계에서 여전히 공백은 남아 있는 것이다.

국내적으로는 기본법 국제적으로는 2+4 조약, 소련과의 조약, 폴란드와의 조약에서 거듭 영토변경을 하지 않겠다고 다짐하였다. 2차 대

---

9) 조약 전문에 관해서는 www.auswaertiges-amt.de 참조

전 종전 후 배상금, 전쟁범죄 문제는 일찍이 종결되었고, 영토 문제까지 최종적으로 종결됨으로써 독일통일과 함께 유럽에서 2차 대전은 종결되었다. 그리고 독일 민족문제 그리고 이와 직결된 영토 문제가 유럽의 평화와 직접 연결되는 최대의 난제임을 증명한 것이다.

앞에서 언급한 '독일정부 통일실태 연례보고서 2018'은 "2018년 12월 30일 현재 독일은 장벽과 철조망이 갈라놓았던 기간보다 더 오랜 통일을 맞이하였다. 이에 많은 사람들은 동부 독일이 과거의 독일 민주공화국의 오랜 그늘에서 탄생하였음을 일깨워준다. 재통일 이후 동부와 서부 독일은 서로 접근을 계속하여 왔다. 생활수준은 크게 향상되었다. 이는 살아 있는 연대 의식, 커다란 의지와 용기, 초기의 어려운 조건 하에서 이를 극복하기 위한 따라잡기 과정의 결과다. 모든 시민이 연대의 성과에 자부심을 가질 수 있다. 신 연방 주의 국민들은 평화혁명 속에서 스스로 자유와 민주주의를 쟁취하였다. 그들에게 통일과정은 사회적 붕괴와 개인적 상실과 연결되어 있다"고 통합작업이 성공적이었다고 평가하고 있다.

또한 미래를 전망하면서 "이는 단지 구조와 경제적 발전에 관한 것만은 아니다. 연방정부는 사회적 일체감을 강화해주고 이를 장기적으로 보장해주는 발전을 설계한다는 것도 마찬가지로 중요한 과제로 보고 있다. 이 모든 것은 통일 28년 후에 새로운 답변을 요구하고 있다. 2019년은 연대협약-II(Solidarpakt II)10) 자금이 동독으로 투입되는 마

---

10) 연대협약은 구 동독 지역의 5개 주에 재정 지원을 하기 위한 연방정부와 연방 주간의 협약이다. 이는 분단 관련 부담을 줄이기 위하여 연방 주의 재정 평준화 제도 틀 내에서 연방정부에 특별 재정지원을 제공하는 것을 그 내용으로 하고 있다. 납세자의 연대세와는 별개의 것이다. 연대협약-II 는 연대협약-I 체결 불과 몇 년 후에 5개 새로운 연방 주가 서독 연방

지막 해가 된다. 이는 동서간의 동일한 생활수준을 위한 정책에서 새로운 단계의 개시를 예고하고 있다."11)

통일 30년이 되어 가는 이 시점에서 통일과 관련하여 독일에 제기될 새로운 도전은 무엇일까? 독일에게 동서간의 격차와 이로 인한 사회적 긴장 조성과 사회적 안정의 저해라는 문제를 여전히 풀기 쉽지 않은 난제로 제기하고 있다. 이는 유럽의 평화와 안정에 직결되는 독일 문제가 아직 완전히 해결되지 못하였다는 것이 아닐까?

아데나워 이후 기민련으로 대표되는 독일 보수주의 정치세력의 "유럽 통합" 하에서의 통일독일이나 진보세력의 사민당의 "유럽의 평화질서 속에서 극복되는 민족주의"가 자유, 정의와 연대의 통일 독일이 살아날 길이다. 이는 역으로 유럽의 분열과 평화질서의 교란도 자유, 정의, 연대의 독일의 불안에서 비롯될 수 있다는 말이다.

유럽 통합의 상징이자 현실인 유럽연합은 1993년 마스트리히트 조약 발효에 의해 유럽의 정치통합을 가속해왔다. 독일 사민당이 말하던 "유럽합중국"의 실현이 될 수도 있다는 기대를 주기에 충분했다. 그러나 2008년 가을 미국 금융 위기에서 비롯된 그리스 부채 문제는 유로존, 유럽연합의 통합 강화에 적색신호를 올리기 시작하여 2016년에는 영국의 국민투표에서 영국 국민들이 유럽연합 탈퇴(Brexit)를 택함으로써 통합강화가 주춤하고 있다.

그러나 이런 정치적 현상의 중심에는 유럽 정체성 위기(Identity Crisis in Europe)가 도사리고 있다. 유럽 내의 경제적, 정치적 힘의 불균

주와 비교하여 2004년에 경제적으로 목표 도달이 불가능함이 예상되면서 2001년 이를 연장하기로 합의하여 2001년 7월 4일 사민당/녹색당-민사당의 공동발의에 의해 연방의회와 연방상원에서 같은 결의가 있었다.

11) 앞의 '독일정부 통일실태 연례보고서 2018', p.9.

형, 실업 등의 내부 문제가 금융 위기와 아랍 세계의 내전과 정세 불안으로 인한 대규 난민 유입을 계기로 정체성 문제가 전면에 제기되고 있다. 이는 반이민의 민족주의와 포퓰리즘으로 표출되고 있다. 1930년대 독일에서 허구의 민족주의와 포퓰리즘이 결합하여 히틀러에게 권력을 갖다 바치면서 유럽과 전 세계를 미증유의 전쟁으로 몰아넣었던 것을 상기한다는 것은 지나친 것일까?

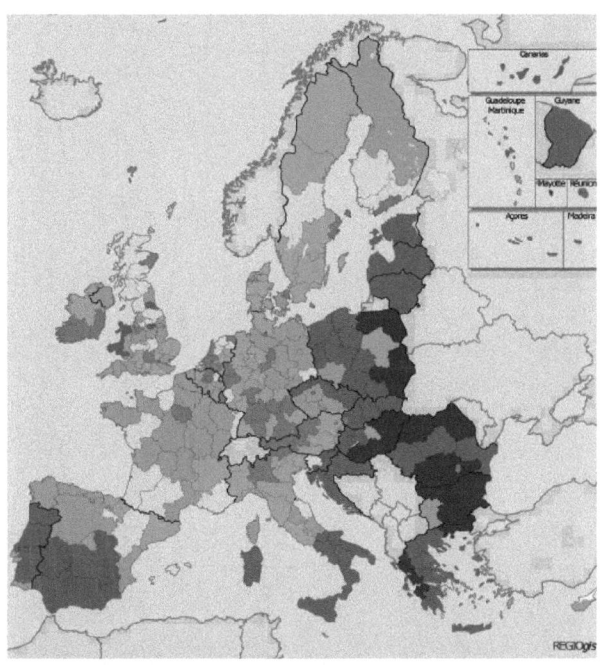

유럽연합 28개국 평균 = 100 ■ 평균대비 50% 이하, ■ 50-75 ■ 75-90 ■ 90-100 ■ 100-125 ■ 125 이상
아일랜드 지역의 두 개 부분은 2014 자료에서 추정한 것으로 국가 통계 변경에 따라 조정한 2015년 가격에 의한 것에서 추정
통계자료: EUROSTAT, GD REGIO
출처: 독일정부 통일실태 연례보고서

2차 대전 후 전승 4강국 특히 미국을 비롯한 서방 3국의 독일 민주화 작업과 독일 지식인들과 정치지도자들의 노력으로 과거의 허구적인 민족주의의 세력화는 쉽지 않을 것으로 믿는다. 그러나 앞에서 보았듯이 일종의 "독일 최우선"을 공공연하게 내세우는 독일의 대안(AfD)이 독일에서 다른 지역이 아닌 과거 서독과의 격차가 여전한 동독에서 득세하고 있다는 것은 염두에 두고 앞의 지도를 보면 우리로 하여금 미래를 보기 위하여 다시 한 번 더 과거를 돌아보게 만들 것이다.

에필로그

　독일 분단에 대해서 우리나라에서는 대체로 냉전의 산물이라고 설명되고 있다. 그리고 통일은 사민당의 빌리 브란트가 길을 닦고 기민련의 헬무트 콜이 완성했다고 설명한다. 즉, 브란트의 신동방정책, 신독일정책에 의해 길이 열리고 1989년 동독 민주화운동 상황 하에서 콜 총리의 정부가 통일을 실현했다는 것이다.
　지금까지 살펴보았듯이 냉전이 독일 분단의 직접적인 원인이었지만 이것만으로는 1945년 2차 대전 종전 전부터 논의된 전승 4강국에 의한 분할점령을 설명하지 못한다. 우리는 2차 대전 후 분단 등에 관해서 제국주의, 특히 미국 제국주의 논리에 의한 설명에 익숙하다. 그러나 유럽 역사 특히 근대 이후 유럽 역사 속에서 중부 유럽에서 독일 민족, 통일 독일과 유럽의 평화와 안전의 관계에서 볼 때 그렇게 간단하게 재단하여야 할 문제가 아니다. 소련과 동유럽 사회주의권의 붕괴를 제국주의적 시장세계화에 의한 것이라 설명하지만 2차 대전 후 냉전질서 속에서도 동유럽의 대중들은 끊임없이 체제에 도전하였다. 1980년대 말 지배체제의 불안정 속에서 민주화운동 열기는 폴란드에서부터 자유선거에 의해 체제가 부정당하면서 사회주의 블록 자체가 철저히 해체되고 과거지사가 되고 말았다. 이를 제국주의론, 신자유주의적 자본주의 음모론으로 설명할 것인가?

　제6장의 유럽지도에서 볼 수 있듯이 독일은 유럽의 중부에 위치해 있으면서 육지만으로도 9개국과 국경을 같이 하고 있다. 유럽의 동서남북을 잇는 십자 교량이다. 역사 특히 19세기 이후 독일의 움직임은 항상 경계 대상이다. 독일의 분단은 직접적으로는 2차 대전 패전과 냉전에 따른 결과이지만 유럽의 안전과 평화에서 차지해온 그 역사의 무게로 인한 운명이기도 하였다. 1989년 동독 붕괴를 계기로 독일은 국내적, 국제적으로 감겨진 운명의 실타래를 풀어서 통일을 완수하였다.

　독일통일의 국제성은 통일의 완성이 바로 적어도 유럽에서 동서 냉전의 종식이었다. 그러나 독일의 국내 통합은 한 세대를 훌쩍 넘긴 지금에 와서도 완성되지 않았다고 보아야 할 것이다. 어쩌면 19세기에 시작된 독일민족의 형성은 아직도 끝나지 않았는지도 모른다. 그렇지만 독일은 적어도 공개적으로는 민족을 거론할 수 없다. 여전히 독일 민족이란 말은 불신의 대상으로 터부다.

　우리가 독일 통일에 특별히 관심을 가지는 것은 우리가 현재 분단된 상태에 있기 때문이다. 독일의 예에서 보았듯이 우리의 분단 역시 민족 내부의 문제이기도 하지만 국제적인 것이기도 하다. 어쩌면 독일의 분단보다 국제성이 더 클지도 모른다. 독일이 유럽 중부에 위치하면서 유럽의 동서남북의 가교이듯이 우리 역시 동아시아의 끝자락에 위치하여 세력권의 교량적 위치에 있다. 독일이 문화적, 종교적으로 그리고 역사를 공유하는 유럽 중부에 위치한 것과 달리 우리는 다른 문화와 종교를 달리 하는 세력의 교차점에 위치하고 있다. 19세기까지는 동아시아 유교권 문화라고 부를 수도 있겠지만 그 유교권 내에서도 격변기에는 대륙문화와 일본이라는 해양문화가 부딪히는 현장이었다. 그리고 서세동점 이후 세계적 대륙문화와 일본까지 가담한 해양문화가 교차하는 지점이 한반도였다.

냉전 이후 21세기에 들어오면서 중국의 부상과 함께 한반도는 양대 세력이 교차하는 운명을 맞이하고 있다. 이런 조건 하에서 한반도에 평화의 틈이 보이기 시작하고 있다. 우리의 운명의 실타래를 풀어 나갈 실마리가 될 수도 있다. 그런 시점에서 우리는 어떻게 할 것인가? 통일에 앞서 한반도의 평화체제도 우선 남북 상호 간의 평화에 대한 신뢰 구축이 필요할 것이다. 그리고 우리를 둘러싼 양대 세력 상호간 그리고 여타 세력 간의 한반도 평화에 대한 신뢰와 다짐 그리고 남북한 상호 간을 규율하는 각종 협약과 규범의 실효성을 보장할 단단한 국제적인 틀이 구축되어야 할 것이다. 여기에는 독일통일의 역사에서 볼 수 있듯이 내부의 정치사회적 불안은 언제든지 평화를 교란할 수 있으며, 이는 국제적 틀을 흔들면서 또 다른 분열의 계기가 되어 한반도를 새로운 운명의 굴레에 빠뜨릴 수 있다. 국내의 안정은 과거 권위주의 정부가 국민에게 강요하였던 국론통일이 아니라 자유가 보장되고 다양한 의견을 수렴해낼 수 있는 관행과 제도가 보장되는 튼튼한 민주주의의 확립이다. 이는 남북에 모두 요구되는 명제다.

1989년 10월 7일 동독이 국내외에 과시한 국가 창설 후 최대의 건국 40주년 군사 퍼레이드는 국가 소멸로 향한 퍼레이드였다. 사회주의 선진국인 일당독재 국가 동독의 내부는 스스로 치유할 수 있는 능력이 전혀 없음이 증명되었다. 이는 1972년 동서독 기본조약에 의해 구축된 평화체제의 한 축이 무너졌던 것이다. 당시 동서 진영의 이해 당사국은 이를 불안하게 지켜보았다. 동서독의 평화가 무너지면 새로운 대결의 시대로 들어갈 수 있었기 때문이다. 소련의 힘의 약화도 있었지만 동서독 문제는 국내적으로는 민주적인 절차에 의해 민주적으로 통일된 독일을 전제로 새로운 평화적 유럽 판을 짜기로 하면서 1989년 11월에 시작된 독일통일이 1990년 10월 3일 완료되었던 것이다.

　우리가 어디로 갈 것인가는 우리 모두의 몫이다. 해방 공간에서만 필요한 것인 줄 알았던 자기결정권 즉 자결권 행사가 앞으로도 결정적 순간에 요구될 것이다. 독일 통일에서 국제사회가 합의한 것 중에 중요한 것은 독일 국민의 자결권 행사였다. 동독 최초로 비밀이 보장된 자유선거를 통하여 민주적으로 구성된 독일민주공화국의 인민의회에서 결의된 독일연방공화국 즉 서독 기본법 23조에 의한 가입방식에 의한 통일방식의 결의를 동독 국민의 자결권 행사로 받아들이고 이를 인정하였던 것이다. 서독 국민의 자결권이야 이미 기본법 제정과 독일연방공화국 창설 과정 그 후의 자유로운 모든 선거에서 확인된 것이었다. 이것이 한반도의 미래를 생각하면서 우리가 잊지 말아야 할 교훈일 것이다.

참고문헌

단행본

김영윤 양현모 편,『독일, 통일에서 통합으로 - 문답으로 알아보는 독일 통일』, 통일부, 2009
김영윤 양현모 편,『독일, 통일에서 통합으로 - 문답으로 알아보는 독일 통일』, 통일부, 2009
김영윤,『통일 전 서독의 대동독 정책』, 프리드리히 에버트 재단 한국협력사무소, 1998
김정기 외,『전후 분단국가의 언론정책 - 독일의 동방정책과 한국의 북방정책 비교연구』, 한국언론연구원, 1995
김정기 외,『전후 분단국가의 언론정책 - 독일의 동방정책과 한국의 북방정책 비교연구』, 한국언론연구원, 1995
김철수,『독일통일의 정치와 헌법』, 박영사, 2004
데니스 L. 바크, 데이빗 R. 그레스(서지원 역),『도이치 현대사』1, 2, 3, 4, 비봉출판사, 2004
박형중,『70년대 사민/자민 연정의 신동방・독일정책과 정치 논쟁(FES-Information-Series)』, 프리드리히 에버트 재단, 2001
배진영,『베를린 장벽 붕괴 후 10년 - 통일 독일의 경제』, 프리드리히 에버트 재단 주한협력사무소, 1999
법무부, '동서독 교류협력 관련 판례집, 법무부, 2008
법무부,'동서독 교류협력 법제 연구', 법무부, 2008
손기웅 외, '동서독 정치범 석방거래 및 정책적 시사점', 통일부, 2008
여인곤, 김국신, 신상진, 배정호, 박영호,『대북포용정책의 효율적 추진을 위한 주변 안보・외교환경 조성방안』, 통일연구원, 2000
여인곤, 김국신, 신상진, 배정호, 박영호,『대북포용정책의 효율적 추진을 위한 주변

안보・외교환경 조성방안』, 통일연구원, 2000
유타 림바흐(Jutta Limbach),『법적 관점에서 본 독일 통일』, 프리드리히 에버트재단 한국사무소, 1998
장명봉,『분단국가의 통일과 헌법』, 국민대출판부, 2000
재정경제원,『통일독일의 사유화 전개과정』, 재정경제원, 1994
전종덕/김정로 편역,『독일 녹색당/좌파당 강령집』, 백산서당, 2018
전종덕/김정로 편역,『독일 사회민주당 강령집』, 백산서당, 2018
전종덕/김정로,『독일 사회민주당의 역사』, 백산서당, 2018
제성호, '남북한 특수관계론', 한울아카데미, 1995
조은석 외,『남북한교류・협력 활성화를 위한 법・제도적 개선방안 연구』, 통일연구원, 2000
최연혜,『분단기 동・서독간 교통교류 실태와 서독의 대동독 교통부문 지원정책』, 프리드리히 에베르트 재단 주한 협력 사무소, 2002
최의철,『남북한 교류・협력 활성화 방안』, 통일연구원, 2000
최창동,『분단국가의 법적 지위』, 법률행정연구원, 1996
통일부,『독일통일총서』17, 18, 19, 통일부, 2016
통일부,『독일통일총서』17, 18, 19, 통일부, 2016
통일부,『법률로 본 독일 통일』, 통일부, 1995
페터 가이,『1949-1989 독일연방공화국과 독일민주공화국의 경제교류』, 프리드리히 에버트 재단 한국사무소, 2003
프란쯔 베르텔레,『동서독 기본 조약과 동베를린 상주 대표부, 독일 분단 경영에 관한 비망록』, 프리드리히 에베르트 재단 주한 협력 사무소
프레데릭 들루슈 편,『새 유럽의 역사』, 까치, 1995
『한반도 평화와 동서독의 경험』, 민주사회를 위한 변호사모임/프리드리히 에버트 재단 공동토론회, 민주사회를 위한 변호사모임, 2018
한스 헤르만 헤르틀레(한국수출입은행 역),『독일통일실태 보고서(Ⅱ) - 독일 연방하원 앙케이트위원회 보고서』, 한국수출입은행 2009
허 영 편저,『독일통일의 법적 조명』, 박영사, 1994
1936 Convention Regarding the Regime of the Straits, Centre for International Law, National University of Singapore
2+4 Vertrag, www.auswaertiges-amt.de
Abkommen zwischen der Regierung der Deutschen Demokratischen Republik und

der Regierung der Bundesrepublik Deutschland über den Transitverkehr von zivilen Personen und Gütern zwischen der Bundesrepublik Deutschland und Berlin. (West) www.verfassungen.ch

Agreement on German External Debts, www.gov.uk

Allianz für Deutschland, Wahlaufruf und Sofortprogramm der Allianz für Deutschland zur Volkskammerwahl in der DDR am 18. März 1990, www.kas.de.

Andreas Vogtmeier, 'Egon Bahr und die Deutsche Frage', (J.H.W.Diez NAchfolger, 1996)

Atlantic Charter, avalon.law.yale.edu

Berlin Declaration (1945), avalon.law.yale.edu

Berliner Erklärung der drei Westmächte und der Bundesrepublik zur Wiedervereinigung(29. Juli 1957), ghdi.ghi-dc.org

Berliner Mauer und innerdeutsche Grenze 1961 bis 1989, Konrad-Adenauer-Stiftung(www.kas.de)

Besatzungsstatut, www.kas.de

Bundessiftung zur Aufarbeitung dedr SED-Diktatur. deutsche-einheit-1990.de

Bundesverfassungsgericht, Urteil des Bundesverfassungsgericht vom 31.07.1973 zum Grundlagenvertrag zwischen der BRD und der DDR, www.dejure.org

Camp David Meeting with Nikhita Khrusichev, www.eisenhower.archives.gov

CDU Grundsatzprogramm 1978, www.kas.de.

CDU, 'Das Wahlprogramm von CDU und CSU für die Bundestagswahl 1983', www.kas.de

CDU, 'Wirtschaftlicher Neuaufbau im Dienste des Menschen- Zweiter Parteitag der CDU für Die Britische Zone'; www.kas.de

CDU, 1945 Koelner-Leitsaetze CDU, www.kas.de

CDU, 1947 Ahlener Programm, www.kas.de

CDU, 1969 1973 Wahlprogramm, www.kas.de

CDU, 1972 Regierungsprogramm CDU, www.kas.de

CDU, 1978 Ludwighafen Grundsatzprogramm, Freiheit, Solidarität, Gerechtigkeit, www.kas.de

CDU, 37. Bundesparteitag CDU, www.kas.de

CDU, An Das Deutsche Volk 1957, www.kas.de
CDU, Das Wahlprogramm der CDU und CSU 1976, www.kas.de
CDU, Das Wahlprogramm von CDU und CSU für die Bundestagswahl 1987', www.kas.de
CDU, Das Wahlprogranun der CDU/CSU 1983. www.kas.de
CDU, Düsseldorfer Erklärung 1965 CDU, www.kas.de
CDU, Düsseldorfer Leitsätze über Wirtschaftspolitik Landwirtschaftspolitik Sozialpolitik Wohnungsbau, www.kas.de
CDU, Freiheit und Verandwortung im vereinten Deutschland(1996), www.kas. 1996
CDU, Grundsätze der Koalition gebilligt(1983). www.kas.de
CDU, Grundsatzprogramm der Christlich Demokratischen Union Deutschlands, www.kas.de
CDU, Grundsatzprogramm Freiheit, Solidarität, Gerechtigkeit(1978), www. kas.de
CDU, Hamburger Programm 1953, www.kas.de
CDU, Koalitionsvereinbarungen(1957), www.kas.de
CDU, Koalitionsvereinbarungen(1966), www.kas.de
CDU, Koalitionsvereinbarungen(1987), www.kas.de
CDU, Koalitionsvereinbarungen(1991), www.kas.de
CDU, Kölner Manifest CDU, www.kas.de
CDU, Programm zweiter Parteitag de CDU; www.kas.de
CDU, ÜBERWINDET KAPITALISMUS UND MARXISMUS, www.kas.de
CDU, Wahlprogramm der CDU für die Bundestagswahl 1990, www.kas.de
CDU, Wahlprogramm der CDU und CSU für die Bundestagswahl 1980, www.kas.de
CDU, Wahlprogramm der CDU und CSU für die Bundestagswahl 1987, www.kas.de
CDU, Wirtschaftlicher Neuaufbau im Dienst des Menschen-Zweiter Partaitag der CDU', www.kas.de
Communiqué Issued at the End of the Yalta Conference, history.state.gov
Communique on the Moscow Conference of the Three Foreign Ministers(December, 27, 1945), www.un.org
Conference on Security and Cooperation in Europe Final Act, www.osce.org

Das Ermächtigungsgesetz, www.bundesarchiv.de

Das Gesetz gegen die gemeingefährlichen Bestrebungen der Sozialdemokratie. Sozialistengesetz, www.documentarchiv.de

Das Potsdamer Protokoll, potsdamer-konferenz.de

David H. Shumake, Gorbachev and the German Question : Soviet-West German relations, (Praeger Publishers, 1995)

Declaration by the Four Powers suspending the operation of quadripartite rights and responsibilities, (New York, 1 October 1990); www.cvce.eu

Declaration of a Liberated Europe, www.digitalarchive.wilsoncenter.org

Der Beauftragte der Bundesregierung für die Neuen Bundesländer, Jahresbericht der Bundesregierung zum Stand der Deutschen Einheit 2018, (Bundesministerium für Wirtschaft und Energie (BMWi), 2018); www.bmwi.de

Deutscher Bundestag, 60 Jahre Grundgesetz – Zahlen und Fakten, (Deutscher Bundestag, 2009)

Deutscher Bundestag, Bericht der Enquete-Kommission„Aufarbeitung von Geschichte und Folgen der SED-Diktatur in Deutschland", (Deutscher Bundestag, 1994)

Deutscher Bundestag, Plenarprotokol Deutscher Bundestag 187. Sitzung, den 17. Mai 1972

Deutscher Bundestag, Plenarprotokoll Deutscher Bundestag 5 . Sitzung, den 16. Dezember 1976

Deutscher Bundestag, Plenarprotokoll Deutscher Bundestag 5 . Sitzung, den 24. November 1980

Deutscher Bundestag, Plenarprotokoll Deutscher Bundestag 5 . Sitzung, den 28. Oktober 1969

Deutscher Bundestag, Plenarprotokoll Deutscher Bundestag 90. Sitzung, den 18. Oktober 1963

Deutscher Bundestag, Plenarprotokoll Deutscher Bundestag, 100. Sitzung, den 17. Mai 1974

Deutscher Bundestag, Plenarprotokoll Deutscher Bundestag, 177. Sitzung, den 28. November 1989

Deutscher Bundestag, Plenarprotokoll Deutscher Bundestag, 187. Sitzung, den 17.

Mai 1972

Deutscher Bundestag, Plenarprotokoll Deutscher Bundestag, 31. Sitzung, den 11. Mai 1973

Deutscher Bundestag, Plenarprotokoll Deutscher Bundestag, 51. Sitzung, den 29. April 1970

Deutscher Bundestag, Plenarprotokoll Deutscher Bundestag, 7. den11. 05, 1973

Deutscher Bundestag, Plenarprotokoll Deutscher Bundestag, 7. Sitzung, den 18. Januar 1973

Deutscher Bundestag, Schlußbericht der Enquete-Kommission, Überwindung der Folgen der SED-Diktatur im Prozeß der deutschen Einheit, (Deutscher Bundestag, 1998)

Deutschlandvertrag 1952, www.kas.de

Die Beratung der Ostverträge im Bundesrat, www.fes.de

Die Frankfurter Nationalversammlung, Verfassung des Deutschen Reichs 1849, books.google.de

Die Linke, 'Wahlprogramm-Partei DIE LINKE', www.die-linke.de

Die Verfassung des Deutschen Reiches vom 16. April 1871, www. verfassungen.de

Eckart Huhn, Die Passierscheinvereinbarungen des Berliner Senats mit der Regierung der DDR 1963 bis 1966, Inaugural-Dissertation zur Erlangung des Grades eines Doktors der Philosophie, FernUniversität Hagen, 2009

Egon Bahr, Wandel durch Annäherung, www.fes.de

Egon Bahr, Willy Brandts europäische Auβenpolitik, Bundeskanzler-Willy-Brandt- Stiftung 1998;

Egon Bahr, Zu meiner Zeit. München, (Karl Blessing Verlag 1996); www.cvce.eu

Einigungsvertrag, www.juris.de

Erin R. Mahan ed., SALT I, 1969-1972 FOREIGN RELATIONS OF THE UNITED STATES 1969-1976 VOLUME XXXII, (Department of State, www.state.gov, 2010)

Erklärung in Anbetracht der Niederlage Deutschlands und der Übernahme der obersten "Regierungsgewalt hinsichtlich Deutschlands" , archive.org

European Defense Community Treaty, archives.eui.eu

Final Communiqué of the Six-Power, www.cvce.eu

Final Recommendation of the Helsinki Consultations, www.osce.org
François Mitterrand, Of Germany and France, www.cvce.eu
Frankfurter Dokumente 1948, 1000dok.digitale-sammlungen.de
Georgios Chatzoudis, Die Deutschlandpolitik der SPD in der zweiten Hälfte des Jahres 1989, (Friedrich-Ebert-Stiftung, 2005); www.fes.de
German reunification: an international and European issue, www.cvce.eu
German-Russian Agreement; April 16, 1922 (Treaty of Rapallo), avalon.law.yale.edu
Gesetz zur Regelung offener Vermögensfragen: Vermögensgesetz-VermG, www.gesetze-im-internet.de.
Gordon A. Craig, 'The Germans', (Meridaian, 1983)
Grundlagenvertrag, 1000dok.digitale-sammlungen.de
Grundwertkommission der SPD/Akademie für Geselschatswissenschaften beim ZK der SED, Der Streit der Ideologien und die Gemeinsame Sicherheit, www.fes.de
Harry Truman, The Truman Doctrine, www.trumanlibrary.org/
Helga Grebing, Gregor Schöllgen und Heinrich August Winkler(hrg.), Willy Brandt Berliner Ausgabe band 5, (J.H.W. Dietz Nachf. GmbH, 2002)
Helmut Schmidt, Regierungserklärung 1976, www.fes.de
Helmut Schmidt, Regierungserklärung 1980, www.fes.de
Helmut Schmidt, Regierungserklärung(17. Mai 1974), www.fes.de
Helmut Schmidt, The 1977 Alastair Buchan memorial lecture, www.researchgate.net
Himmeroder Denkschrift, www.ndr.de
Horst Ehmke, Karlheinz Koppe, Herbert Wehner(hrsg.), Zwanzig Jahre Ostpolitik. Bilanz und Perspektiven, (verlag Neue Gesellschaft 1986); www.fes.de
Willy Brandt, Abschiedsrede des Parteivorsitzenden Willy Brandt beim außerordentlichen Parteitag der SPD in der Bonner Beethovenhalle am 14. Juni 1987', www.fes.de
J. Stalin, 'J. Stalin Works Volume 2', (FOREIGN LANGUES PUBLISHING HOUSE, 1953)
J. V. Stalin, Victory Speech A Broadcast from Moscow at 20.00 hours (Moscow time) on May 9, 1945, www.marxists.org

JCS 1067, Department of State, www.state.gov

John F. Kennedy, President Kennedy's address, www.jfklibrary.org

Jutta Hinrichs/Elvira Giebel-Felten, Die Entwicklung des Arbeitsmarktes 1962-2001, www.kas.de

Konrad Adenauer, "Letter from Chancellor Adenauer to Premier Bulganin", Documents on Germany 1944-59, Department of State

Konrad Adenauer, 1949-09-20 Regierungserklärung, www.kas.de

Korad Adenauer, Regierungserklärung des Bundeskanzlers in der 39. Sitzung des Deutschen Bundestages über die innen-und außenpolitische Lage 1962, www.kas.de

Kurt Georg Kiesinger, Die Regierungserklärung von Kurt Georg Kiesinger, www.kas.de

Kurt Georg Kiesinger, Rede beim Staatsakt der Bundesregierung zum Tag der Deutschen Einheit im Bundestag, 17. Juni 1967, 1000dok.digitale-sammlungen.de, 2011

Kurt Georg. Kiesinger, Regierungserklärung, 13. Dezember 1969, Geschichte der CDU, www.cdu-geschichte.de

London Agreement on German External Debts, www.gov.uk

Mark Gilbert, Cold War Europe The Politics of a Contested Continent, (Rowman & Littlefield, 2015)

Munich Agreement, avalon.law.yale.edu

Munich Pact September 29, 1938, avalon.law.yale.edu

November 10, 1989 Bush-Kohl Telephone Conversation on the Situation in Germany, digitalarchive.wilsoncenter.org

Our Documents-Transcript of Lend-Lease Act (1941), www.ourdocuments.gov

Passierscheinabkommen 1963, www.hdg.de

Peter Gey, Die Wirtschaftsbeziehungen zwischen der Bundesrepublik Deutschland und der Deutschen Demokratischen Republik 1949-1989, www.fes.de

Potsdam Agreement Protocol of the Proceedings, August 1, 1945, Department of State, www.state.gov

Presse- und Informationsamt der Bundesregierungen(hrg.), Dokumentation zur Ostpolitik des Bundesregierung. Verträge und Vereinbarungen, (Bonner

Universitäts Buchdruckerei, 1986); www.fes.de
Protocol of Proceedings at the Yalta Conference (11 February 1945), www.cvce.eu
Quadripartite Agreement on Berlin (Berlin, 3 September 1971), www.cvce.eu
Quadripartite Agreement on Berlin(Berlin, September 3, 1971), www.cvce.eu
Record of Telephone Conversation between Mikhail Gorbachev and Helmut Kohl November 11, 1989, National Security Archive-George Washington University, nsarchive2.gwu.edu
Robert L. Hutchings, The Prague Summit and the Warsaw Pacts "Grand Proposal(1983)", osaarchivum.org
Rudolf Morsey, Dokumente zur künftigen politischen Entwicklung Deutschlands: Frankfurter Dokumente, www.1000dokumente.de
SALT I TEXT, James Martin Center for Nonproliferation Studies, www.nonproliferation.org
SDP, Ja zur deutschen Einheit - eine Chance für Europa(Wahlprogramm der SDP zum ersten frei gewählten Parlament der DDR), www.fes.de
Secretariat of United Nations, Memorendom of the Soviet Doctrine and Practice with Respect to The Law of Treaties(1950), www.un.org
SPD, Bilanz einer Wende. Dokumentation der Deutschland- und Ostpolitik: nach 13 Jahren or dem Ende? www.fes.de
SPD, Bundestagswahl 1957, www.fes.de
SPD, Bundestagswahl 1965, www.fes.de
SPD, Das Berliner programm(1989), www.spd.de.
SPD, Das Godesberger Programm(1959), www.spd.de
SPD, Das Wahlprogramm der SPD 1953, www.fes.de
SPD, Die Deutschen in Europa. Berliner Erklärung der Sozialdemokratischen Partei Deutschlands, www.fes.de
SPD, Dortmunder Parteitag(1./5. June 1966), www.fes.de
SPD, Heidelberger Programm, www.fes.de
SPD, Karlsruher Parteitag(23./27). Nov. 1964, www.fes.de
SPD, Parteitag der SPD in Bonn-Bad Godesberg 18./20. Nov. 1971, www.fes.de,
SPD, Regierungsprogramm 1961, www.fes.de
SPD, Regierungsprogramm 1969, www.fes.de

SPD, Regierungsprogramm 1972, www.fes.de
SPD, Regierungsprogramm 1976, www.fes.de
SPD, Regierungsprogramm 1980, www.fes.de
SPD, Regierungsprogramm 1983, www.fes.de
SPD, Regierungsprogramm 1987, www.fes.de
SPD, Regierungsprogramm 1990, www.fes.de
SPD, Wahllauf für Sozialdemokratischen Partei Deutschlands; www.fes.de
SPD-Bundestagsfraktion, Sozialdemokratische Friedens-und Entspannungs-politik in zeiten internationaler Herausforderungen, www.fes.de
Staatsbürgerschaftsgesetz, www.documentarchiv.de
The Atlantic Charter (1941. 8. 14), www.un.org
The Berlin Ultimatum (November 27, 1958), ghdi.ghi-dc.org/
The Cairo Conference, 1943, www.state.gov
The Occupation Statute of Germany (Bonn, 12 May 1949), www.cvce.eu
The Petersberg Agreement (November 22, 1949), germanhistorydocs.ghi-dc.org
the Staff of the Committee and the Department of State, A Decade of American Foreign Policy: Basic Documents, 1941-49 Prepared at the request of the Senate Committee on Foreign Relations By the Staff of the Committee and the Department of State, (Government Printing Office, 1950); www.state.gov
The Treaty of Peace with Germany. Treaty of Versailles, www.loc.gov
The Treaty of Peace with Germany. Treaty of Versailles, www.loc.gov
Timothy W. Guinnane, FINANCIAL VERGANGENHEITSBEWÄLTIGUNG: THE 1953 LONDON DEBT AGREEMENT, (Department of Economics Yale University, www.econo.yaleedu, 2015)
Transitabkommen 17. Dezember 1971, 1000dok.digitale-sammlungen.de
Treaty of Friendship and Alliance(中蘇友好同盟條約), www.un.org
Treaty of Peace with Germany(Treaty of Versailles), www.loc.gov
Trond Ove Tøllefsen, The American occupation of Germany: A representative case of nation-building?, (Department of Archaeology, Conservation and Historical Studies University of Oslo, 2006)
Ursula Lehmkuhl, THE OTTAWA FORMULA" AND TRANSATLANTIC RELATIONS, www.academia.edu

US Memorandums of Conversation, George H. W. Bush and Mikhail Gorbachev at Malta Summit, 2-3 December 1989, digitalarchive. wilsoncenter.org

USSR Foreign Ministry Commission for the Publication of DipIomatic Documents(ed), 'Correspondence between the Chairman of the Council of Ministers of the USSR and the Presidents of the USA and the Prime Ministers of Great Britain during the Great Patriotic War of 1941-1945. Volume 1, (Progresspublishers, 1957): archive.org

USSR Foreign Ministry Commission for the Publication of DipIomatic Documents(ed), 'Correspondence between the Chairman of the Council of Ministers of the USSR and the Presidents of the USA and the Prime Ministers of Great Britain during the Great Patriotic War of 1941-1945. Volume 2,' (Progresspublishers, 1957): archive.org

Verfassung der Deutschen Demokratischen Republik 1968, www.documentarchiv.de

Verfassung der Deutschen Demokratischen Republik 1974, www.documentarchiv.de

Verfassung der Deutschen Demokratischen Republik, 7. Oktober 1949, 1000dok.digitale-sammlungen.de

Verschiedene Daten, www.detatis.de

Vertrag über die abschließende Regelung in bezug auf Deutschland, www.auswaertiges-amt.de

Vertrag über die Beziehungen zwischen der Bundesrepublik Deutschland und den Drei Mächten, www.gesetze-im-internet.de

Vertrag über die Beziehungen zwischen der Deutschen Demokratischen Republik und der Union der Sozialistischen Sowjetrepubliken, 'Neues Deutschland'1955. 9. 27, www.nd-archiv.de

Vertrag über die dier gegenseitigen Beziehungen zwischen der Bundesrepublik und der Tschechoslowakischen Sozialistischen Republk", www.documentarchiv.de

Vertrag zwischen der Bundesrepublik Deutschland und der Union der Sozialistischen Sowjetrepubliken, www.auswaertiges-amt.de

Vertrag zwischen der Bundesrepublik Deutschland und der Volksrepublik Polen über die Grundlagen der Normalisierun ihrer gegenseitigen Beziehungen, www.auswaertiges-amt.de

Vertrag zwischen der Deutschen Bundespost und der Post der, DDR"(1971), www.bundestag.de

Vertrag zwischen der Deutschen Bundespost und der Post der DDR, www.bundestag.de

Wendy Carlin, West German Growth and Institutions, 1945-90, (University College London, www.ucl.ac.uk, 1994)

Willy Brandt, Abschiedrede des Parteivorsitzendent beim au β erordentlichen Parteitag der SPD in der Bonner Beethovenhalle am 14, Juni 1987, www.fes.de

Willy Brandt, Bundeskanzler Brandt Regierungserklärung des zweiten Kabunetts, www.fes.de

Willy Brandt, Die Regierungserklärung, www.fes.de

Willy Brandt, Regierungserklärung 1969, www.fes.de

Winston Chrchils speech at Westminster College, www.bbc.co.uk

Wolfgang Schollwer, Denkschrift zur deutschen Frage, Verklammerung und Wiedervereinigung, Friedrich Nauman Stiftung

Wolfgang Schollwer, Material zur Klausurtagung des Vorstandes der Freien Demokratischen Partei „Deutschland- und Außenpolitik, Friedrich Nauman Stiftung

Yalta Conference Agreement, Declaration of a Liberated Europe, digitalarchive. wilsoncenter.org

독일 관련 통계자료; www.destatis.de

독일 선거 자료: www.wahlen-in-deutschland.de

논문 외

권무수, "동.서독 통일정책 개관", 『사회과학연구』, Vol.2 No.1, 국민대학교 사회과학연구소, 1990
권형진, "국적법 제도 속에 나타난 '독일국민'의 법적 개념 변화", 『독일연구』 제35호, 한국독일사학회, 2017
독일 사례를 통해 본 통일 기반 여건 조성 방안, 현대경제연구원(2013.10. 2)
박수혁, "통독에 있어서의 동서독 헌법 통일", 『법제연구』, 제2권 제1호, 한국법제연구원, 1992
손기웅, "동서독간 정치범 석방거래(Freikauf)", 통일연구원, 2005
송석윤, "서독의 기본법 제정 과정: 연합국의 영향과 관련하여", 『법사학연구』, 제29호, 한국법사학회, 2016
송춘기, "독일의 전후나치피해 배상", 통일연구DB(udbs.unikorea.go.kr)
양태건 역, "1850년 프로이센 헌법", 『서울대학교 법학』, 제54권 제2호, 서울대학교 법학연구소, 2013
이동기, "평화와 인권 – 서독 정부의 대동독 인권정책과 대북 인권정책을 위한 합의", 『통일과 평화』, 3집 1호, 서울대학교 통일평화연구원, 2011
이동기, "독일 분단과 통일과정에서의 '탈민족' 담론과 정치", 『통일과 평화』 1권 2호, 서울대학교 통일평화연구원, 2009
이동기, "유럽 냉전의 개요 — '탈냉전'의 관점에서", 『세계정치』, 22권 1호, 서울대학교국제문제연구소, 2015
이완범, "북한 점령 소련군의 성격", 『국사관논총』 제104집, 국사편찬위원회, 2004
이용일, "南北韓間交易에의 GATT규칙 적용에 관한 考察①", 『법제』 1992 04, 법제처, 1992,
정형곤, "동서독간 경협 활성화 지원 정책과 시사점", 『통일경제』 2001. 7·8, 현대경제연구소, 2001
최연혜, "독일 통일 과정에서 교통정책의 역할", 한국교통연구원, 2013
한스 기스만, "독일의 '동방정책'과 한국 통일: 유사점과 차이점 및 교훈", 2001년 5월 17일 인하대학교와 프리드리히 에버트 재단이 공동으로 개최한 "평화 공존을 위한 대북 포용 정책의 성과와 전망" 국제학술대회에서 발표한 논문.
후베르투스 크나베(월간조선 역), "침투당한 공화국 – 서독 내 슈타지 발췌(1-5)", 『월간조선』, 2002.9.-2003. 3.

FDP, "Material zur Klausurtagung des Vorstandes der Freien Demokratischen Partei, Deutschland- und Außenpolitik 1967, Friedrich-Naumann-Stiftung

"Die Bahr-Kohl-Gespräche 1970-1973", Edition Dokumente zur Deutschlandpolitik, Bundesministerium des Innern, www.bundesarchiv.de

"Soviet Boycott Of Allied Control", Keesing's Record of World Events Volume VI-VII, April, 1948 Germany, www.worldcat.org.

"Soviet Record of Conversation between Mikhail Gorbachev and Egon Krenz", digitalarchive.wilsoncenter.org

"Sttutgart Address by Secretary of State Byrnse, September 9, 1946", Documents on Germany 1944-59, pp.35-36, www.history of state.gov

"Treaty on the Final Settlement with Respect to Germany", American Foreign Policy Current Documents 1990. Department of State, www.state.gov

"Handel als Wegbereiter der Entspannungspolitik", www.bpb.de

"Note from the Soviet Foreign Ministry to the American Ambassador at Moscow (Thompson), Regarding Berlin, November 27, 1958", 'Document on Germany 1944-59', digicoll.library.wisc.edu.

Andrew Roberts, "Was Margaret Thatcher right to fear a united Germany?", The Telegraph, 2009. 9. 13, www.telegraph.co.uk

Bertrand Goldschmidt, "A forerunner of the NPT? The Soviet proposals of 1947", IAEA BULLETIN, SPRING 1986, www.iaea.org

Bertrand Goldschmidt, "A forerunner of the NPT? The Soviet proposals of 1947", IAEA BULLETIN, SPRING 1986, www.iaea.org

Bundesregierung, Brief der BRD zur deutschen Einheit an die DDR, www.cvce.eu

Claudia Baumann, "Staatsangehörigkeit im geteilten Deutschland", jura.uni- frankfurt.de

Der Bild-Zeitung, "Bahr-Papiers", Der Bild-Zeitung20. Mai 1970

Der Spiegel, "Dann wird die Mauer fallen", Der Spiegel 42/1989(1989. 10. 16)

Der Spiegel, "Deutschland-Plan der SPD", Der Spiegel 16/1959

Der Spiegel, "Die zankten sich schrecklich ", Der Siepgel 38/2009(2009. 9. 14)

Der Spiegel, "Friedensnote der Regierung Erhard(1966. 3. 25)", DER SPIEGEL 14/1966

Der Spiegel, "Hausmitteilung: SPIEGEL-Redakteure über die Verhandlungen zur deutschen Einheit", Der Spiegel 39/2010(2010. 9. 29)

Der Spiegel, "Moskau bewies, daß es Entspannung will", Der Spiegel 36/1971(1971. 8.

31)
Der Spiegel, "Versöhnung - mit Wem?", Der Spiegel 46/2009(2009. 11. 9)
Der Spiegel, "Egon Krenz - ein Reformer?" Der Spiegel 43/1989(1989. 10. 23)
Der Spiegel, "Eine friedliche Revolution", Der Spiegel 46/1989(1989. 11. 13)
Der Spiegel, "Jetzt größere Schritte", Der Spiegel 43/1989(1989. 10. 23)
Der Spiegel, R Roland Dumas)와의 인터뷰, Der Spiegel 2009. 9. 14
Die Zeit, "Die Ost-West-Lücke schließt sich nicht", Die Zeit 5. September 2017
Die Zeit, "Noch immer große Unterschiede zwischen Ost und West", Die Zeit 26. September 2018
Die Zeit, 1985. 9. 27
Elisabeth Hellenbroich, "Thatcher's obsession to block German unity", Executive Intelligence Review August 14, Vol. 25 Nr.32, (larouchepub.com)
Elvira Giebel-Felten, "Deutschlands wirtschaftliche Entwicklung im EU-Vergleich 1962-2001", www.kas.de
Financial Times 2009. 9. 11
Financial Times, "Mitterrand feared emergence of 'bad' Germans", Financial Times, 2009, 9, 10
George A. Akerlo at al., "East Germany in from the Cold: The Economic Aftermath of Currency Union", "Brookings Papers on Economic Activity, 1:1991", (The Brookings Institution. www.brookings.edu)
George Kennan, "Telegramm to George Marshall ["Long Telegram"], www.trumanlibrary.org/
Helmut Kohl, "Fernseh- und Hörfunkansprache am Vorabend des Tags der Deutschen Einheit, 1990. 10. 2", Bulletin des Presse-und Informationsamts der Bundesregierung Nr. 118 (5. Oktober 1990), www.helmut-kohl.de
Henry Morgenthau, "Suggested Post-Surrender Program for Germany", fdrlibrary.org
Ludwig Erhard, "Marktwirtschaft moderner Prägun", Wirtschaftlicher Neuaufbau im Dienste des Menschen, (Zweiter Parteitag der CDU für die Britsche Zone), www.kas.de
Manfred W. Hellmann, "Die Leipziger Volkszeitung vom 27.10.1989 - eine Zeitung im Umbruch", Muttersprache Jg. 103 (1993) Nr. 3, (Institute for German Language. ids-pub.bsz-bw.de)

Nikolai Portugalow, "The Soviet View: Two Germanys, in Confederation", New York Times, Dec. 15, 1989

Philip E. Mosely, "Dismemberment of Germany the Allied Negotiations from Yalta to Potsdam", Foreign Affairs April, 1950, (CFR, 1950)

Philip Zelikow and Condoleezza Rice, "German Unification", *The American Historical Review*, Volume 102, Issue 1(Harvard University Press, 1997); academic.oup.com

Protocol on Zones of Occupation and Administration "Great Berlin Area,September 12, 1944", Documents on Germany 1944-1959, Department of State, www.state.gov

Pyeongok An, "Obstructive All the Way? British Policy towards German Unification 1989-90", German Politics, Vol.15, No.1 March 2006, (Association for the Study of German Politics, 2006)

Staatssekretär Michael Kohl , "Erklärung (21. Dezember 1972)", www.cvce.eu

The New York Times, "Agreement of Alliance and Friendship between the USSR and China", The New York Times (August 26, 1945)

The New York Times, "Eduard A. Shevardnadze's remarks on East-West relations in a speech to the General Assembly", The New York Times, Sept.. 13, 1989

The New York Times, "UPHEAVAL IN THE EAST; Excerpts From Baker's Speech on Berlin and U.S. Role", New York Times 1989, 12, 12

The New York Times, "Upheaval in the East; Excerpts From Baker's Speech on Berlin and U.S. Role", www.nytimes.com

The New York Tmes, "Baker's Speech on Berlin and U.S. Role in Europe's Future", The New York Times, DEC. 13, 1989, www.nytimes.com

Udo Wengst, "Die CDU/CSU im Bundestagswahlkampf 1949", Vierteljahrhrfte für Zeitgeschichte 34. Jahrgang 1986, www.ifz-münchen.de

Werner Aelshauer, "ZUR ENTSTEHUNG DER, MAGNET-THEORIE" IN DER DEUTSCHLANDPOLITIK", Vierteljahrhrfte für Zeitgeschichte 27. Jahrgang 1979, www.ifz-münchen.de

Willy Brandt, "20 Punkte zur Deutschlandpolitik", Ost-und Deutschlandpolitik, www.fes.de, 1970

찾아보기

10개항 통일 방안(Zehn-Punkte-Programms)
　　　238, 240, 243
1959년 몰로토프 계획(Molotow-Plan 1959　204
1978년 기민련 당 기본강령　129, 211
1989년 5월 7일의 지방선거　234
1국 사회주의　30, 45
1민족 1국가 2 정부론　195
1민족 1국가 2체제　215
1민족 1국가론　159
1민족 1체제 1국가 통일론　203
1민족 2국가론　159, 206, 216
1민족 2체제 2국가론　159, 216
1차 세계대전　20
1차 오일쇼크　196
2+4 조약(Treaty on the Final Settlement with
　　　Respect to Germany)　8, 258, 277
2+4+35 협상　247
2국가론(Zwei-Staaten-Theorie)　215, 217
2민족 2국가론　195, 217
2월 혁명　16
2차 세계대전　29, 44
30년 전쟁　13
3국간섭　22
3국동맹　20
3단계 통일 방안　146, 207, 252
3제동맹　20
4.19혁명　128
4-D 정책(Demilitaruzation, Denazification,
　　　Dempcratization, Decartelization)　59,
　　　269

4강국의 독일에 대한 권리 포기선언　266
5.16 쿠데타　129

(ㄱ)

가스공급협정　160
가우스, 귄터(Günter Gaus)　233
간섭전쟁　14, 30
간첩 귄터 기욤(Günter Guillaume) 사건　196
개혁개방 정책(Perestroika)　227
건설적 불신임동의안　180
게라 요구　211, 218
겐셔, 한스-디트리히(Hans-Dietrich Genscher)
　　　241, 247, 264
경제공동체　207
경제기적　101
경제사회통합조약　255
경제위원회　80, 94
경제통합　75, 79
계획경제　94, 96
고데스베르크 강령　146, 148, 206
고르바초프, 미하일(Михаил Сергеевич
　　　Горбачёв)　219, 224, 244
고통완화　122, 219, 272
골로트코프스키, 샬크(Schalck Golodkowski)
　　　239
공개된 영국의 비밀문서　261
공동국적법　213
공동선언문　181, 182
공동체 소유권　250, 252
공산당　28

공산당 합법화 177
공직채용금지조치 251
공화제 21
과거부채 93
관세 및 무역에 관한 일반조약(GATT) 105, 139
관세동맹(Zoll Verein) 16
구세프, 페도르(Fedor T. Gusev) 38
국가보위부(슈타지) 196, 221, 223
국가연합(Konföderation) 통일론 172, 216, 242, 246
국가의 계속성(Kontinuität) 104, 114, 148, 191, 202
국적법 216
국제연맹 30
국제연합 36, 146
국제통화기금(IMF) 105
군비통제 120, 160
군주적 대통령제 268
귄터 가우스(Günter Gaus) 233
그로미코, 안드레이(Andrei Andreyevich Gromyko) 161
그로테볼, 오토(Otto Grotewohl) 86, 215
그리스 부채 문제 280
극동 문제 41, 58, 59, 69
기독교사회주의(christlichen Sozialismus) 94, 98
기민련/기사연 6, 94, 100
기민련/기사연-자민당 연정 154
기본가치위원회(Grundwertekommission) 209
기본법 83
기본법 제146조에 따른 통일 방안 252
기본법 제16조 및 제116조 제1항의 국적에 관한 규정 191

기본법 제23조 삭제 277
기본법 제23조에 따른 편입 249
기본조약의 이중성격(Doppelcharakter) 191, 192
기지, 그레고르(Gregor Gysi) 245
긴 전보(The Long Telegram) 64
긴장완화 120

(ㄴ)

나치당(Nazi-Partei.민족사회주의독일노동자당 Nationalsozialistische Deutsche Arbeiterpartei) 27, 28
나토와 바르샤바조약 회원국 외무장관회담 247
나폴레옹 15
나폴레옹 3세 18
나폴레옹 전쟁 13, 14, 15, 16, 267
남만주철도 69
내독부 151
내수용 산업 50
냉전 63
노동자, 농민의 사회주의 국가 217
노동자, 병사 소비에트 23
녹색당 213
니콜라스 교회 221
닉슨, 리차드(Richard Nixon) 183, 184

(ㄷ)

단일국적 원칙 211
단치히(그단스크)/단치히만(灣) 24, 55
달라디에, 에두아르(Édouard Daladier) 31
대공황 28
대독일주의 16, 144
대련항 조차 69

대서양 동맹 111
대서양헌장 33
대연정 154
대외재산 52, 53
대처, 마가렛(Margaret Thatcher) 260, 261
대통령제 21
데탕트 203
덴마크 전쟁 17
도스(Charles G. Dawes)안 27, 102
독일 "산업수준"(level of industry) 계획 92
독일 대외재산 52
독일 민족주의 45
독일 상선의 배분 55
독일 신교연합회 산하 사회구호복지기구 224
독일 연방의회 조사위원회 보고서 227
독일 연방주 은행(Bank deutscher Länder) 138
독일 점령체제 종결에 관한 의정서/파리조약 110, 215
독일 통일(Einigung) 207
독일 항복조건 37
독일 황제 대관식 18
독일계 소수민족 278
독일계 이주민 232
독일과 대외정책 123
독일과 폴란드 간의 선린우호협력 조약 278
독일국적(deutsche Staatsangehörigkeit) 191
독일노동자협회(ADAV.1863년) 144
독일문제 152
독일문제 구상; 페어크라머룽과 재통일 123
독일문제에 대한 콜 총리의 기조연설 200
독일문제의 개방성 210
독일민족 19, 20, 29
독일민족 문제 145
독일민족의 사회주의국가(sozialistischer Staat

deutscher Nation) 159, 217
독일민주공화국 7
독일분단 정책 216
독일연방 15
독일연방공화국의 탄생 84
독일연방군(Bundeswehr) 108
독일연합(deutschen Konföderation) 242
독일을 위한 연합(Allianz für Deutschalnad) 249, 254
독일의 다른 부분(anderen Teil Deutschlands) 155, 156
독일의 대안(AfD) 272
독일의 분단체제 91
독일의 장래 정치 발전을 위한 문서/프랑크푸르트 문서 82
독일의 재무장 107
독일의 핵심적 영토 214
독일정부 통일실태 연례보고서 2018 279
독일정책 97
독일정책 20개 항(20 Punkte zur Deutschlandpolitik) 170
독일정책 실무팀 247
독일제국 7, 20, 113, 114, 192
독일제국 선포 18
독일제국의 계속성 213
독일제국의 존속 191
독일제국의 채무 114
독일제국판 도광양해 20
독일조약(Deutschlandvertrag) 109, 113
독일통일에 관한 서한 161, 207
동독 국가 승인(Anerkennung) 163, 164, 204, 211
동독 국적법 216
동독 민주화운동 241

동독 사민당(SDP) 249, 252
동독 인민의회 총선 88, 249, 255
동독 자유 총선 210
동독 창건 40주년 기념식 224
동독 총선 87
동독 헌법 89
동독국적법 그룹 223
동독의 국가성 192, 194
동독의 국가적 실체 인정 187
동독의 유일대표권 214
동방정책 20, 97, 114, 116
동베를린 소요 224
동서독 간 교역에 관한 베를린 협정 136
동서독 교역 위탁사업단(TSI) 137
동서독 기본조약/독일연방공화국과 독일민주공화 간의 관계의 기본에 관한 조약 184, 207
동서독 단일팀 142
동서독 특수관계 190
동유럽 민주화운동 197, 227
동청철도 41
동프로이센 69
두 개의 국가(zwei Staaten in Deutschland) 213, 270
뒤셀도르프 지침(Leitsätze) 95
드골, 샤를르(Charles André Joseph Marie de Gaulle) 205
드렉슬러, 안톤(Anton Drexler) 27
드메지르, 로타르(Lothar de Maizière) 255
디폴트(default) 26

(ㄹ)

라살레, 페르디난트(Ferdinand Lasalle) 144
라이프치히 월요시위 221
라이프치히 폴크차이퉁(Leipziger Volkszeitung) 237
라인강 좌안 61
라인란트 61
라팔로 조약 261
라퐁텐, 오스카(Oskar Lafontaine) 209
람스도르프, 오토 그라프(Otto Graf Lamsdorff) 233
런던 권고안 79
런던채무조약 102, 104, 148
레이캬비크 시그널(Reykjavik Signal) 156
레클링하우젠 당대회 94, 97, 111
로마조약 139
로자 룩셈부르크(Rosa Luxemburg)와 칼 리프크네히트(Karl Liebknecht)에 대한 추모식 222
뢰벤탈, 리하르트(Richard Löwenthal) 209
루르 지역 27, 35, 79, 85
루즈벨트, 프랭클린(Franklin Delano Roosevelt) 33
룩셈부르크, 로자(Rosa Luxemburg) 222
리프크네히트, 빌헬름(Wilhelm Liebknecht) 144
리프크네히트, 칼(Karl Liebknecht) 222

(ㅁ)

마르크스-레닌주의 210
마르크스주의 96, 144, 145, 146, 148, 179
마르크스주의와 민족문제 218
마샬 플랜 79, 91, 101
마샬, 조지(George Catlett Marshall Jr.) 71, 78
마스트리히트 조약 280
막스 폰 바덴(Max von Baden) 23
말타 정상회담 245

모겐소, 헨리(Henry Morgenthau)   34, 45
모드로브, 한스(Hans Modrow)   236, 237, 242
모르자이, 루돌프(Rudolf Morsey)   81
모스크바조약/서독과 소련 간의 조약   162
모스크바조약과 바르샤바조약 비준 동의   182
모슬리(Philip E. Mosely)   45
목가적 독일   60
몰로토프 계획   204
몰로토프, 비아체스라브(Vyacheslav Mikhailovich Molotov)   63
몰로토프-리벤트로프 조약(Molotov-Ribbentrop Pact)   261
몽뢰협약   40
무력간섭   23
무솔리니   31
무장해제   61, 85
뮌헨협정(Münchener Abkommen)   164, 167
미국의 평화전략   151, 152
마·소 정상회담   245
미슈닉, 볼프강(Wolfgang Mischnick)   233
미콜라지크, 스타니슬라브(Stanisław Mikołajczyk)   43
미테랑, 프랑수아(François Mitterrand)   260, 261
미확정 재산규율법   257
민사당   249
민족국가   124
민족문제   7, 14, 145, 207
민족사회주의(나치)   29, 145
민족의 생활권(Lebensraum)   6
민족자결주의   30
민족적 과제   212
민족전선 명부(Liste der Nationalen Front)   88
민족주의   7, 16

민주화 운동   74

(ㅂ)

바르, 에곤(Egon Bahr)   125, 144, 204, 208
바르샤바 조약기구   215
바르샤바조약/서독과 폴란드 간 상호관계 정상화 기본에 관한 조약   165
바웬사, 레흐(Lech Wałęsa)   227
바이마르 공화국   23
바이마르 헌법   16
바이에른 왕국   17
바이존(Bizone)   80
반파시스트 민주진영   255
반핵 평화주의   196
반핵투쟁   146, 148
발칸 문제   22, 26
배상   39, 61, 85
배상금   24, 26, 35, 52,70, 72, 75, 77, 93
배상위원회   50
번스, 사이러스(Cyrus Roberts Vance)   72
베너, 헤르베르트(Herbert Wehner)   127, 146, 206
베네스, 에두아르트(Eduard Benes)   78
베르사이유 궁전 거울의 방   13, 19
베르사이유 조약   24, 102
베르사이유 체제   26, 29, 268
베를린 4강국 회담   164
베를린 봉쇄조치   81
베를린 선언(Berlin Declaration 1945)   45
베를린 선언(Berliner Erklärung vom Juli 1957)   204
베를린 위기   147
베를린 장벽   147
베를린 협정   121

베를린에 관한 4강국 협정　175, 183
베를린통행협정(Passierscheinabkommen)　149, 153
베벨, 아우구스(August Bebel)　144
베빈, 어니스(Ernerst Bevin)　62
베스트팔렌 평화질서　14, 30, 61, 267
베이커, 제임스(James Addison Baker III)　244
보나파르트, 나폴레옹(Napoleon Bonaparte)　15
볼셰비키 혁명　22, 45
볼프강 미슈닉(Wolfgang Mischnick)　233
부분국가　214
부시, 조지(George Walker Bush)　4, 244
부헨발트 수용소　169
북대서양조약기구(나토)　106
북독일연맹(Norddeutscher Bund)　16
북진통일론　128
분계정책(Abgrenzung)　218
분할(dismemberment)　61
불가닌, 니콜라이(Nikolai A. Bulganin)　117
브란트 총리 불신임안　172
브란트 총리가 무릎을 꿇은 사건(Kniefall in Warschau)　166
브란트, 빌리(Willy Brandt)　127, 128, 143, 147, 148, 146, 158, 230
브란트의 사민당 당수 퇴임 고별연설에서　205
브레즈네프 독트린　225
브레즈네프, 레오니드(Леонид Ильич Брежнев)　172, 219
브렉시트　280
브렌타노, 하인리히(Heinrich von Brentano)　140
비무장 평화지대　145
비스마르크, 오토 폰(Otto Eduard Leopold Fürst von Bismarck-Schönhausen)　17, 18, 20
비인회의　13, 14, 16, 61, 267
비핵지대　147
빌헬름 1세(Wilhelm Friedrich Ludwig von Hohenzollern)　13, 18,
빌헬름 2세(Friedrich Wilhelm Viktor Albert)　22, 23,
빌헬름스하펜 수병들의 반란　23

(ㅅ)

사민당 독일 통일방안(Deutschlandplan)　146
사민당 베를린 선언/유럽에서의 독일인, 사민당의 베를린 선언　149, 205, 210, 243
사민당, 사회민주당　23, 67, 86, 87, 100
사민당과 폴란드 공산당의 유럽에서 평화와 군축 보고서　208
사실상 국가 승인　187
사실상(de Facto) 2개의 국가　193
사회과학연구소(Akademie für Gesellschaftwissenschaften)　209
사회민주노동자당(SDAP)　144
사회보장제도　21
사회적 시장경제(Soziale Marktwirtsschaft)　94
사회주의 민족　217
사회주의노동자당(SAP)　144
사회주의탄압법　20
사회주의통일당　5, 67, 86, 159, 172, 213
사회주의통일당 창당 40주년　209
사회주의통일당-민사당　244
산업시설 해체　93
산업혁명　14
삼부조정위원회　92
상주대표부　217, 219

생산 쿼터 93
생산설비 철거 35, 53
생산제한 철폐 102
생활권(Levensraum) 30
샤보프스키, 귄터(Günter Schabowski) 235
서독 국가 창설 79
서독 차관 197, 219
서독교회의 지원 223
서독의 재무장 197, 108, 124
서방 6강국 외무장관회의 79
서방블록 74
서베를린 출입 및 서베를린에서 동독 출입
    협약 178
선건설 후통일 129
성내 평화 24
세계정책(Weltpolitik) 22
세계혁명론 30
셰바르드나제, 예두아르트(Эдуард
    Амвросиевич Шеварднадзе) 229, 244
셸, 발터(Walter Scheel) 161
소독일주의 16, 144
소련 군정청(SMAD) 86
소련 통제위원회 89
소련 행동의 원천 64
소련과 동독 관계에 관한 기본조약 109, 215
소련의 견해: 두 개의 독일-국가연합 246
소비에트 공산주의 22
손자 세대(Enkelgeneration) 209
손해관리정책(Schadenbegrenzung) 198
쇼이블레, 볼프강(Wolfgang Schäuble) 239
숄베르, 볼프강(Wolfgang Schollwer) 123, 157
슈마허, 쿠르트(Kurt Schmacher) 67, 86, 98,
    145
슈망, 로베르(Robert Schuman) 107

슈미트, 헬무트(Helmut Schmidt) 147, 196, 200
슈토프, 빌리(Willi Stoph) 161 168, 236
슈피겔지 사건 125
스윙(SWING. Verrechnungskredit) 138
스탈린 평화노트 145, 216
스탈린, 이오시프(Иосиф Виссарионович
    Сталин) 30, 218
스페인 국왕 18
시나트라 독트린 226
시민혁명 14
신냉전 7
신동방정책 143
신뢰 자산 210
신성로마제국 13, 20, 61
신탁통치 36, 57

(ㅇ)

아데나워 총리가 소련 총리 불가닌에게 보낸
    서신 117
아데나워, 콘라드(Konrad Adenauer) 94, 97,
    100
알프레드 드레거(Alfred Dregger) 233
얄타 회담 34, 36, 42, 69
얄타협정 44
에곤 바르의 노트(10-Punkte-Absichtserklärung)
    163
에르하르트, 루트비히(Ludwig Erhardt) 93,
    125, 126, 143
에버트, 프리드리히(Friedrich Ebert) 23, 27
에어푸르트 169
에플러, 에어하르트(Erhard Eppler) 209
엘베강 218
엠스 전보사건 18
역사의 시작(Null Stunde) 269

연대세(Solidaritätszuschlag)　272
연대협약(Solidarpakt)　272
연대협약-II(Solidarpakt II)　279
연방국가적 통일　207
연방은행　105
연방참의원　21
연방헌법재판소의 결정　140, 191
영(Owen Young)안　27, 102
영국-미국 지구의 경제통합　75, 79
영국-미국 지구의 경제평의회　75
영토분할(dismemberment)　37
예로페예프(V.I. Yerofeyev)　74, 76, 103
오데르-나이쎄 선　123, 161, 270
오레안다(Oreanda) 비밀 회동　176
오스트리아 전쟁　17
오스트리아-헝가리 제국　16
오타와 선언　263
오토 그라프 람스도르프(Otto Graf Lamsdorff)　233
완충지대　61
왕정복고　15, 45
외견상 입헌군주제　21
외무장관회의　62, 69, 79
울브리히트, 발터(Walter Ulbricht)　67, 87, 168, 170
원탁회의　227, 249
월요시위　221
위난트, 존 길버트(John Gilbert Winant)　38
윌슨, 제임스 해롤드(James Harold Wilson)　205
유럽 석탄철강공동체　92, 105
유럽 정체성 위기　280
유럽 해방선언문　36
유럽경제공동체(EEC)　92
유럽공동시장　92

유럽공동체　92, 111, 240, 242, 257, 269
유럽방위공동체조약(European Defence Community Treaty)　108, 109
유럽안보협력회의　156, 157, 209
유럽에서의 독일인. 사민당 베를린 선언　205
유럽연합 정상회의　261
유럽의 분단　7, 211
유럽의 평화　7, 20, 209
유럽의 평화와 군축(Frieden und Abrüstung in Europa) 보고서　232
유럽의 평화질서　6
유럽평화질서 속에서 민족주의 극복　207
유럽합중국(Vereinigten Staaten von Europa)　145, 207, 269
유엔 동시가입　190
유일대표권　112, 113, 114, 148, 191
의회평의회(Parlamentarischen Rat)　83
이념 투쟁과 공동 안보　209, 232
이든, 로버트 앤써니(Robert Anthony Eden)　38
이성연합(Koalition der Vernunft)　198
이스베스챠와 인터뷰　120
이중궤도 결의　195
인권에 관한 헬싱키 의정서 최종결의 의제-III　218
인민의회　88, 89
인적접촉 강화　219
인터내셔널　144
임시인민의회　89
입헌군주제　21

(ㅈ)

자기결정권 행사에 의한 통일　241, 259
자기결정권/자결권　208, 264
자르 마르크　75

자르 지역, 자를란트 61, 76
자민당 100
자본주의 민족 217
자석이론 203
자유경제 96
자유로운 자기결정 211
자유연대노조 227
자유주의 16
자이터스, 루돌프(Rudolf Seiters) 233, 239
작은 걸음 153
잘츠기터 사무소 218
잠정성 213
장개석(蔣介石) 41
장벽 붕괴 6, 236
재통일 148, 277
재통일 명제(Wiedervereinigungsgebot) 143, 191, 204
전권위임법 28
전독일 의회평의회(gesamtdeutscher parlamentarischer Rat) 146
전독일인민당(Gesamtdeutsche Volkspartei. GVP) 124
전독일회의(Die gesamtdeutsche Konferenz) 146
전략무기제한협정 164, 183
전문분야별 연합(Konföderation auf Sachgebieten) 5, 7, 8, 233
전승 4강국 45
전쟁범죄자 처리 39, 45, 56
점령조례(the Occupation Statute of Germany 1949) 84, 108
접촉을 통한 변화(Wandel durch Annäherung) 125, 143, 150, 152, 204, 208
정치범 석방을 위한 거래(Häftlingfreikauf. Freikauf) 132, 199

정치통합조약/통일조약 256
제국국적법 115
제국상원 21
제국의회 21
제국헌법 21
제네바 외무장관 회담 147
제네바 정상회담 216
제헌의회(verfassunggebenden Nationalversammlung) 146, 253
조국(Vaterland) 129, 236, 238
조약공동체 통일방안 242
조약공동체(Vertragsgemeinschaft) 207
존중(Respektierung) 203
좌파당(Die Linke) 272
주데텐란트 30, 270
중거리 미사일 배치 결의 196, 219
중거리미사일(SS-20) 195
중립화 통일방안 98, 145, 146, 207, 242
중앙행정위원회(Hauptverwaltungen) 87
집단안보기구 79
집단안전보장 92

(ㅊ)

책임공동체(Verantwortungsgemeinschaft) 198
처칠, 윈스턴(Winston Leonard Spencer-Churchill) 33, 65
천안문 사태/대학살 234
철의 장막(Iron Curtain) 65
청산단위(Verrechnungseinheit. VE) 138
청일전쟁 22
체르넨코, 콘스탄틴(Константи́н Усти́нович Черне́нко) 200
체임벌린, 네빌(Arthur Neville Chamberlain) 30
체코슬로바키아 사태 224

찾아보기 311

체코슬로바키아와 선린우호협력조약 260
총리 불신임안 8
최종결정권 62, 101, 104, 149, 192
추축국 37, 42, 70

(ㅋ)

카이로 선언 58
캄보디아 동독 승인 122
캠프 데이비드 261, 262
커즌선(Curzon Line) 40, 44
케넌, 조지(George F. Kennan) 64
케네디, 존 에프(John Fitzgerald Kennedy) 152
케코넨, 우르호(Urho Kaleva Kekkonen) 157
코메콘 가격기준 228
코메콘(COMECON, 경제상호원조회의) 228
코민테른 98
콜, 미하엘(Michael Kohl) 178
콜, 헬무트(Helmut Kohl) 196
쾨니히그라츠 전투 17
쾨니히스베르크(KOENIGSBERG) 시 55
쿠바 미사일 위기 118, 143
크렌츠, 에곤(Egon Krenz) 219, 226, 233,234,235
클레이, 루시오(Lucius D. Clay) 80
키징거, 게오르그(Georg Kisienger) 127, 143, 154

(ㅌ)

탈군사화 37, 61, 85
탈나치화 74
탈중앙집권화 49, 50
탈카르텔화 85
터키제국 23
텔칙, 호르스트(Horst Teltschik) 241

토지개혁 67, 96
통과여행협정(Transitabkommen) 199
통일(Einigung) 207
통일운동 16
통일적 전체(einheitliches Ganzes) 163
통일조약 256, 259
통제경제 94, 96
통제위원회 7, 48
통합(Einheit) 4, 6, 148, 207, 277
통합된 유럽 4
통화개혁 76, 81, 94
투칭(Tutzing)의 개신교 아카데미(Evangelische Akademie Tutzing) 150
트로츠키, 레프(Лев Давидович Троцкий) 30
트루먼 독트린 65, 73, 91
트루먼, 해리(Harry Truman) 65
트리에스테 70
특수한 관계/특수관계 159, 193, 203

(ㅍ)

파리조약 110
팔린, 팔린(Walentin Falin) 245
퍼싱 II 196
페르디난트 대공(Archduke Franz Ferdinand) 22
페어크라머룽과 재통일 5
평화공존 65
평화문제 44
평화조약 24, 44, 62, 75, 117
평화주의 6, 23
평화주의 운동 195
평화회담 40, 42
포겔, 한스-요하임(Hans-Jochaim Vogel 233, 243

포겔, 한스-요헨(Hans-Jochen Vogel)　243
포르투갈로프, 니콜라이(Nikolai Portugalov)
　　241, 245
포츠담 협정　47
폴란드 계엄령　195
폴란드 관할　56
폴란드 망명정부　43, 67
폴란드 민족통일임시정부　40, 56, 66
폴란드 민족회의　43
폴란드 서부 국경　40, 43, 56, 73
폴란드 임시정부　43
폴란드 제3공화국　227
폴란드공산당　40
폴란드와 국경조약　260, 278
폴란드와의 국경 변경　259
폴란드의 관할　60
프라하조약/서독과 체코슬로바키아 관계에
　　관한 조약　167
프랑스 2월혁명　16
프랑스 임시정부　13
프랑스-프로이센 전쟁　18
프랑스혁명　14, 16
프랑스혁명 간섭전쟁　14
프랑크푸르트 국민회의　16
프랑크푸르트 국민회의 헌법　19
프랑크푸르트 문서　79, 81
프랑크푸르트 협정(Frankfurter Abkommen)
　　133, 139
프로이센　7, 13, 16, 17
프로이센 국왕　22
프로이센-프랑스 전쟁　170
프린치프, 가브릴로(Gavrilo Princip)　22
피크, 빌헬름(Wilhelm Pieck)　86

(ㅎ)
하이네만, 구스타프(Gustav Heinamann)　6,
　　107, 124
하이델베르크 강령　269
하이델베르크 당대회　145
한국전쟁　89, 93, 101, 102, 104
한반도의 분단체제　91
한스 요하임 포겔(Hans-Jochaim Vogel)　233
한스 요헨 포겔(Hans-Jochen Vogel)　233
할슈타인 원칙　114, 122, 155
합참명령 1067(JCS 1067)　92
합참명령 179　92
해군법　22
해바라기집(Sonnenblumenhaus)　277
헝가리, 폴란드 시민봉기　146
헝가리-오스트리아 국경 개방　229
헤르베르트 베너의 사민당 통일방안　146
현대의 시장경제　94
현물배상　60
호네커, 에리히(Erich Honecker)　174, 200, 218,
　　226, 230, 234, 235
황제 대관식　18
황제주권　21, 267
휴전협정　24
흐루쇼프, 니키타(Никита Сергеевич Хрущёв)
　　119, 147, 216
흡수통일　256
흡수합병론　6, 203
히틀러, 아돌프(Adolf Hitler)　27, 28
힌덴부르크 파울(Paul von Hindenburg)　28
힘메로트 비망록(Himmeroder Denkschrift)　107,
　　124
힘의 우위 정책(Politik der Stärke)　42, 117, 120,
　　202

독일 통일
- 재통일인가, 통합인가 -

초판 제1쇄 펴낸날 : 2019. 2. 20

지은이 : 전 종 덕

펴낸이 : 김 철 미

펴낸곳 : 백산서당

등록 : 제10-42(1979.12.29)

주소 : 서울 은평구 통일로 885(갈현동, 준빌딩 3층)

전화 : 02)2268-0012(代)

팩스 : 02)2268-0048

이메일 : bshj@chol.com

값 18,000원

ISBN 978-89-7327-540-3 93920